Gerhard Preyer und Erwin Rogler
Philosophie des Mentalen

AF547430

In der Philosophie des Mentalen nimmt der nicht-reduktive Physikalismus seit den 1970er Jahren eine prominente Position ein. Er ist eine Kritik an der Typen-Identitätstheorie des Physischen und des Mentalen der 1950er Jahre (Smart, Feigl). Dazu zählen der Funktionalismus (Putnam) und der anomale Monismus (Davidson). Der anomale Monismus war für den philosophischen Mainstream der physikalistisch (materialistisch) gesinnten Philosophen eine besondere Herausforderung. Dass dieser Ansatz zeitgenössische Materialisten (Physikalisten) irritiert, ist nicht weiter überraschend. Davidsons Philosophie des Mentalen ist von Interesse, da sie eine erhebliche Aufmerksamkeit erfahren hat. Das ist durch seine Version des nicht-reduktiven Physikalismus motiviert. Er ist zwar ein Monismus, er passt aber nicht so ohne Weiteres in das physikalistische Weltbild. Seit den 1970er Jahren löste er und der Funktionalismus eine Debatte über das Problem der mentalen Kausalität und des phänomenalen Bewusstseins aus. Dieses Problem ist philosophisch lehrreich, da es sich erst unter der philosophischen und wissenschaftstheoretischen Dominanz des Physikalismus profilierte.

Um eine Sensibilität für die Problemsituation der Philosophie des Mentalen (Geistes) und den damit verbundenen sprach- und erkenntnistheoretischen Fragestellungen seit den 1950er Jahren durch Kontrastierung zu befördern, ist es zu empfehlen, dem Problembezug des reduktiven und des nicht-reduktiven Physikalismus nachzugehen. Insgesamt wissen wir durch sie mehr darüber, was aus den oft auch unausgesprochenen Voraussetzungen für die jeweils wahrgenommenen Optionen in der Philosophie des Mentalen folgt. Die naturalistischen Ansätze in der Erkenntnistheorie, Sprachphilosophie und der Philosophie des Mentalen führen aber auch in den Grenzbereich, in dem sich die Frage ihrer Innovierbarkeit stellt. Wenn uns dieser Problembezug bewusst ist, ist die Umschichtung in der Philosophie des Mentalen, die nach der Jahrhundertwende einsetzte, erst angemessen in ihren Voraussetzungen nachzuvollziehen.

Gerhard Preyer und Erwin Rogler

Philosophie des Mentalen

Supervenienz, reduktiver, nicht-reduktiver Physikalismus und mentale Kausalität

HUMANITIES
ONLINE

Bibliografische Information Der Deutschen Nationalbibliothek
Die Deutsche Nationalbibliothek verzeichnet diese Publikation in der Deutschen Nationalbibliografie; detaillierte bibliografische Daten sind im Internet über http://dnb.ddb.de abrufbar.

© 2001, 2007, Humanities Online, Frankfurt am Main, Germany
Erschienen unter dem Titel:
Materialismus, anomaler Monismus und mentale Kausalität. Zur Philosophie des Mentalen bei Donald Davidson und David Lewis

www.humanities-online.de
info@humanities-online.de

Dritte, neu bearbeitete Auflage 2020
ISBN 978-3-941743-85-4

Umschlaggestaltung: Uwe Adam | grafik-design
Printed in Germany
All rights reserved

Dieses Buch ist auch als E-Book (PDF) erhältlich: www.humanities-online.de

Für Jaegwon Kim

Inhalt

Teil II
Multipler Typen-Physikalismus
Gebrechen des nicht-reduktiven Physikalismus

Teil III
David Lewis' Philosophy of Mind
Erwin Rogler

Vorbemerkung

Inhalt: *1. Zur Neuauflage, 2. Kooperationen*

1. Zur Neuauflage. Im Rahmen des interdisziplinären Forschungsprojekts der *Protosociology* an der Goethe-Universität Frankfurt am Main wurden seit Anfang der 1990er Jahre fortlaufend Projekte zur Entwicklung und den Veränderungen in der Philosophie und Soziologie seit den siebziger Jahren durchgeführt.[1] Die philosophischen Interessen gingen dahin, den Veränderungen in der Folge der Fortführung der klassischen analytischen Philosophie, ihrer Grenzen und der Philosophie des Mentalen (Geistes) seit den 1950er Jahren nachzugehen.[2] Das betrifft z.B. die Hinwendung zur naturalisierten Erkenntnistheorie und die damit einhergehende Kritik am semantischen Empirismus des Wiener Kreis. In der Metaphysik ist demgegenüber die mögliche Weltsemantik und ihre Version als modaler Realismus von D. Lewis ein Konkurrenzunternehmen. Das Projekt zu Lewis führte uns zu dem die Philosophie des Mentalen dominierenden Physikalismus und zu der Frage zurück, ob das physikalistische Wirklichkeitsverständnis in Sachen der Konstitution der Erfahrungserkenntnis und Ontologie das letzte Wort hat, ohne ihm eine Version des Idealismus entgegenzuhalten.

2. Kooperation. Im Zuge der Zusammenarbeit mit Erwin Rogler (1928–2013) wurde nach der Fertigstellung von „Materialismus, anomaler Monismus und mentale Kausalität. Zur gegenwärtigen Philosophie des Mentalen bei Donald Davidson und David Lewis“ (2001) noch eine Anschlussstudie über phänomenales Bewusstsein, seine Aufdringlichkeit und die „Neue Welle“ der Wiederkehr des Typenphysikalismus geplant und teilweise bearbeitet. Das betrifft den Problembezug des phänomenalen Bewusstseins und der phänomenalen Intentionalität. Sie wurde nicht abgeschlossen. Es ist aber auch zu

1 www.rz.uni-frankfurt.de/protosociology

2 In dieser Untersuchung ist der technische Ausdruck „Geist (Mind)“ in „Philosophie des Geistes“ durch „Mentales“ ersetzt. Das ist dadurch motiviert, dass „Geist“ mehrdeutig ist und oft als eine intellektuelle Eigenschaft interpretiert wird. Mit „Philosophie des Mentalen“ assoziiert der durchschnittliche Leser eher eine breitere Variation von mentalen Eigenschaften, z.B. phänomenale Zustände, propositionale Eigenschaften, intellektuelle Fähigkeiten, z.B. Rechen-, Messoperationen und Schlussverfahren. Es könnte naheliegen, dass es sich dabei um einen Streit um Wörter handelt. Das ist dahingehend auszuräumen, dass „Geist (Mind)“ und „Mentales“ als Wörter zu lesen sind, die auf nichtphysische Entitäten, Ereignisse und Eigenschaften hinweisen.

erwähnen, dass wir bereits in den 1990er Jahren die Probleme der Selbstbewusstseinstheorie und des Zeitbewusstseins in den Blick nahmen.

Die Neuauflage des Bandes ist noch durch mit Erwin Rogler schriftlich skizzierte Überlegungen ergänzt. Der Problembezug des Selbstbewusstseins und des Zeitbewusstseins ist nicht Thema der Untersuchung. Der Problembezug ist im Fortgang bearbeitet worden (Frank und Preyer 2020, Preyer 2020, zur Problemsituation: 2019). Es ist darauf hinweisen, dass wir es für empfehlenswert hielten, den Zugang zur Philosophie des Mentalen am Leitfaden der Problemsituation seit der Kritik am Typenphysikalismus der 1950er Jahre durch den nicht-reduktiven Physikalismus (Funktionalismus und anomaler Monismus) und dem „Mythos des nicht-reduktiven Physikalismus" (Kim) zu erörtern. Dem kommt eine besondere Relevanz zu, da der Zugang zur Philosophie des Mentalen seit den 1950er Jahren über diesen Problembezug verläuft. Dessen Bearbeitung darf in keiner Einführung in die Philosophie des Mentalen fehlen. Prof. Dr. phil. habil. Anita Pacholik (Professor für Cognitive Sciences, Kopernikus Universität, Torun, Polen) hat mich auch in unseren Forschungsprojekten dahingehend bestärkt und motiviert, den Teil II über Kims Kritik am nicht-reduktiven Physikalismus in die Untersuchung aufzunehmen, da er für die Lehre als Orientierung hilfreich sei.

Der Titel der ersten beiden Auflagen (2001, 2007) „Materialismus, anomaler Monismus und mentale Kausalität. Zur Philosophie des Mentalen bei Donald Davidson und David Lewis" ist geändert, da die Bearbeitung der dritten Auflage das Bezugsproblem des reduktiven und nicht-reduktiven Physikalismus in der Philosophie des Mentalen erweitert erörtert. Die Kapitel „Von der radikalen Interpretation zum Triangulationsexternalismus" und „Volkspsychologie und die Zuschreibung von Einstellungen" sind nicht mehr in diesem Band enthalten. Die Kapitel sind im ersten Teil erheblich gekürzt und bearbeitet aufgenommen worden (Teil I 2. Sprachtheorie und Ontologie, 7.) Das Kapitel I 7. Desaster der Triangulation (a) – (c) ist neu hinzugekommen. Es geht auf den Beitrag von Preyer, „The Externalism of Triangulation" für das Projekt Maria Cristina Amoretti and Gerhard Preyer eds., *Triangulation. From an Epistemological Point of View*, Berlin 2013 zurück. Er ist für diese Ausgabe noch einmal bearbeitet worden.

Gerhard Preyer
Goethe-Universität Frankfurt am Main

Einleitung

1. Einordnung des nicht-reduktiven Physikalismus in die Problemsituation der Philosophie des Mentalen

Inhalt: *1. Problemfelder, 2. Problemsituation der Philosophie des Mentalen, 3. Erste Sequenz, 4. Zweite Sequenz, 5. Dritte Sequenz, 6. Hybride Situation, 7. Selbstbewusstsein, 8. Korrektur der Wende zur Sprachphilosophie, 9. Erkenntnisinteresse*

Der Abschnitt „1. Einordnung des nicht-reduktiven Physikalismus in die Problemsituation der Philosophie des Mentalen" der Einleitung skizziert die Problemsituation der Philosophie des Mentalen seit den 1950er Jahren und ordnet den nicht-reduktiven Physikalismus in sie ein. Sie soll dem Leser eine Hilfestellung für seine Orientierung der Problembezüge geben. Die Problemsituation erzählt keine Geschichte, sondern wird in systematischer Absicht platziert. Insofern werden Sequenzen der Problemsituation unterschieden. Der Abschnitt „2. Reduktiver und nicht-reduktiver Physikalismus" der Einleitung beschreibt den Problembezug des reduktiven und nicht-reduktiven Physikalismus. Der nicht-reduktive Physikalismus wird (auch) als eine Erneuerung des Stufenmodells des britischen Emergentismus interpretiert (Kim). Insofern ist auf den Ansatz des Emergentismus einzugehen und durch was sich dieser Ansatz von dem reduktiven Physikalismus unterscheidet. Ohne diese Vorinformation ist der nicht-reduktive Physikalismus nicht angemessen zu erfassen. Der wissenschaftstheoretische Problembezug des Emergentismus ist es, dass er z. B. die *Nagel*-Reduktion nicht ablehnt, sondern sein Anspruch ist es, die mentalen emergenten Eigenschaften und die Brückengesetze selbst zu erklären. (Zur *Nagel*-Reduktion: Einleitung, zur Kritik an diesem Anspruch: Teil II 2. Rettung des Physikalismus (a)) Der Abschnitt „3. Aufbau der Untersuchung" der Einleitung beschreibt den Leitfaden der Untersuchung.

1. Problemfelder. Die Philosophie des Mentalen ist ein Segment der Philosophie in der Organisation des Wissenschaftssystems geworden. Ihr Forschungsgegenstand ist die Analyse von mentalen Eigenschaften. Sie sind auf einzelne Entitäten zu instanziieren. Das könnten auch Maschinen sein. Zu den mentalen Eigenschaften zählt man Sinneswahrnehmungen und Vorstellungen, Empfindungen, Erlebnisse, Imaginationen, mentale Zustände, die einen Inhalt haben, z. B. die Überzeugung/den Wunsch/die Absicht, welche man mit *dass*-Sätzen ausdrückt (propositionale Einstellungen), Gefühle, willentliche Zustände und Charakterzüge, z. B. witzig und verinnerlicht zu sein.

Der Problembezug der Individuierung des Inhalts mentaler Zustände besteht darin, dass sie nicht in der Umwelt als physische Gegenstände vorzukommen brauchen. Das wurde im Anschluss an Brentano als „Intentionalität“ bezeichnet. Es wurde z. B. zwischen Inhalts- und Referenzintentionalität unterschieden, d. h. zwischen dem Inhalt als der Repräsentation von Sachverhalten und der Referenz von propositionalen Einstellungen auf bestimmte Gegenstände. Als Zugangsweise zu diesen Eigenschaften wird angenommen, dass sie unmittelbar zugänglich, privat, unfehlbar und uns selbst durchsichtig sind (Erster-Person-Zugang).

Unter den meisten Wissenschaftlern und Philosophen wird akzeptiert, dass sich die Philosophie und Theorie des Mentalen mit folgenden Problemfeldern beschäftigt:

1. Die Klärung des Begriffs der Entität, die mentale Eigenschaften hat, bzw. die Beantwortung der Frage, welche Anforderungen erfüllt zu sein haben, dass wir ihr mentale Eigenschaften zuschreiben. Angesprochen ist damit die Struktur dieser Entität und ihre Ontologie.
2. In welchen Beziehungen stehen mentale Eigenschaften und sind sie holistisch verfasst, z. B. haben Emotionen auch einen kognitiven Bestandteil, und sind die meisten Überzeugungen wahr?
3. Wie ist die Beziehung zwischen Mentalem und Physischem zu erklären? Das wurde im Anschluss an Descartes das „Geist-Körper-Problem“ genannt. Darauf wurden bis in die Gegenwart dualistische und monistische Antworten gegeben. Dazu gehört z. B. auch die Frage, ob mentale Ereignisse körperliche Wirkungen haben können (Interaktionismus zwischen Mentalem und Physischem).

2. Problemsituation. Die Übersicht über die *Problemsituation* der Philosophie des Mentalen seit den 1950er Jahren ist dafür hilfreich, um sich der unterschiedlichen Ansatze und der Gesichtspunkte der Analyse des Bewusstseins und des Mentalen zu vergewissern. (Popper 1972, Zur Problemsituation und zum Forschungsstand: Preyer 2015, Miguens and Preyer eds, 2013, Miguens, Preyer, and Bravo Morando eds. 2016, Amoretti and Preyer eds. 2013, Preyer 2019, 2019c, 2020) Der Begriff der Problemsituation geht auf Popper (1992) zurück. Er wird in diesem Text aber unabhängig von seiner Wissenschaftstheorie platziert. Ein vergleichbarer Begriff „initial system“ liegt bei Parsons vor (Preyer 2015) Für die Systematisierung ist es hilfreich, von Sequenzen der Problemsituationen auszugehen.

Die *Ausgangssituation* besteht in den 1950er Jahren in der Hinwendung zum Naturalismus (Physikalismus) durch die *Typenidentitätstheorie* des Physischen und Mentalen als einer numerischen Identität zwischen beiden.

Sie wurde durch die Kritik am Cartesianismus und britischen Empirismus in der Philosophie des 20. Jahrhundert begünstigt. Die erste Sequenz liegt seit Anfang der 1960er Jahre in der Kritik an der Typenidentitätstheorie durch den *nicht-reduktiven Physikalismus* vor. Putnams Funktionalismus und Davidsons Token-Identität von Mentalem und Physischem und sein und anomaler Monismus stellten die Typentheorie von Mentalem und Physischem in Frage.

Es ist hervorzuheben, dass Smart (1959: 141-156) die Identitätsthese wissenschaftstheoretisch mit Occams Rasiermesser begründet. Dadurch ist die ontologische Strategie begründet, auf unnötige Entitäten zu verzichten. Sie erlaubt, zu einer begrifflichen und sprachlichen Einfachheit beizutragen, und durch die Annahme wird ein Regress vermieden. Er besteht darin, dass die Korrelationen von mentalen und neuronalen Zuständen ihrerseits einer Erklärung bedürfen usw. (Kim 1998: 59-60) Die Kritik an der Identitätstheorie der 1950 durch den Funktionalismus etablierte die Cognitive Science als neue Disziplin. Die mentalen Akte sind funktionaler Art und nicht physischer Art. Sie sind deshalb unabhängig von der Physik und der Biologie zu erklären. Das begründete die Autonomie und rechtfertigt die funktionale Psychologie. Die Einschränkungen des physikalistischen Reduktionismus werden aufgegeben, ohne eine Rückkehr zu einem cartesischen Dualismus von res cogitans und res extensa vorzunehmen. Der Funktionalismus und der anomale Monismus bestreiten nicht, dass es Mentales gibt.

3. Erste Sequenz. Für die erste Sequenz der Problemsituation ist hervorzuheben, dass der Umbau der kontingenten Identität zwischen mentalen und physischen Zuständen der Typenidentitätstheorie von Mentalem und Physischem der 1950er von Marcus und Kripke verstärkt wurde. Das ist dadurch begründet, dass jede nicht bezweifelte Identität eine *notwendige* und gerade keine kontingente Identität ist. Dabei ist eine Identitätsaussage mit rigiden Designatoren vorausgesetzt. Das Kripke-Argument besagt, dass jede notwendige Identität eine A-posteriori-Identität ist. Das gilt auch für Identitäten, die a priori sind. Insofern verwechseln Place und Smart a posteriori mit kontingent. Um die Beziehung von Mentalem und Physischem zu bestimmen, wurde der Begriff der Supervenienz und der Realisierung zu Hauptbegriffen, um etwas positives über die Beziehung zwischen beidem herauszufinden.

4. Zweite Sequenz. Rückblickend ist festzuhalten, dass sich in der zweiten Sequenz seit der Mitte der 1970er Jahre die Folgeprobleme des *Internalismus* (Cartesianismus, Individualismus) und *Externalismus* (Anti-Cartesianismus, Burge: sozialer Externalismus, Davidson, Dennett: physischer Externalismus) stellten. Gehen wir davon aus, dass wir z.B. Überzeugungen über Autos, Straßen und U-Bahnstationen haben. Für den Internalismus besteht die Identität dieser Überzeugungen darin, dass wir ihren mentalen Inhalt *eng* (intrinsisch) im Hinblick auf unsere mentalen Zustände individuieren. Zu diesem Inhalt haben die Sprecher/Denker einen privilegierten Zugang. Was enger Inhalt heißt, können wir uns an dem erkenntnistheoretischen Dogma Descartes verdeutlichen. Es besagt, dass z.B. unsere Überzeugungen auch dann dieselben wären, wenn die Welt eine andere wäre, als wir annehmen. Das folgt aus der erkenntnistheoretischen Konzeptualisierung, dass alle unsere Überzeugungen falsch sein können. Die Umwelt des Subjekts hat keine bestimmende Relevanz als eine notwendige Bedingung für die Identität seiner mentalen Zustände. Der Externalismus wendet eine relationale Individuierungsbedingung an. Dieselben Überzeugungen sind *weit* (relational) im Hinblick auf die Dinge und Ereignisse in der äußeren Umwelt zu individuieren. Wenn der Externalismus wahr ist, dann haben mentale Zustände Inhalte, die nicht „im Kopf" sind. Sie sind nicht durch intrinsische mentale Zustände zu individuieren. Der Internalismus wäre dann falsch. Das war Putnams Herausforderung seines „Twin-Erde"-Gedankenexperiments. (Zu beiden Ansätzen: Preyer 2019, 198-199, Frank and Preyer 2020, 553-555.)

Die Problemsituation trat deshalb ein, da der Naturalismus und Physikalismus keine Antwort auf das Problem des *phänomenalen Bewusstseins* als einer „Erklärungslücke" und der *subjektiven Verfasstheit* des Bewusstseins hat (Block, Chalmers, Jackson, Levine, T. Nagel, auch Searle). Damit liegt in der Problemsituation eine weitere Sequenz vor, da sich der Problembezug der Aufdringlichkeit des phänomenale Bewusstseins und seiner Ontologie stellt. Aus der Sicht des Antiphysikalismus ist der Physikalismus falsch. Damit bekam der materialistische Funktionalismus ein ernst zu nehmendes Problem. Aufgrund des weitgehenden Anspruchs des Antipyhsikalismus und der Aufdringlichkeit des Problems des phänomenalen Bewusstseins antworteten der Physikalismus seit dem Ende der 1980er Jahren mit einem Epiphänomenalismus und im Fortgang mit der „Neuen Welle"-Typenidentitätstheorie von Physischem und Mentalem. Der Anspruch dieser Autoren ist es, das phänomenale Bewusstsein zu entzaubern, indem sie es als begrifflich und als eine Simulation einstufen, z.B. Hill, McLaughlin, Papineau und Lycan.

5. Dritte Sequenz. Die Entzauberung des phänomenalen Bewusstseins leitete eine weitere Sequenz ein, da sich in dieser Situation erneut die Frage stellt, wie die Grenze zwischen Innen und Außen (Bewusstsein und Umwelt) in der Philosophie des Mentalen zu ziehen ist. Das grundsätzliche Problem, an dem sich die Wege in der Theorie des Mentalen trennen, ist, ob die *Cartesische Intuition*, dass eine Wahrnehmung, eine Sinnestäuschung und eine Halluzination denselben phänomenalen Bestandteil haben und somit „einen qualitativ ununterscheidbaren innerlichen Kern besitzen können" und ob

Mentales durch sich selbst bestimmt ist, zu Recht besteht? (Das hebt auch hervor: Schantz 1996: S. 373, zum Dilemma des Cartesianischen Wissens: Preyer 2019a) Angesprochen sind damit die Ontologie des Mentalen und die Grenzziehung zwischen dem Mentalen als dem Inneren und dem Physischen als der äußeren Welt.

6. Hybride Situation. Seit den 1990er Jahren liegt eine hybride Situation in der Problemsituation der Philosophie des Mentalen vor. In der Folge sind unterschiedliche Sequenzen zu unterscheiden. Das ist daran zu erkennen, dass sich in der Debatte zwischen Internalisten und Externalisten das Problem der Analyse des repräsentationalen (perzeptuellen) Gehalts aufdrängte. Die dadurch eintretende Sequenz ist eine Antwort in der Folge des Problems des perzeptuellen Gehalts. In ihr beansprucht die Higher Order Monitoring Theory in ihren verschiedenen Versionen (z.B. Gennaro, Mellor, Moran, Rosenthal) und der Neo-Brentanoismus (Selbstrepräsentationalismus) eine allgemeine Theorie mentaler Zustände. Dadurch wurde die Problemsituation der Philosophie des Mentalen umgeschichtet. Zu den bekannten Vertretern des Neo-Brentanoismus gehören z.B. Kriegel, Horgan, Nichols und Williford sowie die Neupositionierung von Husserls Phänomenologie von Zahavi. Sie vertreten aber im Fortgang ihrer Werkgeschichte unterschiedliche Ansätze. Der Begriff der mentalen Repräsentation ist vor allem bei diesen Autoren klärungsbedürftig. (Zur Kritik am Selbstrepräsentationalismus: Frank 2012: 369-397, Preyer 2019c)

7. Selbstbewusstsein. Ein weiterer Strang in der Philosophie des Mentalen, der sich seit der Mitte der 1960er Jahre formiert, ist die analytische Theorie des Selbstbewusstseins, z.B. Anscombe, Castañeda, Chisholm und D. Lewis, sowie Henrichs Kritik am Reflexionsbegriff der rationalistischen und empiristischen Tradition der modernen Philosophie, wie sie bei Fichte vorliegt (Tugendhat: Heidelberger Schule). Tugendhat zählt zu der Heidelberger Schule neben Henrich als dem Begründer K. Cramer und Pothast, ders. 1979, zur einschlägigen Literatur der Debatte zwischen Henrich, Habermas Tugendhat und Frank: Preyer 2016, 3 Fn 7, Henrich 1967, 1971, 1986, 2004, Zahavi 2007. Zu erwähnen sind auch französische Autoren, bei denen eine Kenntnisnahme des Problems vorliegt, z.B. Henry) Von dieser Kritik sind auch große Teile von Husserls Phänomenologie betroffen. Der Problembezug der analytischen Theorie des Selbstbewusstseins ist die *de se* Anforderung der direkten Selbstattribution. (D. Lewis 1979, zur Zusammenstellung einer Auswahl der Beträge der analytischen Theorie des Selbstbewusstseins: Frank 1994, die Rede von einer „*de se* Anforderung" geht auf Frank zurück) Die Fortführung dieses Stranges trägt zu der hybriden Situation in der Philosophie des Mentalen bei. Sie ist aber nicht direkt den Sequenzen der Umschichtung der Typenidentitätstheorie seit den 1950er Jahren zuzuordnen.

Frank leitet seit den 1990er Jahren eine neue Rezeption der frühen Philosophie Sartres, der analytischen Theorie des Selbstbewusstseins und der Kritik an der Philosophie aus einem Grundsatz (Reinhold) in der Folge von Kants „transzendentalem Idealismus“ ein. Das betrifft die Konstellation der frühen deutschen Jenaer Romantik und ihre Kritik an Reinholds Elementarphilosophie als der Philosophie aus einem Grundsatz sowie am Reflexionsbegriff der modernen rationalistischen und empiristischen Philosophie (Fichte 1797/1971: Zirkel- und Regressargument). Der Problembezug der frühromantischen Philosophie wurde zuerst von Henrich bereits in der ersten Hälfte der 1970er Jahre bearbeitet. Frank führt die Heidelberger Schule fort und stimmt sie auf die analytische Tradition der Theorie des Selbstbewusstseins und Sartres bleibende Einsicht ab. Das betrifft einen Vermittlungsvorschlag zwischen Internalismus und Externalismus und dem Selbstrepräsentationalismus durch eine Reinterpretation von Sartres „reflet-reflétant“. Von der Sache her gesehen geht Falkas in ihrer Kritik am Externalismus in eine vergleichbare Richtung in der Bestimmung des „Standpunkts des Subjekts“. (Falkas 2008) Zu erwähnen ist, dass Frank den Austausch von deutschen Philosophen mit den Vertretern des Selbstrepräsentationalismus einleitete. (Auf Franks Sartre-Rekonstruktion und auf die Verbindung von „Sartres bleibender Einsicht“ in der Philosophie des Mentalen wird in diesem Text nicht eingegangen: Frank 2012, 2013, 2015, Frank und Preyer 2020, zu Sartre: Seel 1971, Preyer 2016, 2016a, ProtoSociology, Vol. 36:2019)

8. Korrektur der Wende zur Sprachphilosophie. Der Ablösung der Bewusstseinsphilosophie von der Sprachphilosophie erlebte viel Aufsehen, nicht nur in der analytischen Philosophie und Sprachphilosophie, sondern auch in der Erkenntnistheorie, Linguistik und Ontologie (Preyer 2012, Teil I, zur Kritik an der Wende zur Sprachtheorie in der Frege-Wittgenstein-Tradition: Fodor und Lepore 2002, zur Zusammenfassung: 9-26). Dazu im Anschluss an Castañeda (1982: 27-29) ein Hinweis (Zum Forschungsstand: ProtoSociology Vol. 34, 2017). Castañeda hat das Problem zutreffend erkannt. Es wurde aber im Fortgang nicht angemessen bearbeitet und übergangen.

Das Übergehen dieses Problems ist nicht ganz zufällig, da es im letzten Jahrhundert einen Konsens unter Philosophen und Sprachtheoretikern aus unterschiedlichen Schulen, Nationen und Sprachzugehörigkeiten gab, dass Sprache ein Medium des Denkens und der Kommunikation sei. Wir gehen mittlerweile davon aus, dass das nicht zutrifft. Ein privates Denken (Privatus) und eine mentale (private) Sprache setzt keine Kommunikation voraus. Es ist zu erklären, dass Privatus, der keine kommunikativen Fertigkeiten hat, über eine mentale Sprache verfügt, in der er seine Gedanken denkt, und warum und wie unter dieser Voraussetzung Kommunikation funktioniert. Dabei ist es nicht das Problem, ob Privatus ohne kommunikative Fertigkeiten überlebensfähig wäre. Es ist ein oft nicht bedachtes Erfordernis von Kommunikation, dass Mentales immer einen Überschuss produziert, der nicht für das aktuelle Erleben und für Kommunikation erforderlich ist. Chomsky ist zuzustimmen, dass es ohne eine syntaktische innere Rekursion (innere, mentale Sprache) keine externe Sprache geben könnte. Das gehört zur Eigenart der menschlichen Sprache. Dabei sollte man darauf achten, dass ein Selbstgespräch kein Sprechen mit jemanden ist. Es gibt kein Gespräch mit sich selbst. Wir verdoppeln und beobachten uns dabei nicht, sondern sind uns unserer mentalen Sprache unmittelbar bewusst. Wenn jemand über eine Sprache verfügt, so setzt das seinerseits ein Zeitbewusstsein und Gedächtnis voraus. Das ist insofern informativ, da wir als Beobachter davon ausgehen, dass die Teilnehmer an Kommunikationen und die Mitglieder sozialer Systeme wahrnehmungs- und beobachtungsfähig sowie mit ihren mentalen Zuständen unmittelbar vertraut sind. Es ist aber zugleich ersichtlich, dass jede Kommunikation dabei nicht stehen bleiben kann. Sie produziert Überschüsse und setzt tatsächlich mehrere mentale Systeme als Monaden voraus. Das ist hervorzuheben, da Kommunikation trotz unserer eigenen Intransparenz und der Intransparenz von Anderen möglich ist. Das ist empirisch nicht zu bestreiten. (Zu diesem Ansatz: Preyer 2016b: 51-54)

9. Physikalismus. Es empfiehlt sich, für die Analyse der Problemstellung „Supervenienz, nicht-reduktiver und reduktiver Physikalismus und mentale Kausalität“ den Ausdruck „Physikalismus“ im Einklang mit dem gegenwärtig vorherrschenden Sprachgebrauch primär im ontologischen Sinn, im Gegensatz zu seiner rein linguistischen Interpretation, zu interpretieren, z.B. bei Carnap. Er wird damit dem Begriff „Materialismus“ stark angenähert. Kim (1989a, 1993: 373-74, 1997: 185) verwendet beide Begriffe in der Regel synonym. Quines naturalisierte Erkenntnistheorie und ihre Version von Davidson eliminiert das phänomenale Bewusstsein zu Gunsten des erkenntnistheoretischen Vorrangs von raum-zeitlichen physischen Entitäten, der Reizbedeutung (Quine) und der distalen Bedeutung (Davidson). Der Schritt zu einem Physikalismus ist für Quine zunächst ein weiterer Schritt, den Quine mehr oder weniger offen lässt. Das „intentionale Idiom“ gehört aus seiner Sicht zur Alltagssprache, die ohne eine kanonische Notation nicht wissenschaftsfähig ist. Es kann aber kein Zweifel daran bestehen, dass z.B. nach Quine die Wahrnehmung keine Fundamente hat und dass aus seiner Sicht die Antwort auf die Frage „Was physische Gegenstände sind?“ von der Mikrophysik gegeben wird. Deshalb sind für ihn mentale Gegenstände bestenfalls alltagsnützliche Fiktionen und Verhaltensgebärden. Quine gibt die Verhaltenswissenschaft als Basistheorie der Erkenntnistheorie in seiner Werkgeschichte nicht auf, und Davidson erbt diese Basistheorie. Das wird oft in der Interpretation seines Ansatzes nicht berücksichtigt. Es ist aber nicht zu bestreiten, da die propositionalen Einstellungen als ein Verhalten in Wahrnehmungssituationen offensichtlich sind.

Das Adjektiv „physikalisch" gebraucht z. B. Davidson oft in einem weiten Sinn. Ob eine Beschreibung physikalisch ist, d. h. nur physikalische Prädikate wesentlich enthält, lässt sich „relativ zum mentalen Vokabular sozusagen rezessiv" bestimmen (Davidson 1970: 296). Alle Aussagen, wissenschaftliche als auch alltagssprachliche, über körperliche (raum-zeitliche) Phänomene, sofern sie nicht intentional sind, wären demnach physikalische Aussagen. Das Gebiet der beschriebenen bzw. bezeichneten physikalischen Entitäten wäre somit entsprechend weit zu fassen. Daneben verfügt Davidson (1990: 17-18) über einen engeren, an den exakten Naturwissenschaften orientierten Begriff des Physikalischen. Die physikalischen Ereignisse sind in deren Vokabular zu beschreiben. Wegen dieser Doppeldeutigkeit wird dem Term „physikalisch" hier eine gewisse Unbestimmtheit belassen. Sie ist bei der Annahme unproblematisch, dass das Vokabular der sogenannten speziellen Wissenschaften, außer in Disziplinen, die sich mit intentionalen Gegenständen beschäftigen, gegebenenfalls nach der Eliminierung der nicht zu reduzierenden Terme, im Prinzip auf physikalische Begriffe im engen Sinne reduziert werden kann.

Anzumerken ist ferner, dass der Begriff des Naturgesetzes doppeldeutig ist, da er zum Teil linguistisch als Gesetzesaussage und zum Teil in einem nichtlinguistischen Sinne als ein besonderer objektiver Sachverhalt, auf den sich Gesetzesaussagen beziehen, verstanden wird. Da in der Regel aus den jeweiligen Textstellen ersichtlich ist, welche der beiden Bedeutungen gemeint ist, erübrigt sich eine spezifizierte terminologische Unterscheidung. Es ist aber sicherlich so, dass sich beides nicht ausschließt, da die Gesetzesaussagen entsprechende Erfüllungsbedingungen haben. Ob den Erfüllungsbedingungen unter bestimmten Voraussetzungen bestimmte Ereignisse in der Welt entsprechen, ist eine nur empirisch zu entscheidende Frage. (Zum Begriff des Naturgesetzes z. B. als Super-Humeanismus als eine Verbindung einer hinreichenden minimalen Ontologie, die mit dem Alltagswissen und dem wissenschaftlichen Wissen im Einklang ist: Esfeld 2019: 105-112 und im Unterschied dazu Naturgesetze als die Instanziierung von Universalien: Armstrong 2004). Es ist nicht die Absicht und der Anspruch dieser Untersuchung den Problembezug des Naturgesetzes einer weiteren Bearbeitung zuzuführen. Auf unterschiedliche Interpretationen von Humes Kausalitätsbegriff, dem Nicht-Humeanischen modalen Kausalitätsbegriff und eine Kritik an Humes Regularitätstheorie wird in Teil I 4. Kausalitätsbegriff und Gesetzesbegriff (a), (b) eingegangen.

Der Entzauberung des phänomenalen Bewusstseins durch den Physikalismus ist entgegenzuhalten, dass wir im Alltag Volkspsychologen bleiben. Wir halten unsere Gedanken, Gefühle, Wünsche, Absichten und Stimmungen für real und nicht für Fiktionen als eine Art ideologischer Überbau oder für neurologische Nebenprodukte. Wir beobachten zwar, dass wissenschaftliche Begriffe in die Alltagssprache einwandern und zur Deutung unserer Selbstverhältnisse verwendet werden, z. B. wenn man sagt „Das habe ich nicht auf dem Schirm". Das ist aber im geschichtlichen Rückblick keine neue Erfahrung. Es ist jedoch nicht zu erwarten, dass die Volkspsycholgie, z. B. als Ergebnis einer Umerziehung, durch die Beschreibungen der Neurophysiologie verschwindet (Churchland) oder die Sinnesdaten durch neurophysiologische Äquivalente ersetzt werden (Sellars: Sensa). Im Unterschied zu diesen Ambitionen sollte wir die Volkspsychologie als einen eigenen Gegenstand der Systematisierung mentaler Zustände einstufen.

10. Erkenntnisinteresse. Von Interesse für die Untersuchung der Problemsituation und ihren Sequenzen ist die Hinwendung zum nicht-reduktiven Physikalismus am Beispiel des anomalen Monismus (Davidson) mit Blick auf den von Putnam begründeten Funktionalismus. Das betrifft für die Bestimmung der Beziehung zwischen Mentalem und Physischem den Supervenienzbegriff und den Begriff der Realisierung. Davidson z.B hat durch seine Philosophie des Mentalen seit den achtziger Jahren einen Anstoß zu einer bis in die 1990er Jahre hinein andauernden Debatte über das Problem der mentalen Kausalität und seiner Sprachtheorie gegeben. Es ist nicht zu viel gesagt, dass sich das Problem der mentalen Kausalität und der Tragfähigkeit erst im Rahmen der Dominanz des Physikalismus profilierte. Es ist aber darauf hinzuweisen, dass der anomale Monismus Davidsons kein angemessenen Zugang zu dem Problembezug des phänomenalen Bewusstsein hat. Das hängt vermutlich auch mit seinem Quineianismus zusammen. Der Funktionalismus neigt dazu, dass er durch die Realisierungsrelation mentaler Zustände und ihrer kausalen Rollen das phänomenale Bewusstsein zum Verschwinden bringt. Das ist insofern folgerichtig, da nur physikalische Zustände die funktionalen Zustände realisieren. Die „Mentalen Zustände sind = funktional physisch (neurologische) Zustände", daher kann es für sie keine andere Ontologie geben als die Ontologie der physischen Welt, zu denen die mentalen Zustände gehören.

Es ist hervorzuheben, dass vor allem Kim die schwer oder sogar gar nicht lösbaren Problem des nicht-reduktiven Physikalismus herausgestellt hat. Insofern wird auch seine Position zur Sprache gebracht. An seiner Kritik am nicht-reduktiven Physikalismus und dem vom Physikalismus nicht zu lösenden Problem des phänomenalen Bewusstsein kann man Grundsätzliches lernen.

Was die Position des Physikalismus im amerikanischen Wissenschaftssystem betrifft, so ist eine wissenssoziologische Anmerkung informativ. Aus der soziologischen Sicht hat z.B. Parsons hervorgehoben, dass die amerikanische Gesellschaft eine religiöse Gesellschaft ist, die ihr politisches Selbstverständnis in der Civil Religion hat. Die Mitglieder der Gesellschaft der Vereinigten Staaten von Amerika sind nicht atheistisch. Vermutlich glauben 80 Prozent der Bevölkerung an einen christlichen Gott. Der Physikalismus und Atheismus der materialistischen Wissenschaftselite wendet sich gegen eine religiös motivierte Pseudowissenschaft, z.B. im Kreativismus und seinen Variationen des Spiritual Design. Zu erwähnen ist z.B. Dennett und Churchlands eliminativer Physikalismus, D. Lewis' kontingenter Materialismus und Searles biologischer Naturalismus. Searle z.B. lehnt den Materialismus ab, da seine Intentionalitätsanalyse des Mentalen das subjektive Bewusstsein nicht eliminiert. Es gibt für ihn Mentales, aber es ist durch ein neurophysiologisches Forschungsprogramm zu erklären.

Es sind in der amerikanischen Gesellschaft spirituelle Organisationen verbreitet, die mit pseudowissenschaftlichen Mitteln eine spirituelle Schöpfungsgeschichte zu belegen beanspruchen, z.B. die „Global-Coherence Organization", „Christian Science" und andere pseudo-wissenschaftliche Organisationen (Zum amerikanischen Fundamentalismus: Preyer (2018): Teil IV, XIII, 1 Funktion der sozialen Bewegungen (d)). Dazu gehört z.B. auch das Gespräch mit dem Kosmos, die religiöse Deutung des „Urknalls" und der Quantenphysik. Das ist erwähnenswert, da sich der philosophische Physikalismus gegen diese dominierenden Strömungen in der amerikanischen Gesellschaft richtet. Das ist nicht Thema dieser Untersuchung und verlässt den Bereich der philosophischer Argumentation. Es ist ein Thema der Wissens- und Religionssoziologie. Diese nehmen einen anderen, nicht-philosophischen Beobachtungsstandpunkt ein.

2. Reduktiver und nicht-reduktiver Physikalismus

Inhalt: *1. Nicht-reduktiver Physikalismus, 2. Emergentismus, 3. Wissenschaftstheoretisches Bezugsproblem, 4. Erklärungsanspruch der Emergentisten, 5. Zusammenfassung, 6. Folgeproblem, 7. Physikalismus*

1. Nicht-reduktiver Physikalismus. In der Philosophie des Mentalen wurde die Typenidentitätstheorie des Physischen und Mentalem der 1950 Jahre,

z. B. von Smart, Feigl, durch den nicht-reduktiven Physikalismus aufgegeben. Es empfiehlt sich, auf diesen Problembezug einzugehen. Die Antwort auf die Kritik an der Typenidentitätstheorie war ein nicht-reduktiver Physikalismus in der Version des Funktionalismus (Putnam: multiple Realisierung) und des anomalen Monismus (Davidson). Die beiden Ansätze sind aber auch eine Version des Physikalismus und Monismus, da ein Substanzendualismus von *res cogitans* und *res extensa* (Descartes) und ein damit einhergehender Interaktionismus zwischen Mentalem und Physischem keine wissenschaftlich ernst zu nehmende Option war. Ein Interaktionismus wäre keine vollständige Theorie der physischen Welt, da sie davon ausgeht, dass die physikalische Welt nicht geschlossen ist.

Der Ansatz der multiplen Realisierung wird von den Funktionalisten akzeptiert. Er geht auf Putnam (1967: 37-48 19671975: 429-440) zurück. Fodor arbeitet ihn weiter aus. Er hat auch Einfluss auf den anomalen Monismus von Davidson. Aus der Sicht des Funktionalismus wird der traditionelle Physikalismus als Reduktionismus eingestuft. Er besagt, dass für alle wissenschaftlichen Terme explizite Definitionen in physischen Termen angegeben werden können. Dies ist aber eine zu starke Forderung. Es bestehen starke Zweifel, ob das z. B. für die Psychologie, Linguistik, Soziologie und andere höhere Wissenschaften einzulösen ist. Die multiple Realisierung ist keine Geist- (Mentales)-Körper-Reduktion, da das Mentale computational und mehrfach realisiert sein kann, z. B. durch physiologische und elektronische Zustände, die nicht identisch sind. Nach Putnam vertreten die Identitätstheorien eine Korrelationsthese. Sie besagt, für jede psychologische Art M gibt es eine physikalische (vermutlich neurophysiologische) Art P, die gesetzmäßig mit M als koextensiv einzustufen ist. Dabei wird keine Einschränkung auf Arten oder Typen von Organismen vorgenommen. Nach Putnam ist das sehr unwahrscheinlich, und die Korrelationsthese ist aus seiner Sicht falsch. Sie wird von ihm aus begrifflichen Gründen somit a priori als falsch eingestuft. Die psychischen Eigenschaften sind physische Eigenschaften zweiter Stufe. Sie sind ohne einen Bezug auf physische oder andere Realisierungen zu definieren. Das ist auch die Ansicht vieler Funktionalisten. (Zur multiplen Realisierung und ihrer Metaphysik: Kim 1963: 309-335)

Die Ontologie, welche der nicht-reduktive Physikalismus annimmt, ist ein hierarchischer Weltaufbau, der eine fundamentale Ebene und höhere Ebenen unterscheidet. Die Bestandteile diese Aufbaus sind Ganzheiten, deren Teile die Elemente der niederen Stufe sind. Gegenüber der Typenidentitätstheorie der 1950er Jahre, der besagt, dass die unterschiedlichen Eigenschaften auf den verschiedenen Stufen auf die Eigenschaften der jeweils tieferen Stufe und letztlich auf physische Eigenschaften zu reduzieren sind, ging man zu diesem Reduktionismus auf Distanz. Es wurde mit dem Eliminativismus und dem Nichtreduktionismus auf diese sich einstellende Problemsituation der Philosophie reagiert:

1. *Eliminitavismus*: Diese Eigenschaften sind nutzlose „nomologische danglers" und haben für die Erklärung von mentalen Zuständen und einem entsprechenden Handeln keine Relevanz. Sie sind deshalb aus dem physikalistischen als dem richtigen Weltbild zu entfernen.
2. *Nichtreduktionismus*: Die mentalen Eigenschaften sind real und sind ein autonomer Bereich. Das begründet die autonomen und nicht zu reduzierenden Spezialwissenschaften, z.B. die Psychologie (Fodor).

„2." war in der eingetretenen Problemsituation eine anerkannte Position. Die Position des britischen Emergentismus (Alexander, Morgan) wird, z.B. von Kim, deshalb in Erinnerung gerufen, da er als ein nicht-reduktiver Physikalismus bzw. der nicht-reduktive Physikalismus als eine Wiederbelebung des Emergentismus einzustufen ist (1993a: 345).

2. Emergentismus. Im Folgenden wird von dem Überblick von Kim (1997) ausgegangen. Er hat den Problembezug am weitgehensten in seinen Studien untersucht.

1. Stufenmodell: Der Emergentismus geht von einer physikalistischen Ontologie der untersten Stufe aus. Es gibt grundlegende, nicht-emergente Entitäten (Objekte, individuelle Ereignisse und Prozesse, aber keine Eigenschaften). Diese sind materielle Entitäten und ihre fundamentalen physischen Eigenschaften. Es sind keine mentale Entitäten, z.B. eine Cartesische res cogitans, Entelechien oder vitale Grundsätze. Die Basisontologie ist somit eine physikalistische Ontologie.
2. Eigenschaftsemergenz: Nur dann, sofern die Aggregate der Basisentitäten einen gewissen Grad an Komplexität haben, emergieren neue Eigenschaften dieses Aggregats. Die neuen Eigenschaften emergieren bei diesen Bedingungen mit nomologischer Notwendigkeit. Es emergieren nur Eigenschaften, aber keine neuen Entitäten. Die Bedingungen der Grundstruktur sind hinreichend für die Emergenz höherer Eigenschaften. Darin besteht der Unterschied zu antimaterialistischen Ansätzen, z.B. dem Cartesianismus und Vitalismus. Sie gingen davon aus, dass zu den Basisbedingungen nichtmaterielle Faktoren hinzuzukommen haben, damit höherstufige Eigenschaften emergieren können, z.B. immaterielle Substanzen und Entelechien. Der Emergentismus ist deshalb ein Supervenienzansatz. Die Gesichtspunkte von Objekten und Ereignissen und dem, was wir „Welt" nennen, sind durch ihren physischen Charakter bestimmt. Die Emergentisten verstanden sich selbst als

robuste Naturalisten. Sie beanspruchten aber, sich von einem mechanischen Reduktionismus abzugrenzen, da sie auf der Neuheit und der Irreduzibilität der emergenten Eigenschaften bestanden.

3. Irreduzibilitäts-/Unvorhersehbarkeitsgrundsatz: Die emergenten Eigenschaften sind neu, d. h. nicht reduktiv aus den Bedingungen zu erklären, aus denen sie hervorgehen. Reduktion wird von ihnen in einem starken Sinn als Gesetzesreduktion im Sinne von E. Nagel verstanden. Die Emergentisten brauchen aber eine Nagel-Reduktion in der Psychologie nicht abzulehnen. Sie stellen psycho-physische Gesetze nicht in Frage. Sie akzeptieren z. B. die physio-chemischen Korrelate der Emergenzeigenschaften. Emergentisten würden aber bestreiten, dass die Nagel-Reduktionen das Neue der emergenten Eigenschaften erklären können. Das ist dadurch begründet, dass die Nagel-Reduktion in nicht selbst erklärten Korrelationen zwischen emergenten und nicht-emergenten basalen Eigenschaften besteht. Ihr Anspruch ist es, die emergenten Eigenschaften selbst zu erklären und nicht die gesetzlichen Relationen zwischen ihnen. Das ist ihr Problembezug, der z. B. von Marras (2000, 2005, Teil II 2., Rettung des Physikalismus, in diesem Buch) bestritten wurde.

4. Dependenz: Die Emergenz von neuen Eigenschaften entspricht der Dependenz von einer physischen Grundlage, da psychische Phänomene notwendigerweise emergieren, wenn bestimmte physische Bedingungen erfüllt sind. Das entspricht auch der Realisierung psychischer Phänomene. Es ist im Hinblick auf diesen Punkt zu erwähnen, was in der Darstellung des Vergleichs zwischen dem Emergentismus und dem nicht-reduktiven funktionalistischen Physikalismus oft nicht berücksichtigt ist. Die „psychischen Eigenschaften sind nicht identisch mit funktionalen Eigenschaften“. Die Realisierung von mentalen Eigenschaften durch physische Eigenschaften ist ein Begriff des Funktionalismus. Im Unterschied dazu sind emergente Eigenschaften als Eigenschaften erster Ordnung einzustufen. Sie realisieren so wie die physische Eigenschaften die entsprechenden funktionalen Eigenschaften. Diese sind Eigenschaften zweiter Ordnung. Das wird von Kim (1992, 1993a, 366) hervorgehoben.

5. Kausalität nach unten (Downward Causality). Der Emergentismus geht davon aus, dass nehmen wir „$M_k \rightarrow P*$“ an, so ist „M* emergent → M*“. Es ist daran zu erkennen, dass beide Determinationen in einen Einklang zu bringen sind. Die Verursachung einer emergenten Eigenschaft ist nur dadurch gewährleistet, wenn eine gleichzeitige Verursachung ihrer Basiseigenschaft, somit „$M_k \rightarrow P*$“, gewährleistet ist. Insofern besteht die theoretische Bindung des Ansatzes zu einer Kausalität nach unten. Die mentale Kausalität betrifft deshalb zwei Grundannahmen, dass 1. Mentales emergiert aus einer abhängigen physischen Basis, und 2. Mentalem kommt eine autonome

Kausalität zu, die auf die Emergenzbasis zurückwirkt. Das wird auch vom nicht-reduktiven Physikalismus angenommen.

3. Wissenschaftstheoretisches Bezugsproblem. In der wissenschaftlichen Kommunikation wird oft ein nicht ganz klarer Begriff von Reduktion verwendet. Insofern ist die Frage naheliegend: „Was ist Reduktion?" (dazu Kim 1998: 238-243, Preyer 2020, Kapt. II 1 (a)) Vereinfacht ist die Rede von „Reduktion" derart zu beschreiben: „x ist nichts anderes als y". Das wissenschaftstheoretische Problem ist im Blick zu behalten, da die wissenschaftstheoretischen Optionen in der Philosophie des Mentalen auch für die Entscheidung für inhaltliche Positionen grundlegend sind. Dieses Bezugsproblem liegt bereits bei Smart vor. Die Entscheidung für einen Materialismus geht mit dem dem wissenschaftstheoretischen Argument der Anwendung von Ockhams Rasierklinge als einem Sparsamkeitsgrundsatz einher. Das besagt, dass man sich zu der Einfachheit mit einem hohen Bestätigungsgrad und der besten Erklärung der wissenschaftlichen Erklärung bei einem hohen Bestätigungsgrad verpflichtet. Insofern werden Materialisten ihre Ontologie nicht ändern und aus ihrer Sicht merkwürdige Entitäten berücksichtigen.

Die Rede von *Reduzierbarkeit* betrifft Theorien. Dabei orientiert man sich an E. Nagel (1963, Kap. 11). Es wird zwischen der zu reduzierenden Zieltheorie und der Basistheorie unterschieden (Theorie = Behauptungen, die ihre Gesetze darstellen, d.h. Basisgesetze bzw. Axiome und die Aussagen, die aus den Basisgesetzen logisch abzuleiten sind). Die Reduzierbarkeit von Theorien besagt die logische Ableitung (Beweis) aus den Basisgesetzen. Die *Nagel*-Reduktion besagt dann:

> T_1 ist *Nagel-reduzierbar* auf T_2 genau dann, wenn alle Gesetze aus Gesetzen von T_1 in Verbindung mit entsprechenden ‚Brücken-Prinzipien', die die Ausdrücke von T_2 mit Ausdrücken von T_1 verknüpfen, logisch (und mathematisch) ableitbar sind. (Kim 1998: 239)

Gehen wir von dem einfachen Ausdruck eines T_2-Gesetzes aus:

(1) Für alle x gilt: Wenn x die Eigenschaft F hat, hat x auch die Eigenschaft G (kurz: F $\rightarrow$ G).
„*F*" und „*G*" sind Ausdrücke (Vokabeln) von T_1 und gehören nicht zu den T_1-Ausdrücken. Es bedarf für die Ableitung ‚Brückengesetze', welche die Ausdrücke der beiden Ausdrücke in T_1 und T_2 korrelieren. Solche Brückengesetze sind:

(2a) Für alle x gilt: x hat die Eigenschaft $F \leftrightarrow x$ die Eigenschaft F^* hat $(F \leftrightarrow F^*)$

(2b) Für alle x gilt: x hat die Eigenschaft $G \leftrightarrow x$ die Eigenschaft G^* hat $(G \leftrightarrow G^*)$.

F^* und G^* sind Prädikate der Basistheorie T_1. (Kim 1998, 239)

In diesem Fall gehen die Prinzipien von T_2 mit diesen Definitionen in Theoreme von T_1 über. Es wird nicht gefordert, dass die Definitionen den Termen von T ihre ursprüngliche Bedeutung zuordnen, z. B. die phänomenologische Thermodynamik wird auf die statistische Mechanik reduziert, indem Temperatur als mittlere kinetische Energie der Moleküle definiert wird. Dem entspricht aber nicht, dass Gas eine bestimmte Temperatur und die mittlere kinetische Energie der Moleküle des Gases einen bestimmten Wert haben. Dadurch wird der Mikromechanismus eines Gasmoleküls einer beobachtbaren Makroregularität erklärt. In dieser Weise verfährt auch die Molekularbiologie z. B. bei der DNA als einer Mikroreduktion der phänotypischen Merkmale einer Population bei ihrer Reproduktion in der Generationsabfolge. Der Zweck der Theoriereduktion ist eine Vereinheitlichung (Systematisierung) der Theorie und ihre ontologische Vereinfachung. Die Einwände gegen die *Nagel*-Reduktion betreffen meistens die Nicht-Erfüllbarkeit von Brückengesetzen bei einer Reduktion einer psychologischen auf eine physikalische Theorie. Vermutlich ist sie bei der Umschichtung von Weltbildern von Relevanz, die sich aus partikularen Alltagsanschauungen bestimmter Mitglieder sozialer Systeme und ihrer Systematisierung einstellten, z. B. den Landbewohnern im Unterschied zu Seefahrern.

Das wissenschaftstheoretische Bezugsproblem der *Nagel*-Reduktion ist die Frage „Was ist der Status der Brückengesetze?". Sie können als Definitionen und als gesicherte Korrelationsgesetze eingestuft werden. Beide Optionen schließen sich aber nicht aus. (Kim 1998: 239-240) Der Problembezug der unterschiedlichen Positionen der Reduktion des Mentalen auf das Physische ging von der Grundannahme der Brückengesetzreduktion der Reduktion von Theorien von E. Nagel aus. Die Anforderung dafür ist die Angabe von konditionalen Brückengesetzen. E. Nagel fordert nur genügend viele Brückengesetze, die von ihrer Form unabhängig sind. Die *Nagel*-Reduktion erweitert die Reduktionsbasis in terminologischer und ontologischer Hinsicht, z.B. „„Schmerz" = Schmerz". Die aposteriorischen Brückengesetze sind zusätzliche Axiome. Die erweiterte Basistheorie ist nicht mehr eine rein neuro-physiologische Systematisierung mit ihrer Terminologie und Ontologie. Es wird normalerweise akzeptiert, dass informative Erklärungen induktive Erklärungen sind. Es stellt sich die Frage, ob dies genügt, um den Typen-Physikalismus als wahr zu akzeptieren. Es ist nicht auszuschließen, dass er nur marginal besser ist als die Konkurrenztheorien. Es wird nur nach der besten Erklärung des Mental-Physischen gefragt. Kim hebt z.B. hervor, dass diese Einschränkung willkürlich ist. Die Korrelationsthese von Physischem und Mentalem gibt aber keine Lösung des Problems, da sie mit ganz unterschiedlichen Ansätzen in der Philosophie des Mentalen verträglich ist, z.B. Emergentismus und Doppelaspektansatz. Damit erkennen wir den Problembezug, warum die Materialisten von der Korrelationsthese zu einer Identitätsbehauptung zwischen dem Physischen und Mentalen übergingen und das Mentale mit einem Gehirnzustand identifizierten.

4. Erklärungsanspruch der Emergentisten. Die Emergentisten sind nicht dazu genötigt, sich gegen die *Nagel*-Reduktion in der Psychologie auszusprechen. Sie stellen psycho-physische Gesetze nicht in Frage. Sie sprechen von psycho-chemischen „Korrelaten" der Emergenzphänomene. Sie würden aber bestreiten, dass die *Nagel*-Reduktion die Eigenart der emergenten Eigenschaften zu erklären vermag, da sie auf nicht erklärten Korrelationen zwischen emergenten und basalen Eigenschaften beruht. Die *Nagel*-Reduktion erklärt die angenommenen Regularitäten zwischen höherstufigen Eigenschaften durch entsprechende niederstufige Regularitäten. Das war aber nicht das Erkenntnisinteresse der Emergentisten. Ihr Problembezug war die Erklärung der emergenten Eigenschaften selbst und nicht der gesetzlichen Relationen zwischen ihnen. Ihr Anspruch ist es, die Brückengesetze selbst zu erklären. Die bloße Existenz unerklärter Brückengesetze genügt aus ihrer Sicht nicht, um mentale Eigenschaften durch physische Eigenschaften reduktiv zu erklären. Eine solche Reduktion ist nach diesem Ansatz unmöglich. Man kann z.B. nicht erklären, warum eine bestimmte bestimmte Art von Schmerz und keine anderen mentalen Phänomene entstehen, wenn bestimmte neuronale Bedingungen vorliegen. Die Emergentisten würden aber nicht Hempels Covering-Law-Erklärungen von emergenten Schmerzzuständen auf der Grundlage von neuronalen Prozesse und nicht zu erklärenden psycho-physischen Korrelationen in Frage stellen. Die Basis des Unvorhersehbarkeitsbzw. Irreduziblitätsarguments der Emergentisten ist, dass psycho-physische und andere Brückengesetze nicht weiter erklärbar sind. Es können aber mit Hilfe der Brückengesetze und dem Hempel-Modell einzelne emergente Zustände erklärt werden. Da die Emergentisten davon ausgehen, dass die emergenten Eigenschaften „neuartig" sind und deshalb nicht reduktiv durch die Bedingungen zu erklären sind, aus denen sie emergieren, wird von ihnen Reduktion stärker als eine Gesetzesreduktion interpretiert.

Die Emergenztheorie der Kausalität ist der Kausalität des Mentalen nach unten verpflichtet. Die kausale Erklärung des Mentalen emergiert aus und ist abhängig von Physischem, und das Mentale hat eine autonome Kausalität, die auf die Emergenzbasis zurückwirken kann. (Zum Problembezug der Einstellung des Emergentismus zur *Nagel*-Reduktion: Kim 1992: 126, 127, 137).

5. Zusammenfassung. Fassen wir den Problembezug des Emergentismus und nicht-reduktiven Physikalismus schlaglichtartig zusammen:

1. Der nicht-reduktive Physikalismus vertritt eine Ontologie des physischen Monismus. Sie besagt, dass physische Gegenstände und ihre neurologischen Aggregate die gesamte Wirklichkeit umfassen.
2. Er wird aber eine nicht-reduktive und dualistische „Ideologie" vertreten. Die psychischen Eigenschaften sind nicht auf die fundierenden biologischen und physischen Eigenschaften zu reduzieren, und die Psychologie ist eine autonome Wissenschaft.
3. Die physikalische Realisierung einer mentalen Eigenschaft M besagt, dass alle mentalen Eigenschaften physikalisch relevant sind. Wenn ein Organismus oder ein System eine mentale Eigenschaft M instanziiert, so hat eine physikalische Eigenschaft P vorzuliegen, so dass P ein M realisiert. Die nicht-reduktiven Physikalisten beanspruchen aber, die Beziehung zwischen Mentalem und Physischem mit den Begriffen Supervenienz und Realisierung positiv zu fassen. Beides schließt sich a priori nicht aus, da mentale Eigenschaften durch physische Eigenschaften realisiert sind und daraus gefolgert wird, dass mentale Eigenschaften über physische Eigenschaften supervenieren.
4. Der mentale Realismus des nicht-reduktiven Physikalismus besagt, dass mentale Eigenschaften keine bloßen nützlichen Fiktionen sind.

Damit sollte der Leser auf die Beschreibung der Versionen des Physikalismus eingestimmt sein. Sie enthält keine neuen oder überraschenden Gesichtspunkt. Sie finden sich in den diesbezüglichen Darstellungen der Philosophie des Mentalen. Sie hat jedoch eine orientierende Relevanz, die immer im Blick zu bleiben hat, um die Folgeprobleme dieses Ansatzes zu erkennen. Es ist aber bereits an dieser Stelle auf das dramatische Folgeproblem des nicht-reduktiven Physikalismus von Putnam (Multirealisierung) und Davidson (anomaler Monismus) hinzuweisen, dass der Leser auch immer im Blick haben sollte. Kim (1992, 137) hat es als eine „hazardous combination" charakterisiert, welche die Kohärenz dieses Ansatzes in Frage stellt.

6. Folgeproblem. Die Problemsituation führte zu dem Folgeproblem, ob der Nichtreduktionismus zu ganz ähnlichen Schwierigkeiten mit seiner Annahme der kausalen Geschlossenheit der physischen Welt führt, so wie der cartesische Dualismus (Kim 1993a: 331-339). Ein anderes Folgeproblem drängt sich für die Emergenztheoretiker auf, dass die Basisbedingungen die emergenten Eigenschaften nicht erklären. Nach ihnen gilt, „Kein Geist ist ohne Leben, und kein Leben ist ohne physische Basis". Insofern sind die physischen Basisbedingungen hinreichende und notwendige Bedingungen für das Mentale. Das Primat des Physikalischen besagt deshalb, dass alle konkreten Gegenstände physikalisch sind und es keine nichtphysischen Partikularitäten gibt, z.B. intelligible Substanzen und Entelechien. Wenn wir davon ausgehen, dann sind alle mentalen Eigenschaften in physischen Gegenständen instanziiert, und es gibt gerade keine Gegenstände, die nur mentale Eigenschaften haben. (Kim 1993: 340)

Es drängt sich auf, dass die Philosophie seit den 1950er Jahren durch den Physikalismus von der „falschen Objektivität" (von Kutschera) gefangen gehalten wird. Das betrifft sowohl die Wissenschaften als auch unser Alltagswissen. Es liegt nahe, dass von den jeweiligen ontologischen Optionen die Philosophie des Mentalen wesentlich betroffen ist. Gerade das Pro und Kontra in der bereits vorliegenden Wirkungsgeschichte der naturalisierten Erkenntnistheorie und der Philosophie des Mentalen hat wesentlich zu einer Problemverschärfung der mittlerweile etablierten Disziplin der Philosophie des Mentalen beigetragen. Insgesamt wissen wir durch sie mehr darüber, was aus den oft auch unausgesprochenen Voraussetzungen für die jeweils wahrgenommenen Optionen in der Philosophie des Mentalen folgt. Es ist in der ganzen Erörterung auf ein Problem hinzuweisen, das von den Teilnehmern selten angesprochen wird. Es ist das die ontologische Annahme der Geschlossenheit der physischen Welt, die unbezweifelt voraussetzt wird. Sie gilt nicht für die Quantenphysik, und es ist fraglich, ob sie eine allgemeine Geltung in den Naturwissenschaften hat. Hier wäre eine entsprechende Rücksprache mit den Experten der theoretischen und experimentellen Physik wünschenswert gewesen. Von Kutschera z.B. hat auf dieses Problem hingewiesen.

Es sind seit den 1970er Jahren zwei große Stränge des nicht-reduktiven Physikalismus in der Philosophie des Mentalen zu unterscheiden. Es sind dies die funktionalistischen Versionen und der anomale Monismus. Mit dem Funktionalismus geht die Annahme einer Multirealisierung mentaler Eigenschaften einher, die ihrerseits eine Kritik an der Identitätstheorie des Mentalen und des Physischen der 1950er Jahre ist, wie sie vornehmlich von Feigl und Smart dargelegt wurde. Das besondere Interesse, das wir an Davidsons Ansatz feststellen können, erklärt sich vermutlich auch daher, dass der anomale Monismus und die Versionen des Externalismus einen alternativen

Ansatz zu dem verbreiteten Funktionalismus darstellt. Die Frage, ob und wie in einer materialistischen Ontologie dem Mentalen eine kausale Rolle eingeräumt werden kann, markiert ein Folgeproblem der grundlegenden Arbeiten Davidsons zur Philosophie des Mentalen (1970, 1973b, 1974) und des Funktionalismus.

3. Aufbau der Untersuchung

Inhalt: *1. Philosophischer Anspruch, 2. Voraussetzungen und Beweisstrategien, 3. Vereinheitlichte Theorie, 4. Kommentar von Davidsons Philosophie des Mentalen, Kausalitätsbegriffe, 5. Kritik des nicht-reduktiven Physikalismus, 6. Ausblick: Sprachtheorie, 7. Wissenschaftstheorie.*

1. Philosophischer Anspruch. Es ist hervorzuheben, dass Davidsons Philosophie beansprucht, auf traditionale Probleme der Philosophie, der Metaphysik und der Erkenntnistheorie eine Antwort zu geben. Es betrifft dies die sprachphilosophische und erkenntnistheoretische These der Unbestimmtheit der Übersetzung, Unerforschbarkeit der Referenz, die metaphysischen Probleme des begrifflichen Relativismus und der Natur der Wahrheit, das erkenntnistheoretische Problem der Unmöglichkeit eines totalen Irrtums, die externale Individuierung der Inhalte von propositionalen Einstellungen und der Autorität der ersten Person. Sein Anspruch ist es, die Kapitel des Cartesianismus und Empirismus in der Philosophie zu schließen und durch seine logische Formanalyse eine ontologische Reduktion auf einen grobkörnigen Ereignisbegriff bereitzustellen. Das betrifft für ihn das Bezugsproblem der „Objektivität" und der objektiven Beurteilung der Inhalte von propositionalen Einstellungen. Sie erfordern aus seiner Sicht den „Begriff der objektiven Wahrheit". Insofern ist Davidson konsequenterweise ein „Anti-Foundationalist" und ein Externalist. (Davidson 2004: 3-18) Sein Externalismus ist ein ontologischer Realismus, da die Realität die Inhalte unserer propositionalen Einstellungen wahr machen. Wir sollten davon ausgehen, dass ihm die Schließung des Kapitels des Cartesianismus und Empirismus nicht gelungen ist. (Zur Cartesianischen Intuition: Preyer 2019a)

Brentano sah in der Intentionalität das Wesensmerkmal des Mentalen. Dem schließt sich Davidson (1970: 296) an. Die intentionalen oder propositionalen Einstellungen haben einen Gehalt, der nach Davidson sprachlich erfassbar ist. Wir identifizieren solche Einstellungen typischerweise durch Sätze der Art wie „Peter denkt, dass Ezra Pound ein großartiger Poet ist". Die qualitative Empfindungen spielen in Davidsons Philosophie des Mentalen keine wesentliche Rolle. Davidson hat keinen Zugang zu dem Problembezug des phänomenalen Bewusstsein. Auch wer allen ihren Thesen zustimmen würde, könnte sie deshalb nicht ohne weiteres auf nichtintentionale qualitative Zustände übertragen. Ihre Nichtberücksichtigung ist durch seine distale Theorie der Bedeutung (Referenz) motiviert. Sie schreibt Perzeptionen lediglich eine kausale, jedoch keine epistemische (Evidenz stiftende) Rolle für die Bildung von Überzeugungen zu. Insofern ist Davidsons Erkenntnistheorie eine Abkehr vom britischen Empirismus (Locke, Hume, Berkeley), aber auch vom Cartesianismus, obwohl er die Existenz des Denkers nicht bestreitet.

Im Hinblick auf die Werkgeschichte Davidsons ist anzumerken, dass die Hinwendung zu traditionellen Problemen der Philosophie in der Folge der Hinwendung von der kompositionalen Bedeutungstheorie zum „ambious project" der *RI* (= radikalen Interpretation), d.h. *jeder* Sprecher ist radikal interpretierbar, erfolgt. Davon ist das „modest project" der *RI* zu unterscheiden. Es besagt, dass es eine empirische Frage ist, ob die Akte eines Sprechers radikal zu interpretieren sind. (Lepore und Ludwig 2005: 147-247)

2. Voraussetzungen und Beweisstrategien. In dem „Teil I Supervenienz, anomaler Monismus und mentale Kausalität. Donald Davidsons Philosophie des Mentalen und seine Kritik" kommen zuerst die Voraussetzungen der Debatte über Davidsons Philosophie des Mentalen zur Sprache. Er hat insofern hinführenden Charakter, als dass er die Verständnisvoraussetzungen der vorgetragenen Argumente behandelt. Das betrifft vor allem den Supervenienzbegriff und seine Versionen. (Teil I 1. Supervenienz (a), (b)) Es wird zuerst auf den Supervenienzbegriff eingegangen, da man daran erkennt, dass Supervenienz mit unterschiedlichen Ansätzen in der Philosophie des Mentalen zu vereinbaren ist. Ohne ein Verständnis des Supervenienzbegriffs sind die Problembezüge der unterschiedlichen Ansätze und die Einwände gegen den nicht-reduktiven Physikalismus des Funktionalismus und des anomalen Monismus (Davidson) nicht angemessen nachzuvollziehen und zu bearbeiten. Das erfordert ein sorgfältiges Studium, dem damit ein Hilfestellung gegeben ist.

Für die Analyse des *MA* (mentalen Anomalismus) sind seine Beweisstrategien hervorzuheben. Es sind die Annahme der Rationalitätsunterstellungen der *RI* und der damit einhergehende Sprachbegriff, der Kausalitätsbegriff und die Unterscheidung zwischen strikten Gesetzen und Ceteris-paribus-Gesetzen sowie die externalistische Interpretation der Gegenstände der propositionalen Einstellungen (Triangulationsexternalismus) (zu den Beweisstrategien: Teil I 3. Anomaler Monismus (d) (ii)). Um diese Strategien und die Kritiken an ihnen nachzuvollziehen und ihre Folgen für den Ansatz abzuschätzen, beginnt die Untersuchung des *MA* mit einer Skizze der wahrheitszentrierten Bedeutungstheorie natürlicher Sprachen und konfrontiert sich mit ihren Problembezügen. Daran anschließend wird auf Davidsons grobkörnigen Ereignisbegriff im Unterschied zu einem feinkörnigen Ereignisbegriff (Kim) eingegangen. (Teil I 2. Sprachtheorie, wahrheitszentrierte Bedeutungstheorie und Ontologie (a) – (d)) Der Ereignisbegriff ist für Davidsons sprachanalytische Ontologie von zentraler Relevanz. Es ist insofern ein sprachanalytischer Ansatz, da aus seiner Sicht die ontologische Reduktion mit den Mitteln der zweiwertigen Standardlogik am Beispiel der logischen Form von Handlungssätzen und der singulären Kausalaussagen durchzuführen ist. Ereignisse sind aus dieser Sicht als Entitäten ernst zu nehmen. Das soll die logische Formanalyse leisten.

Es ist aus der Sicht der zweiten Hälfte der 1970 Jahre darauf hinzuweisen, dass z. B. Martin (1978) dieses Problem bearbeitet. Die natürliche Ontologie schließt somit nicht nur Einzeldinge als konkrete Objekte, sondern auch z. B. Prozesse, Veränderung, Ereignisse, Akte, Zustände und Äußerungen ein. Martin (1978) hebt hervor, dass Ereignisse für die Analyse von mentalen und physischen Akten und deshalb auch für die Moraltheorie als auch bei der Erörterung des Mind-Body-Problems erforderlich sind. Insofern bedarf es einer „Logik der Ereignisse". (Martin 1978: 1-2, Davidson: Grobkörniger Ereignisbegriff: Ontologie einzelner, unwiederholbarer und zeitlich bestimmter Ereignisse im Unterschied zu Kims feinkörnigem Ereignisbegriff).

3. Vereinheitlichte Theorie. Davidsons Forschungsprogramm ist eine *vereinheitlichte Theorie der Gedanken, Bedeutung, Handlung und Bewertung* (Davidsons (1980) 2004, (1984, 1986, 1995a, b) 2004, zu Davidsons Bewertungsbegriff: Preyer 2011a). Ihr Anspruch ist es, die Sprachtheorie und Entscheidungstheorie miteinander zu verbinden und eine „Gesamttheorie" des sprachlichen und nicht-sprachlichen Handelns aufzustellen. Damit beansprucht er aufzuzeigen, dass Mentales, Sprache, Soziales und Welt durch den Wahrheitsbegriff der Erfüllung zu verbinden ist. Für seinen Ansatz ist im Blick zu behalten, dass das Mentale durch die Interpretationstheorie bestimmt ist, oder anders ausgedrückt, die mentalen Begriffe sind durch Theorien definiert. Das gilt sowohl für die Sprachtheorie als auch für die Handlungstheorie. Aus dieser Sicht reinterpretiert er auch Quines Unbestimmtheit der Übersetzung, der er zustimmt als eine Unbestimmtheit in der Theoriekonstruktion der Übersetzung bei der *RI*. Insofern empfiehlt es sich, etwas ausführlicher auf seine Sprachtheorie einzugehen.

Davidsons Sprachtheorie ist als erforscht und als resystematisiert einzustufen. Er hat es seinen Lesern in ihrem Nachvollzug und ihrer Bearbeitung nicht ganz leicht gemacht. In dem Abschnitt über seine Sprachtheorie wird dem nicht weiter nachgegangen, und es ist von einer technischen Darstellung abgesehen worden. (Zur Resystematisierung: Lepore, Ludwig 2005, 2007, Preyer 2011b, 2012: II). Das ist auch keine Anforderung dafür, um die Relevanz des Rationalitätsarguments für die *RI* und die externale Individuation der Inhalte der propositionalen Einstellungen zu erfassen und zu erkennen, warum sein Ansatz von innen heraus zusammenbricht. Das phänomenale Bewusstsein hat für Davidson und Quine keine erkenntnistheoretische Relevanz. Die Rationalitätsargumente des Grundsatzes der Nachsicht setzen die zweiwertige Logik und den Wahrheitsbegriff voraus. Der Beweisstrategie der Analyse des Kausalitätsbegriffs und der Unterscheidung zwischen strikten Gesetzen und Ceteris-paribus-Gesetzen wird in „Teil I 3. Anomaler Monismus (b)“ nachgegangen. Die dritte Beweisstrategie der externalistischen Individuation der Gegenstände von propositionalen Einstellungen erweitert die Sprachtheorie der *RI*. Um ihr Desaster zu erfassen, schließt die Untersuchung mit einer detaillierten Analyse des Triangulationsexternalismus ab. (Teil I 8. Desaster der Triangulation (a) – (b))

4. Kommentar von Davidsons Philosophie des Mentalen, Kausalitätsbegriffe. Nach einer Charakterisierung des Problembezugs des nicht-reduktiven Physikalismus, des Supervenienzbegriffs, Davidsons Sprachtheorie und seines grobkörnigen Ereignisbegriffs werden die Grundlagen seiner Philosophie des Mentalen kommentiert, soweit dies für die folgenden Abschnitte bedeutsam ist. Die zentralen Aspekte und Problembezüge von Davidsons anomalen Monismus werden in „Teil I 3 Anomaler Monismus (a), (b)“, „4. Kausalitätsbegriff und Gesetzesbegriff (a)–(c)“, „5. Einwand des Eigenschaftsepiphänomenalismus (a)–(c)“, „6. (a)–(c) Kontrafaktische Analyse“ und „7. Ontologie mentaler Eigenschaften (a)–(b)“ der Untersuchung erörtert.

In „Teil I 4. Kausalitätsbegriff und Gesetzesbegriff“ wird auf die vorliegenden unterschiedlichen Kausalitätsbegriffe eingegangen. Das soll zur Problemidentifikation und zur Orientierung des Lesers beitragen. Jeder der uns bekannten und zur Verfügung stehenden Kausalitätsbegriffe lässt Fragen offen und erfüllt nicht die kognitiven Erwartungen, die wir an den Kausalitätsbegriff stellen. Die Relevanz des Kausalitätsbegriffs ist aber unter Philosophen nicht strittig, da wir an ihn die Einlösung der Ansprüche der Erklärung, der Voraussage und der Beeinflussung von Dingen und Ereignissen stellen. Auf das Problem der Quantenphysik kann in diesem Rahmen nicht eingegangen werden. Es ist aber darauf hinzuweisen, dass einige Autoren das Problem der menschlichen Freiheit durch die Berufung auf die Quantenphysik begründen. Aus ihrer Sicht gibt es eine Lücke in der physikalischen Welt, z.B. Searle (2004). Das Bezugsproblem der mentalen Kausalität wurde von Kim (1998) erhellend als „Descartes Rache am Physikalismus“ bezeichnet. Dieses Problem ist bei diesen Kapiteln immer im Blick zu behalten.

5. Kritik des nicht-reduktiven Physikalismus. Mit Kims Analyse in „Teil II Multipler Typen-Physikalismus. Gebrechen des nicht-reduktiven Physikalismus 1. – 4." schließt die Untersuchung zu den Problembezügen des nicht-reduktiven und reduktiven Physikalismus ab. Ihr kommt eine besondere Relevanz zu, da Kim uns verdeutlicht, dass der nicht-reduktive Physikalismus als eine Erneuerung des Emergentismus keine widerspruchsfreier Ansatz ist, der in den vorliegenden Versionen nicht mehr zu innovieren ist. Das ist Kims besonderer Verdienst in der ersten Sequenz der Folgeprobleme der Problemsituation der Philosophie des Mentalen nach der Kritik an der Typenidentitätstheorie des Funktionalismus und des anomalen Monismus.

Im Hinblick auf die modale Wende in der Philosophie und Metaphysik ist in diesem Zusammenhang auch D. Lewis kontingenter Materialismus im Bezugsrahmen eines modalen Realismus relevant. (Teil III David Lewis' Philosophy of Mind 1.–3.) Zu erwähnen ist in diesem Zusammenhang auch Armstrong. D. Lewis vertritt einen kontingenten Materialismus und eine kontrafaktische Analyse von Kausalität als eine Reinterpretation von Humes Kausalbegriff. Das ist etwas Neues, da der Physikalismus zwar in unserer Welt wahr ist, aber es könnte aber auch eine Welt geben, in der cartesische Substanzen vorkommen. Der Materialismus von D. Lewis ist jedoch ein Materialismus ohne irgendwelche Einschränkungen. Informativ ist der Ansatz von D. Lewis auch dahingehend, dass sich für seinen Funktionalismus das Qualia-Problem stellt. Man sollte nicht davon ausgehen, dass das Qualia-Problem vom Funktionalismus gelöst ist. (Zu D. Lewis: Preyer und Siebelt 2000 b, c, zum Qualia-Problem im Physikalismus/Materialismus: Preyer 2020.)

6. Ausblick: Sprachtheorie. Das Folgeproblem von Davidsons Ansatz in der Sprachtheorie der *RI* sind die epistemischen Grenzen der Interpretation, seine Verwerfung des phänomenalen Bewusstseins, seine Basistheorie der uninterpetierten Verhaltensdaten und die Nichtinnovierbarkeit seiner distalen Erkenntnistheorie und Ontologie. Daraus ist eine andere Analyse der Dritten-Person-Einstellung zu folgern, die sich grundsätzlich vom Physikalismus und nicht-reduktiven Physikalismus unterscheidet, der den Vorrang der Dritten-Person-Einstellung dogmatisch auszeichnet. Das gilt für alle Variationen der naturalisierten Erkenntnistheorie. Die „Quasi-Indikation" (Castañeda) kann der Naturalismus von der Anlage her nicht verarbeiten. Das Desaster von Davidsons Philosophie ist insofern lehrreich, da es uns darüber informiert, an welchen Stellen der Umbau der interpretativen Semantik zu platzieren ist, zum Beispiel an der Stelle des Rückbaus der theoretischen Definition von mentalen Begriffen. Mentales erschöpft sich weder in Begriffen, noch sind die mentalen Begriffe theoretisch einzuführen.

Die Aufgabe der Semantik in der Sprachwissenschaft und der Sprachphilosophie besteht darin, formalisierte und genaue Aussagen über die Sprachbedeutung aufzustellen. Sie sind als Hypothesen für die wissenschaftliche Untersuchung unserer sprachlichen Handlungen und Kommunikationen heranzuziehen. Dabei dürfen wir aber Semantik nicht mit der Handlungstheorie verwechseln. (Preyer 2019b) Das ist dadurch begründet, dass Handlungsmotive und Absichten die Bedeutung von Sätzen nicht ändern können. Die Analyse der Bedeutung von Wörtern und Sätzen darf nicht von Sprechakten als Analysans ausgehen. Die allgemeinen Gesetze der Semantik, die wir dabei herausfinden, erklären aber auch die produktive Kapazität, über die wir alle verfügen, um eine unendliche Anzahl von Aussagen in einer natürlichen Sprache zu verstehen. Die angesprochenen Problembezüge stehen außerhalb der vorgelegten Untersuchung.

Anzumerken ist zu dem Desaster noch, dass wenn der Leser es im Studium des Textes erlebt, sollte ihm dieses kognitive Erleben zugleich die Richtung zeigen, an der er weiter zu arbeiten hat. Insofern ist der Text auch ein Beitrag zur Dekonstruktion und Rekonstruktion als einer philosophischen Methode. Dekonstruktion soll hier nicht anderes heißen, als dass wir Texte immer auch anders beobachten können. Dabei ist lesen (interpretieren) als ein Beobachten zu fassen. Es ist aber kein Zweifel daran, dass uns die Anwendung der Logik die semantische Analyse einfacher durchführen und präsentieren lässt. Sie erlaubt es uns, die Ontologie, welche die semantische Analyse voraussetzt, genau zu beschreiben. Es ist aber an dieser Stelle noch darauf hinzuweisen, dass die semantische Analyse von einem breiter angelegten Projekt der Verwendung der logischen Formalismen zur Modellierung von mentalen Zuständen und kognitiven Prozessen im Allgemeinen zu unterscheiden ist.

7. Wissenschaftstheorie. Es muss noch auf einen anderen Punkt aufmerksam gemacht werden. Die wissenschaftstheoretischen Voraussetzungen der an der Debatte beteiligten Autoren sind dem Zweistufenmodell in der Wissenschaftstheorie (Received View) verpflichtet. Er unterscheidet zwischen einem logischen bzw. mathematischen und einem empirischen Bestandteil. Das ist durchaus eine sinnvolle Unterscheidung. Der Problembezug ist, ob uns diese Unterscheidung auf eine Aussageversion von Theorien festlegt. Theorien sind nach ihr endlich oder unendliche axiomatisierte Satzklassen bzw. Propositionsklassen (Aussagenversion von Theorien).

Es fällt auf, dass Stegmüllers Kuhn- und Sneed-Reinterpretation der Nicht-Aussageversion von Theorien (Non-Statement View) und seine Kritik an einer normativen Methodologie keine Berücksichtigung bei der Wissenschaftstheorie der behandelten Autoren findet. Aus Stegmüllers Sicht ist die Aussageversion von Theorien durch den Strukturalismus (Non-Statement

View) abzulösen (Stegmüller 1973). Dabei ist darauf zu achten, was die Hinwendung zum Strukturalismus motivierte. Es war nicht vorrangig eine Interpretation von Kuhn, sondern der Problembezug der Ramsey-Reduktion von theoretischen Termen. Es empfiehlt sich dazu, die Darstellung von Stegmüller (1980) angemessen zur Kenntnis zu nehmen, da sonst die Gefahr besteht, dass aneinander vorbeigeredet und geschrieben wird. Im Hinblick auf die Werkgeschichte Stegmüllers ist es empfehlenswert, sich der Ausgangsituation zu vergewissern, die seine Hinwendung zum Strukturalismus auslöste (Stegmüller 1975)

Den Autoren sind die Problembezüge dieser beiden Ansätze noch geläufig. Man kann aber nicht voraussetzen, dass das seit den 1990 Jahren bei vielen Kollegen zu unterstellen ist. Die *ProtoSociology* Vol. 12, 1998: *After the Received View. Developments in the Theory of Science* führte dazu ein Projekt durch. Es wäre wünschenswert, den Strukturalismus von Stegmüller zu reinterpretieren, um Gewissheit darüber zu erlangen, worin der Fortschritt im Problembewusstsein seines Schritts zum Strukturalismus in der Wissenschaftstheorie besteht. Für die vorliegende Untersuchung kann das dahingestellt bleiben. Es muss aber erwähnt werden, dass Davidsons Nachsichtsgrundsatz (Rationalitätsbegriff) und seine Wissenschaftstheorie der Aussageversion von Theorien und wissenschaftlichen Erklärungen verpflichtet ist. Das gilt auch für Quine. Darauf weisen ihre Kritiker selten hin.

Teil I
Supervenienz, anomaler Monismus und mentale Kausalität
Donald Davidsons Philosophie des Mentalen und seine Kritik

There are no such things as minds, but people have mental properties, which is to say that certain psychological predicates are true of them.
Donald Davidson

1. Supervenienz

Inhalt: *(a) Problembezug 1. Begriffsgeschichtliche Anmerkung, 2. Davidsons Erweiterung, (b) Supervenienzbegriffe 1. Supervenienzanalyse, 2. Globale, lokale, schwache, starke Supervenienz, 3. Schlussbemerkung zu den Problembezügen*

(a) Problembezug

1. Begriffsgeschichtliche Anmerkung. Davidsons Philosophie des Mentalen ist neben dem Funktionalismus eine vom ihm unterschiedene Version des nicht-reduktiven Physikalismus. Er hat ihn zum ersten Mal in dem Artikel „Geistige Ereignisse" (1970) in ihren Umrissen formuliert. Vermutlich war er zunächst eher ein Nebenprodukt seiner zu dem damaligen Zeitpunkt in Angriff genommenen Semantik natürlicher Sprachen im Bezugsrahmen einer analytischen Ontologie (logische Formanalyse und ontologisches Commitment für eine Ereigniswelt) und bestimmter wissenschaftstheoretischer Überlegungen. Hinzuweisen ist in diesem Zusammenhang darauf, dass Davidson den Begriff der Supervenienz 1970 in der Philosophie des Mentalen einführte (zu dem Problem der Hume-Supervenienz: Preyer und Siebelt 2000: 2-4; zur philosophischen Begriffsgeschichte des Supervenienzbegriffs: Kim 1989). Die unterschiedlichen Supervenienzbegriffe werden im Einzelnen erörtert. Der Supervenienzbegriff war in der Philosophie im Allgemeinen kein relevanter Begriff. In der Philosophie des Mentalen spielte er gar keine Rolle. Es wurde bereits erwähnt, dass er seine Relevanz erst Davidsons (1970) verdankt. Ursprünglich wurde der Supervenienzbegriff in der praktischen Philosophie platziert. Es scheint einleuchtend, dass sich z.B. die Bewertungen zweier Handlungen als gut oder schlecht oder zweier Gegenstände als schön oder hässlich bei vollständiger physischer Gleichheit nicht ändern. Man hat deshalb die Supervenienz von wertenden über physischen Eigenschaften angenommen, auch wenn erstere nicht auf letztere reduzierbar sind. (Sidwick, Moore, Hare: notwendige Kovarianz von moralischen und evaluativen Eigenschaften und Prädikaten über beschreibende, nicht moralische und nicht evaluative Eigenschaften und Prädikate). D. Lewis (1986, 14) drückt das so aus: „no difference of one sort without differences of another sort". Die Kovarienz des Mentalen mit dem Physischen besagt, dass die supervenierende Eigenschaft mit dem Supervenierten (der Basiseigenschaften) variiert. Die Basiseigenschaften sind gegenüber den supervenierenden Eigenschaften aber nicht sichtbar und somit keine Wahrnehmungsgegenstände.

2. Davidsons Erweiterung. Davidson erweitert die Bestimmung von Supervenienz, welche die an ihn anschließende Diskussion anspruchsvoller ausfallen lies. Die Supervenienz des Mentalem über dem Physischen besagt aus seiner Sicht:

1. eine Relation der Dependenz; es liegt somit eine Abhängigkeit des Supervenierenden über das Supervenierte vor, und
2. Supervenienz ist eine nicht-reduktive Relation, d.h., die superveniente Abhängigkeit beinhaltet keine Reduzierbarkeit des Mentalen auf das Psychische.

Der Problembezug der Supervenienzrelation ist die Frage danach „Warum überhaupt das Mentale über das Physische superveniert?“ (Kim 1989: 36) Zu erwähnen ist auch, dass die Physikalisten, die einen Epiphänomenalismus vertreten, zwar eine gesetzmäßige Abhängigkeit und deshalb eine Typ-Typ gesetzliche Korrelation zwischen Mentalem und Physischen behaupten, aber keine Definition oder analytische Beziehung des Mentalen durch das Physische. Das unterscheidet sie von der logischen Verhaltenswissenschaft (Wittgenstein, Carnap, Hempel, Ryle)

(b) Supervenienzbegriffe

1. Supervenienzanalyse. Rückblickend unterscheidet Kim (1989: 12-13) drei Bestandteile der Supervenienzanalyse, die zu berücksichtigen sind. Supervenienz als

1. Die *Kovarianz von Mentalem und Physischen*: Die supervenienten Eigenschaften kovarieren mit ihren supervenierenden Basiseigenschaften. Sie sind gegenüber den Basiseigenschaften unsichtbar und beinhalten die Unsichtbarkeit gegenüber den supervenierenden Basiseigenschaften.
2. Die *Dependenz des Mentalem vom Physischen*: Die supervenierenden Eigenschaften sind von den Basiseigenschaften abhängig.
3. Von „2." unterscheidet Kim die *Nichtreduzierbarkeit des Mentalen auf das Physische*: Die Supervenienz widerspricht nicht der Irreduktibilität des Mentalen auf seine Basiseigenschaften. Kim (1989: 12, Fn. 20) hebt hervor, dass nicht-reduktiv nicht mit Reduzierbarkeit in einem Widerspruch steht. Die Annahme der nicht-reduktiven Eigenschaften indiziert einen neutralen und auch unverbindlichen Ansatz im Hinblick auf die Reduzierbarkeit und gerade keine Bejahung der Irreduzierbarkeit.

Es ist nicht weiter problematisch, von Kims (1988, 188) Festlegung der Mental-Körper-Supervenienz als Verständigungsgrundlage auszugehen:

> Mental properties supervene on physical properties, in that neccessarily, for any mental property *M*, if anything has *M* at time *t*, there exist a physical base (or subvenient) property *P* such that it has *P* at *t*, and necessarily anything that has *P* at a time has *M* at that time.

Bei der Supervenienz als einer Kovarianzbeziehung, im Unterschied zu kausalen Abhängigkeiten als Sukzessionsbeziehungen, sind die vorgängigen notwendigen Bedingungen nicht als Ursachen einzustufen. Die allgemeine Supervenienzthese besagt somit, dass die Gleichheit bezüglich der *P*-Eigenschaften die Gleichheit bezüglich der *M*-Eigenschaften (*P*: Familie der subvenienten Eigenschaften (Basiseigenschaften), *M* = mentale Eigenschaften) impliziert. Es ist aber die Gleichheit bezüglich der *M*-Eigenschaften und Verschiedenheit bezüglich der *P*-Eigenschaften nicht ausgeschlossen. Die Gleichheit bezüglich der *P*-Eigenschaften impliziert Gleichheit bezüglich der *M*-Eigenschaften. Es ist aber Gleichheit bezüglich der *M*-Eigenschaften und Verschiedenheit bezüglich der *P*-Eigenschaften möglich. Die Supervenienzbeziehung wird für Eigenschaften und andere Entitäten, wie Ereignisse (im Sinne Kims), Sachverhalte und Propositionen, definiert. Sind *M* und *P* Mengen von Sachverhalten, dann ist *M* über *P* supervenient, wenn in zwei möglichen Welten *wi*, *wj* mit denselben *P*-Sachverhalten auch dieselben *M*-Sachverhalte bestehen. Die Erweiterung liegt z. B. bei von Kutschera vor. Davidsons Supervenienzgrundsatz lautet:

> Supervenience in any form implies monism; but it does not imply either definitional or nomological reduction. (1993: 5)

Die Reduktionen von mentalen Prädikaten auf physikalische Begriffe mit Hilfe von expliziten Definitionen oder durch bikonditionale Brückengesetze werden deshalb von ihm zurückgewiesen.

2. Globale, lokale, schwache, starke Supervenienz. Die Analyse der Beziehung zwischen Physischem und Mentalem unterscheidet stärkere und schwächere Arten von Supervenienz. Einem starken Supervenienzbegriff entspricht die analytische und nomologische Supervenienz. Die schwächeren Supervenienzbegriffe entsprechen der schwachen, der nomologisch lokalen (singuläre Identitätstheorie) und der globalen (analytische und nomologische) Supervenienz. Zwischen den Supervenienzbegriffen bestehen die Implikationen, dass die starke Supervenienz die lokale und schwache Supervenienz impliziert, sowie die lokale impliziert die globale Supervenienz. Dabei gilt, dass die Lesart von möglicher Welt und Notwendigkeit nicht verändert ist. Das hebt von Kutschera hervor (ders. 2009, 144, 140-145).

Die Definitionen für Eigenschaften gehen von zwei Eigenschaftsfamilien aus, den subvenienten oder Basis-(*B*-)Eigenschaften (B_1, B_2 ...) und den supervenierenden (*A*-)Eigenschaften (A_1, A_2 ...). Die Lesart des Notwendigkeitsoperatior *N* unterscheidet eine *naturgesetzliche*, *logische* und *metaphysische* Notwendigkeit. Für die Analyse der Beziehung von Mentalem und Physischem empfiehlt es sich, *GS*, *LS*, *WS* und *SS* wie folgt zu definieren. (Weitere Literaturhinweise finden sich in der zitierten Literatur.)

Globale Supervenienz (*GS*)

$$GS\colon \forall w_i\, w_j (\forall g\, \varepsilon\, B\ \forall x (g_{wi} x \leftrightarrow g_{wj} x) \rightarrow \forall f\, \varepsilon\, M\ \forall x (f_{wi} x \leftrightarrow f_{wj} x))$$

Ein M superveniert global über B ↔, wenn gilt:

* Alle Welten w_i, w_j, in denen die *B*-Eigenschaften in gleicher Weise verteilt sind, unterscheiden sich nicht in der Verteilung der *M*-Eigenschaften. Sofern sich also irgendein Objekt in zwei möglichen Welten w_i, w_j in seinen *M*-Eigenschaften unterscheidet, dann unterscheidet sich auch irgendein Objekt (bzw. unterscheiden sich irgendwelche Objekte) in seinen (ihren) *B*-Eigenschaften.

Die Welten, die sich physisch nicht unterscheiden, sind auch mental nicht zu unterscheiden, d. h. sie sind ein und dieselbe Welt. Der Vergleich bzw. die Gleichheit oder Ungleichheit sind Welten und nicht Individuen innerhalb zuzuschreiben. Die Annahme lautet, dass in allen Welten die gleichen Individuen vorhanden sind. Zwei Welten bzw. eine Menge von Eigenschaften sind dann nicht zu unterscheiden, wenn diese Eigenschaften in gleicher Weise den Individuen beider Welten zukommen.

Die *GS* ist mit der nomologischen Irreduzierbarkeit des Mentalen auf das Physische verträglich. Sie ist für die Behauptung einer Dependenzrelation zu schwach. *GS* erlaubt, dass sich Welt W_1 von Welt W_2 in physischer Hinsicht nur minimal unterscheidet. W_2 kann sich aber in mentaler Hinsicht drastisch von W_1 unterscheiden. Die *GS* schließt nicht aus, dass in der aktuellen Welt zwei physisch nicht unterscheidbare Organismen in mentaler Hinsicht völlig verschieden sind. Das belegt wieder, dass globale Supervenienz keine Dependenzrelation ist.

Lokale Supervenienz (*LS*)

LS: $\forall w_i\, w_j \forall x(\forall g \,\varepsilon\, B(g_{wi}x \leftrightarrow g_{wj}x) \rightarrow \forall f \,\varepsilon\, M(f_{wi}\, x \leftrightarrow f_{wj}x))$

Wenn ein Objekt x dieselben *B*-Eigenschaften in zwei möglichen Welten w_i, w_j hat, dann hat es in diesen Welten auch dieselben M-Eigenschaften.

Schwache Supervenienz (*WS*, *WS**)

WS_1: $\forall xy(\forall g \,\varepsilon\, B(gx \leftrightarrow gy) \rightarrow \forall f \,\varepsilon\, M(fx \leftrightarrow fy))$
WS_1*: $N\forall xy(\forall g \,\varepsilon\, B(g \leftrightarrow gy) \rightarrow \forall f \,\varepsilon\, M(fx \leftrightarrow fy))$

N = Notwendigkeitsoperator. M superveniert schwach über „B ↔ für alle Objekte x, y (in der wirklichen Welt)“ gilt:
* Wenn x und y in allen *B*-Eigenschaften übereinstimmen, dann stimmen sie auch in allen *M*-Eigenschafen überein.

Nach WS_1* (Kim) gilt das Definiens nicht nur für die wirkliche, sondern auch für alle mögliche Welten.

WS_2: $\forall f \,\varepsilon\, M\, \forall x(fx \rightarrow \exists g \,\varepsilon\, B(gx \wedge \forall y(gy \rightarrow fx)))$
WS_2*: $N(\forall f \,\varepsilon\, M\, \forall x(fx \rightarrow \exists g \,\varepsilon\, B(gx \wedge \forall y(gy \rightarrow fx))))$

∃

M superveniert schwach über „B ↔ für alle Objekte x in der wirklichen Welt und alle M-Eigenschaften f“, wenn gilt:

Wenn x die M-Eigenschaft F hat, dann gibt es eine *B*-Eigenschaft G, die x ebenfalls hat; und alle Objekte mit der Eigenschaft G besitzen auch (aber nicht notwendigerweise) die Eigenschaft F. Nach WS_2* gilt das Definiens für alle möglichen Welten.

Starke Supervenienz (SS)

SS_1: $\forall w_i\, w_j \forall xy(\exists g\, \varepsilon\, B(g_{wi}x \leftrightarrow g_{wj}y)\ \forall f\, \varepsilon\, M(f_{wi}x \leftrightarrow f_{wj}y))$

Ein M superveniert stark über „B ↔ für alle möglichen Welten w_i, w_j und alle Objekte x, y", wenn gilt: Wenn x in w_i dieselben *B*-Eigenschafen hat wie y in w_j, dann hat x in w_i auch dieselben M-Eigenschaften wie y in w_j.

SS_2: $N\forall f\, \varepsilon\, M\ \forall x(fx \rightarrow \exists g\, \varepsilon\, B(gx \wedge N\forall y(gy \rightarrow fx)))$

Ein M superveniert stark über „B ↔ für alle möglichen Welten und alle Objekte x und alle M-Eigenschaften f", wenn gilt: Wenn x die M-Eigenschaft F hat, dann gibt es eine *B*-Eigenschaft G, die x ebenfalls hat; und alle Objekte mit der Eigenschaft G besitzen notwendigerweise, d. h. in allen möglichen Welten, auch die Eigenschaft F.

Die Supervenienz WS_1 und WS_2, WS_1* und WS_2* sowie SS_1 und SS_2 sind logisch äquivalent, wenn B eine vollständige Boolesche Algebra ist, d. h. *zu jeder Eigenschaft ihre Negation und zu jeder Vielheit von Eigenschaften ihre Konjunktion enthält.*

3. Schlussbemerkung zu den Problembezügen. Die *SS* und damit psycho-physische Gesetze erlauben die Möglichkeit der Reduktion. Das gilt zumindest für strukturrelative lokale Reduktionen. Die *SS* unterscheidet sich von der *WS* durch einen zweiten Notwendigkeitsoperator *N* vor der letzten Implikation. Dies bedeutet eine stärkere modale Bindung der *A*- an die *B*-Eigenschaften bei *SS*. Sie ist nicht bloß, wie in *WS*, auf eine Welt beschränkt, sondern gilt z. B. für alle (von uns aus gesehen) naturgesetzlich möglichen Welten, wenn man *N* als naturgesetzliche Notwendigkeit interpretiert. Die Regularitäten von der Form „$\forall y(B_i y \rightarrow A_j y)$" gelten dann als Naturgesetze. Daran mag es z. B. liegen, dass Davidson (1993: 4, Fn. 4) für *WS* optiert, um nicht mit *MA* (Prinzip des mentalen Anomalismus/Nichtgesetzesartigkeit des Mentalen) in Konflikt zu geraten. Dem steht jedoch sein Externalismus entgegen, der die teilweise Bestimmung der Inhalte propositionaler Einstellungen durch äußere Faktoren behauptet, so dass propositionale Einstellungen nicht auf Gehirnzustände supervenieren müssen. Das gilt auch dann, wenn diese Gehirnzustände, wie bei *WS*, von Welt zu Welt variieren können. Zu einem Externalismus passt nur *GS*, es sei denn, man erweitert bei *WS* und *SS* die Supervenienzbasis durch relationale Eigenschaften, die Verhältnisse von Organismen zu ihrer Umgebung betreffen (vgl. Kim 1987: 87). Die materialistischen Ansätze ergänzen die nomologische starke Supervenienz mit einer generischen Identität/Typ-Typ-Identität. Sie gehen von einer Korrelation zu einer Identitätsaussage über. Sie besagt, dass, wenn jede psychische Eigenschaft mit einer physikalischen nomologischen korreliert, so folgt daraus eine kontingente Identität der beiden Eigenschaften (von Kutschera 2009: 141-142).

Es ist hervorzuheben, dass die Erklärungskraft von Supervenienzrelationen grundsätzlich mit verschiedenen Lösungen des psycho-physischen Problems vereinbar sind und damit auch mit verschiedenen Ansichten über mentale Kausalität, wie bei Typenidentität, Epiphänomenalität oder Emergentismus. Die robusten Physikalisten halten aus ihrer Sicht folgerichtig die Supervenienzansatz für eine Beschädigung des Physikalismus, z.B. Papineau (2003: 353-355). Die Supervenienz des Mentalen über das Physische besagt, dass das Mentale vom Physischen abhängt. Die Art der Abhängigkeit ist von unterschiedlichen psycho-physischen Theorien zu spezifizieren. Supervenienz ist aber mit einem radikalen Dualismus unverträglich, z.B. Descartes Substanzendualismus. Wir können jedoch Supervenienz dahingehend bestimmen, dass sie einen minimalen Physikalismus (Monismus) definiert.

Davidson argumentiert im Zuge der Erörterung seiner Philosophie des Mentalen mit einer *WS* gegenüber seinen Kritiken. Das ist (auch) dadurch begründet, um mit seiner Sprachtheorie, seiner Version des synchronen Triangulationsexternalismus, der Individuierung der Gegenstände von propositionalen Einstellungen und seiner ontologischen Reduktion der Ereigniswelt nicht in Konflikt zu geraten. Seine Sicht auf das Problem des neurologischen Physikalismus läuft darauf hinaus, dass, was auch immer die Fortschritte dieser Disziplin sein mögen, seine Sprachtheorie und Semantik der *RI* dadurch nicht zu erschüttern sein soll. Das betrifft seine Beweisstrategien für seinen nicht-reduktiven Physikalismus: die Anwendung des Prinzips der Nachsicht, die Relevanz kausaler Begriffe und die externale Individuierung der Inhalte von propositionalen Einstellungen. Insofern ist in dem nächsten Schritt darauf näher einzugehen.

2. Sprachtheorie, wahrheitszentrierte Bedeutungstheorie und Ontologie

Inhalt: *(a) Einleitung 1. Theoretischer Anspruch, 2. Ansätze in der Interpretationstheorie, (b) RI und Wahrheitstheorie, 1. Bedeutung und Überzeugung, 2. Anforderung an die Interpretationstheorie, 3. Überzeugung und Sprache, (c) Wahrheitszentrierte Theoriebildung, 1. Funktion von W-Sätzen, 2. Überprüfungsstrategie, 3. Quantifikatorische Struktur, 4. Voraussetzungen des Ansatzes, 5. Grundsätzliches Problem der Theoriebildung, (d) Ereignisbegriff, 1. Ontologie, 2. Grobkörniger Ereignisbegriff und Token-Physikalismus, 3. Kim-Ereignisse, 4. Feinkörniger Ereignisbegriff und multipler Typen-Physikalismus*

(a) Einleitung

1. Theoretischer Anspruch. Quines postempiristische Bedeutungstheorie hat auf das nicht beseitigbare Zusammenwirken von Überzeugung und Bedeutung als Grundproblem jeglichen Sprachverstehens hingewiesen. Davidsons Bedeutungstheorie ist von Interesse, da die *RI* des Sprachverhaltens von individuellen Sprechern als eine semantisch ausgerichtete radikale Übersetzung (Quine) eine Bewältigung dieses Problems anbietet: Die *RI* hat in einem Schritt eine Theorie der Bedeutung und der Überzeugung aufzustellen (Davidson 1973c). Die theoretische Zielsetzung ist eine „Vereinheitlichte Theorie der Gedanken, Bedeutung, Handlung und Bewertung". Das ist die Theoriekonstruktion. In den „Leuven-Lectures" vom 17.10. bis 15.12.1994 spricht er auch von einer „unified theory of belief, evaluative attitudes and language". Die in den Blick genommene Sprachtheorie wird zwar als reine Semantik entwickelt (Rorty 1981), die *RI* ist aber ihrerseits in den Bezugsrahmen einer „umfassenden Theorie des Handelns und Denkens" zu stellen (Davidson 1975: 234). Die Vereinheitlichung der Bedeutungs- und Handlungstheorie geht dahin, die Interpretationstheorie in eine *Gesamt*theorie als eine *zusammengesetzte* Theorie der Überzeugung und Wünsche zu überführen. Die Zielsetzung dieses Ansatzes ist es somit, eine Antwort darauf zu finden, wie der Bedeutungsbegriff in einer einsichtigen Weise auf Überzeugungen, Wünsche, Absichten und Zwecke anzuwenden ist. Sie hat den Anspruch, sprachliche und nicht-sprachliche Handlungen im Allgemeinen erklären zu können. (Davidson 2004: 151-166. Zu seinem Bewertungsbegriff: Davidson (1984, 1986, 1995) 2004, Preyer 2011a; zur Vereinheitlichten Theorie: Lepore und Ludwig 2005: Kapt. 16). Gerade diese Zielsetzung wurde in der Bearbeitung und der Interpretation der vereinheitlichten Bedeutungs- und Handlungstheorie eher vernachlässigt.

Davidsons Version des Externalismus ist ein Triangulationsexternalismus, da die Gegenstände der propositionalen Einstellung durch die distalen Ursachen von alltäglichen Objekten zu individuieren sind und nicht durch die Reizbedeutung (Quine). Der Triangulationsexternalismus ist ein synchroner und kein diachroner Externalismus. Er hat als Bezugsproblem die Individuierung der Gegenstände der propositionalen Einstellung vom Standpunkt der *RI* aus. Dadurch unterscheidet er sich von anderen Versionen des Externalismus. Die gewöhnlichen Objekte der direkten Perzeption als distale Inhalte und Ursachen individuieren die Inhalte der propositionalen Einstellungen. Damit beansprucht Davidson, mit der distalen Ursache zugleich „objektive Wahrheit" bzw. eine „objektive Realität" der Inhalte unserer perzeptuellen Überzeugungen zu begründen. Diesbezüglich grenzt er sich z. B. von Rorty ab. Dazu ein unmissverständliches Zitat:

> The beliefs I have in mind are our perceptual beliefs, the beliefs that are directly caused by what we see and hear and otherwise sense. These I hold to be in the main true because their content is, in effect, determined by what typically causes them. ... The point is that I believe in the ordinary notion of truth: there really are people, mountains, camels and stars out there, just as we think there are, and those objects an events frequently have the characteristics we think we perceive them to have. Our concepts are ours, but that doesn't mean they don't truly, as well as usefully, describe an objective reality. (Davidsons 1999: 18-19)

Damit vertritt Davidson einen ontologischen Realismus der äußeren Welt. Es hat aus dieser Sicht keinen Sinn, an ihr zu zweifeln. Davidsons Interpreten heben hervor, dass sein Externalismus ein ontologischer Realismus ist, da die propositionalen Einstellungen durch die äußere Welt wahr oder falsch gemacht werden, z. B. Neale (2001). Ein „globaler Skeptizismus", auch ein erkenntnistheoretischer Pragmatismus, ist deshalb zurückzuweisen.

Die *RI* hat nicht nur in einem Schritt eine Theorie der Bedeutung und Überzeugung aufzustellen, sondern auch die Zuschreibung und die Individuierung von propositionalen Einstellungen hat bei der *RI* dabei auch durch die distale Bedeutung der Gegenstände der propositionalen Einstellungen zu erfolgen. Das ist bei seinem Ansatz nicht zu bestreiten, da, wie bereits erwähnt, die Realität die propositionalen Einstellungen wahrmachen. Der Triangulationsexternalimus unterscheidet sich grundsätzlich von Burges sozialem Externalismus und dessen Analyse von Sprache und Denken, aber auch von Putnams essentialistischem (metaphysischem) Externalismus und seiner sozialwissenschaftlichen Semantik der linguistischen Arbeitsteilung.

In einem gewissen Sinne könnte man auch von einen „individualistischen Externalismus“ sprechen, wie es Bilgrami (1992: 65-73) vorgeschlagen hat. Die Rede von „individualistisch“ ist dabei nicht im Sinne von Burge zu verstehen, der von Individualismus im Gegensatz zu allen Varianten von Externalismus spricht.

2. Ansätze in der Interpretationstheorie. Die *RI* ist eine Version der Zuschreibung von Fremdpsychischem im Hinblick auf die Inhalte von intentionalen Einstellungen. Sie teilt die Voraussetzung der radikalen Übersetzung (Quine) und beansprucht, sie zu reinterpretieren. Es empfiehlt sich zur Orientierung, die konkurrierenden Ansätze zu erwähnen und die *RI* in sie einzuordnen. In der vorliegenden Literatur liegen vereinfacht vier Ansätze vor:

1. Die *Theorie-Theorie* beansprucht, auf der Basis der Belege von sprachlichem und nichtsprachlichem Verhalten mit dem Ansatz der besten Erklärung vom Standpunkt der Dritten-Person-Einstellung die Attribution des intentionalen Inhalts von mentalen Zuständen zu erklären (Third Person Mind Reading, Child-Scientist Approach). Der Ansatz ist damit belastet, dass er nur eine *de re*-Darstellung berücksichtigt.

2. Die *Simulationstheorie* (mentale Mimikry) beansprucht die Attribution des intentionalen Inhalts von mentalen Zuständen von der Projektion des eigenen Erlebens von mentalen Zuständen auf andere Sprecher und Handelnde vorzunehmen. Der historische Ansatz geht auf Hume (Empathieansatz) zurück (Gordon 1992, 11-34). Der Ansatz ist damit belastet, dass in dem Analogiemodell das Fremdpsychische nicht zu erreichen ist. Der Andere wird zu einer Fiktion.

3. Die *Rationalitätstheorie* unterstellt die unbegrenzte Anwendung des Grundsatzes der Nachsicht und die Individuierung der Inhalte der intentionalen Einstellungen durch die distale Bedeutungstheorie (Davidson: Interpretationismus, Dennett: intentional Stance und volkspsychologischer Mythos der Rationalität, zur Besprechung dieser Ansätze: Goldman 2006, 2000, Kriegel 2011, 206-218).

4. Eine weitgehend unberücksichtigter Ansatz ist die *Quasi-Indication* und die *de-se-Anforderung* der Selbst- und Fremdattribution von mentalen Zuständen (Castañeda 1999, 35-60). Dieser Ansatz bedürfte einer sorgfältigen Reinterpretation, die außerhalb der vorliegenden Untersuchung liegt.

Das Bezugsproblem der Ansätze ist, mit welchen Unterscheidungen der Beobachter (Interpret) ausgestattet wird, ob die globale Dritte-Person-Einstellung wirklich leistungsfähig ist und wie weitgehend die vorgenommenen Idealisierungen sind. Ein weiterer Problem lässt sich nicht ausräumen, ein Mind-Reading ist ein hoffnungsloses Unternehmen (zur Theorie-Theorie und

Simulationstheorie: Bork 2012, 122-134). Die vereinfachten Unterscheidungen schließen jedoch gemischte Ansätze in der Interpretationstheorie nicht aus, z. B. Goldman und Kriegel.

(b) RI und Wahrheitstheorie

1. Entstehungszusammenhang. Die Rekonstruktion des Entstehungszusammenhangs von Davidsons Sprach- und Bedeutungstheorie ist von grundsätzlicher Bedeutung. Das haben Lepore und Ludwig (2005) herausgestellt. Aus dieser Sicht liegt eine andere Zugangsweise zu dem Problembezug der wahrheitszentrierten Bedeutungstheorie vor, auf den einzugehen ist.

1. Die andere Zugangsweise von Lepore und Ludwig betrifft nicht nur die Werkgeschichte von Davidsons Philosophie in einem trivialen Sinn, sondern man kann den Fortgang seiner Theoriebildung ohne diesen Rückblick nicht angemessen rekonstruieren, d. h. man kann nicht erklären, dass eine Wahrheitstheorie eine kompositionale Bedeutungstheorie für primitive und komplexe Ausdrücke einer Sprache aufzustellen hat. Lepore und Ludwig gehen davon aus, dass Davidson in „Bedeutungstheorien und lernbare Sprachen" (1966) das *auslösende Projekt* (initial project) der Konstruktion der kompositionalen Bedeutungstheorie natürlicher Sprachen einführt hat und in „Wahrheit und Bedeutung" (1967) das *umfangreichere Projekt* (extended project) vorschlägt, dass mit einer extensionalen Wahrheitstheorie im Stile Tarskis eine Bedeutungstheorie aufzustellen ist. Sie soll die übliche (deskriptive) Bedeutung der Terme einer Sprache erklären.

2. Aus Lepores und Ludwigs Sicht ist die Durchführung des auslösenden Projekts davon unabhängig, was die Äußerungen eines Sprechers bedeuten. Damit wenden sie sich gegen die *Replacement-Theory*, die auch Davidson selbst nahelegt. Sie besagt, dass das auslösende durch das umfangreichere Projekt zu *ersetzen* ist. Das umfangreichere Projekt wird von ihnen im Unterschied dazu dahingehend beschrieben, dass es eine systematische Erklärung der Bedeutung von Sätzen beansprucht, in denen primitive Ausdrücke vorkommen. Die Replacement-Theory kann aus ihrer Sicht deshalb zurückgewiesen werden, sofern auf ihren Entstehungszusammenhang aus dem auslösenden Projekt zurückgegangen wird. Es betrifft dies die grundlegende Frage, ob eine Bedeutungstheorie als eine Wahrheitstheorie aufgestellt werden kann.

Entscheidend ist bei dem Schritt zu dem umfangreicheren Projekt die Klärung des Bedeutungsbegriffs. Sie ist für die Fortschreibung und die Veränderungen des gesamten Ansatzes grundlegend. Die Analyse des Bedeutungsbegriffs betrifft vor allem die *RI* als Anwendung der Bedeutungstheorie, da Davidsons Sprachtheorie Bedeutungen (Propositionen), Eigenschaften,

Sinne, Relationen und semantische Universalien für nutzlos und für eine kompositionale Semantik für nicht erforderlich hält. Keine Zuweisung von Entitäten zu irgendwelchen Arten von Ausdrücken kann allein erklären, wie wir komplexe Ausdrücken durch ihre signifikanten Teile verstehen. Es betrifft das nicht nur die Anwendung einer Wahrheitstheorie im Stile Tarskis auf natürliche Sprachen, sondern auch die damit einhergehende Handhabung von Demonstrativa und der Zeitformen.

2. Bedeutung und Überzeugung. RI beginnt mit der Feststellung des für sie grundlegenden Zusammenwirkens von Überzeugung und Bedeutung und insofern mit dem Nachweis des Zusammenhangs zwischen Wahrheits- und Bedeutungstheorie, d.h. zwischen Wahrheit und Überzeugung (zu Davidsons sprachtheoretischem Programm Root, Wallace 1982). *RI* ist eine *interpretative* Theorie der Wahrheit und der Bedeutung. Die Aufgabe der Bedeutungstheorie ist die Analyse der Struktur von Sätzen und nicht die Angabe der Bedeutung von einzelnen Wörtern. Die semantische Interpretation eines Satzes betrifft somit die Aufdeckung seiner logischen Form, d.h. seiner *Struktur*. Die Bedeutungen von Wörtern sind im Verfahren der Wiedergabe des Sprachverhaltens aus den Wahrheitsbedingungen *aller* Sätze (Struktur), in denen sie verwendet werden, zu bestimmen. Für die Sprachtheorie gilt deshalb ein Holismus: Wir können die Bedeutung eines Satzes (oder Wortes) nur angeben, indem wir die Bedeutung jedes Satzes (und Wortes) der betreffenden Sprache angeben. Das Modell der Analyse der Struktur von Sätzen ist Tarskis Methode, die Erfüllung für komplexe offene Sätze in Termini von einfachen offenen Sätzen zu definieren.[3] Damit ist beansprucht, eine Erklä-

3 Davidson greift auf Tarskis Wahrheitskonvention deshalb zurück, da sie eine Wahrheitsdefiniton ohne semantische Terme bereitstellt, z.B. Propositionen. Dabei ist von der Unterscheidung zwischen Objekt- und Metasprache auszugehen. Das Wahrheitsprädikat wird in der Metasprache ausgedrückt. Diese Definition hat die Wahrheitskonvention (convention T) „___ (Satz in Anführungszeichen) ↔ ___ (derselbe Satz ohne Anführungszeichen = Zitattilgung (disquotation)“. Die Formationsregeln sind logische syntaktische Regeln. Atomsätze bestehen aus Namen, Prädikaten und logischen Konstanten. Atomsätze und Molekularsätze sind durch den Kompositionalitätsgrundsatz als ein wahrheitsfunktionales Verfahren gebildet. Die Molekularsätze sind durch die Atomsätze definiert. Die Atomsätze sind durch Referenz und Erfüllung definiert. Der Atomsatz ist von irgendeinem Objekt wahr, wenn die Namen auf etwas als die Erfüllung von Prädikaten referieren. Die Definition von Bezugnahme und Erfüllung sind durch die Rekursion durch die Liste aller Fälle (instances) gegeben. Das ist für Davidson deshalb ein attraktiver Ansatz, da bei dieser Vorgehensweise alle semantischen Begriffe entfallen, z.B. Propositionen und Eigenschaften. Der Problembezug, der sich dabei stellt, ist, ob die Zitattilgung

rung dafür zu haben, die uns zeigt, wie die Bedeutung von zusammengesetzten Sätzen von der Bedeutung ihrer Teile abhängt.

Der Zusammenhang von Überzeugung und Bedeutung ist zwar grundsätzlich nicht zu beseitigen, aber die unbegrenzte Anwendung des Grundsatzes der Nachsicht stellt die unabhängigen Belege für jede Interpretation von Sprachverhalten bereit. Das Einen-Satz-für-wahr-halten oder das Als-wahr-akzeptieren von Sätzen wird von dem radikalen Interpreten konstant gesetzt, um die Bedeutung des geäußerten Satzes zu erschließen.

3. Anforderungen an die Interpretation. Der Grundsatz der Nachsicht ist in den folgenden Schritten zu systematisieren. Er setzt sich aus mehreren Annahmen (Grundsätzen) zusammen, die bei der *RI* ihrerseits zusammenzuwirken haben. Wir könnten diese Systematisierung auch den Grundsatz der *natürlichen epistemischen* Gerechtigkeit nennen. Dabei soll deutlich werden, *wie* die externale Individuation des empirischen Inhalts, somit des Gehalts oder der Gegenstände der Überzeugungen, mit der Anwendung des Grundsatzes zusammenhängen.

1. *Selbstkonsistenz.* Der Interpret optimiert die Selbstkonsistenz des Sprechers. Würde er nicht von dieser Annahme ausgehen, so könnte er *ihn* nicht verstehen. Dies bedeutet eine Anwendung der zweiwertigen Logik als Bestandteil des theoretischen Rahmens von *RI*. Die Entscheidung für die klassische Logik ist dadurch begründet, dass andere Versionen weniger gute Ergebnisse für die Analyse der Einstellungszuschreibung erzielen würden. Sie wären für die *RI* kein leistungsfähiges Instrument.

2. *Wahre Überzeugungen, Korrespondenzgrundsatz. RI* beansprucht, die radikale Übersetzung durch eine Interpretationstheorie im Stile Tarskis zu ersetzen, die durch eine Berücksichtigung der Situation und des Zeitpunkts des geäußerten Sprechakts erweitert ist. Die Anwendung soll unbeschränkt erfolgen, da sie auch auf Inskriptionen und Ausdrücke, somit Texte jeder Art, sowohl auf Ministerreden und Scherze, was immer, zu spezifizieren ist. Als Belegmaterial soll dazu dienen: Die Sprecher einer Sprache, für die eine Interpretation geliefert werden soll, halten verschiedene Sätze unter bestimmten Umständen und zu bestimmten Zeitpunkten für wahr. Der Interpret unterstellt eine Übereinstimmung zwischen seiner Weltsicht und der des Sprechers. Er optimiert somit eine Entsprechung im Hinblick auf die wahren

uns alles über Wahrheit sagt, was wir zu wissen haben und alle epistemischen Qualifikation des Wahrheitsbezug entfallen können. Das wurde von den meisten Philosophen und Sprachtheoretikern nicht anerkannt. Zur Kritik an Tarskis Wahrheitsbegriff und zur Kritik an Quines und Davidsons Zurückweisung von Propositionen: Preyer 2016c: 207-209.

Überzeugungen zwischen sich und dem Sprecher. Würde er nicht von dieser Annahme ausgehen, so könnte er nicht verstehen, *was* der Sprecher sagt, und er könnte der Rede von Irrtum keinen Sinn beilegen. „Glauben kann man nur dann etwas (eine Überzeugung haben, d.V.), wenn man die Möglichkeit versteht, sich zu irren, und dazu ist nötig, dass man den Gegensatz zwischen Wahrheit und Irrtum – begreift. Dieser Gegensatz kann jedoch, wie ich geltend gemacht habe, nur im Kontext der Interpretation zum Vorschein kommen, der allein uns die Idee einer objektiven öffentlichen Wahrheit aufzwingt." (Davidson 1975: 246) Somit ist bei der *RI* von einem erkenntnistheoretischen Holismus auszugehen:

> We cannot intelligibly attribute the thought that a piece of ice is melting to someone who does not have *many* true beliefs about the nature of ice, its physical properties connected with water, cold, solidity, and so forth. The one attribution rests on the supposition of many more – *endlessly* more. And among the beliefs we suppose a man to have, many *must be true* (in our view) if any are to be *understood* by us. The clarity and cogency of our attributions of attitude, motive and belief are *proportionate*, then, to the extent to which we find others consistent and correct. (Davidson 1974a: 302, hvg. d.V.)

Der „Korrespondenzgrundsatz" begründet die Triangulation der Individuierung der Objekte der propostionalen Einstellungen. Er besagt demzufolge, dass der Interpret einem Sprecher die gemeinsame Reaktion gegenüber denselben Dingen, Ereignissen und Situationen in vergleichbarer Weise wie er selbst verhält unterstellt. Der Interpret schreibt dem Sprecher somit wahre Überzeugungen zu. Dieser Grundsatz betrifft die öffentliche Zugänglichkeit der Verursachungen von Überzeugungen und damit den Maßstab einer objektiven Wahrheit, der bei der Zuschreibung von Einstellungen in dem Triangulationsmodell von *RI* ins Spiel kommt. Der Korrespondenzgrundsatz der Triangulation ist als ein Grundsatz der *Identität der Referenz von (sprachlichen) Reaktionen auf Wahrnehmungsgegenstände und Ereignisse*, zu interpretieren (siehe zur Kritik an der Triangulation: Teil I 9 (a), (b), in diesem Buch).

Bei der *RI* von Sprechakten kommt, soll sie erfolgreich sein, unausweichlich ein elementarer (konstitutiver) Rationalitätsgesichtspunkt ins Spiel. Wir können uns den harten Kern dieses Rationalitätsbegriffs an folgendem Zitat verdeutlichen. Er beansprucht gleichwohl eine Übereinstimmung zwischen unseren propositionalen Einstellungen und unseren absichtlichen Handlungen:

> ... it does not make sense to ask, concerning a creature with propositional attitudes, whether that creature is *in general* rational, whether its attitudes and intentional actions are in accord with the basic standards of rationality. Rationality, in this primitive sense, is a condition of having thoughts at all. The question whether a creature 'subscribes' to the principle of continence, or to the logic of the sentential calculus, or to the principle of total evidence for inductive reasoning, is not an empirical question. For it is only by interpreting a creature as largely in accord with these principles that we can intelligibly attribute propositional attitudes to it, or that we can raise the question whether it is in some respect irrational. We see then that my word 'subscribe' is misleading. Agents can't *decide* whether or not to accept the fundamental attributes of rationality: if they are in a position to decide anything, they have those attributes. (It is no doubt for this reason that Aristotle held that an agent could not be *habitually* akratic, akrasia is deviation from a norm shared by all creatures capable of akratic acts.) (Davidson 1985a: 353)

Das Zitat belegt besonders deutlich, dass für jede *RI* ein Basisstandard von Rationalität resp. Rationalität als epistemische Norm grundlegend und unverzichtbar sein soll. Würde man diesen Standard nur als eine Voraussetzung, somit als hypothetische Annahme, bezeichnen, so wäre dies eine abgeschwächte Version der Rolle, die er bei der *RI* zu spielen hat. Ihn sollen alle denkenden Wesen, die über propositionale Einstellungen verfügen und absichtlich zu handeln vermögen, unvermeidlich teilen. Irrationalität ist demnach der Zustand der „inneren Inkonsistenz".

4. Überzeugungen und Sprache. Die Gegenstände einer Theorie der Interpretation, die *un*interpretierten Äußerungen, sind uns in diesem Bezugsrahmen als *verhaltensmäßig offensichtlich* gegeben. Die Interpretationstheorie hat uns auf dieser Grundlage darüber zu informieren, *was* eine Äußerung $\ddot{A}(x)$ eines Sprechers bedeutet, ohne die Absichten des Sprechers zu erforschen. Sie hat uns nicht nur in die Lage zu versetzen, propositionale Einstellungen zuzuschreiben, sondern sie hat uns gleichzeitig auch eine Antwort auf die Individuierung des Inhalts, eben der Gegenstände dieser Einstellungen, zu geben.

Das Einen-Satz-für-wahr-halten als eine Gewährleistung von unabhängigen Belegen als auch die Einbeziehung des Grundsatzes der Identität der Referenz wirken sich jedoch bei der Durchführung von *RI* zunehmend epistemisch aus. Dies wird noch dadurch verstärkt, dass auf der Basis des Für-wahr-Haltens, gestützt durch die im Triangel zugänglichen kausalen Reaktionen, der Interpret eines beliebigen Sprechakt eines natürlichen Sprechers seine Theorie über die Weltsicht dieses Sprechers konstruiert. Der von diesem Ansatz schwer zu bearbeitende Problembezug ist es, dass man insofern aber auch nicht umhinkommt, dem Sprecher nicht nur ein Für-wahr-Halten, sondern auch ein qualifizierendes Wissen zuzuschreiben. Damit finden wir die Begründung dafür, warum bei jeder erfolgreichen *RI* eine Konvergenz der Hintergrundtheorien vorzuliegen hat. Sofern ein Interpret bei der *RI* diese Theorien als weitgehend bekannt unterstellt, sind bereits erweiterte und verschärfte Anforderungen an die *RI* gestellt. Davidson würde sich gegenüber einer solchen Zuspitzung auf die Theoriekonstruktion der *RI*, die Wahrheitstheorie, derart zurückziehen, da für ihn

> The theory (of truth, d.V.) describes conditions under which an utterance of a speaker is true, and so *says* nothing directly about what the speaker knows. (Davidson 1990a: 312)

Die Entsprechung der wahren Überzeugungen zwischen verschiedenen Sprechern untereinander ist die Voraussetzung dafür, dass es auch eine Übereinstimmung in dem Sprachgebrauch verschiedener Sprecher geben kann. „Überzeugungen lassen sich im Allgemeinen nicht feststellen, ohne dass man die Sprache des Betreffenden beherrscht; und die Sprache eines Menschen können wir nicht beherrschen lernen, ohne eine Vielzahl seiner Überzeugungen zu kennen." (Davidson 1974c: 334) Wäre dies nicht der Fall, so gäbe es nach Davidson keine keine *gemeinsame* Sprache.

Zur *RI* gehört die Individuierung der Gehalte von Gedanken und propositionalen Einstellungen. Das geht streng genommen über den Bezugsrahmen einer analytischen Ontologie hinaus. Die quantifikatorische Analyse der logischen Form als der Semantik von natürlichen Sprachen führt uns durch die Erfüllungstheorie von Referenz zwar zu einer Ontologie, aber nicht ohne weiteres zu einem radikalen Externalismus. Ihr Analyseziel ist damit erreicht, sofern sie die ontischen Entscheidungen, die der Ontologie der Dinge und Ereignisse, begründet hat. Allerdings ist der innertheoretische Schritt zu einem Triangulationsexternalismus von der Lösung der Aufgabe von *RI* und ihrer wahrheitszentrierten Theoriekonstruktion nicht zufällig.

(c) Wahrheitszentrierte Theoriebildung

1. Funktion von W-Sätzen. Wie ist aber in der Theoriekonsturktion der kompositionalen Semantik der Schritt von der *RI* von individuellen Äußerungen zu der Triangulation innertheoretisch, d.h. vom Standpunkt der wahrheitszentierten Theoriebildung eines radikalen Interpreten aus, zu vollziehen?

Wir können diese Frage auch so stellen: Was sind die notwendigen Bedingungen für die Anwendung der Wahrheitstheorie im Stile Tarskis im Zuge von *RI?* Erst durch die Beantwortung dieser Fragen finden wir eine überzeugende Antwort darauf, *warum* eine Fortbildung von der *RI* und einer wahrheitszentrierten Bedeutungstheorie zu einem Triangulationsexternalismus erfolgt. Der Anspruch dieser Bedeutungstheorie ist es, die innersprachliche Darstellung, Mitteilung und den Ausdruck von propositionalen Gehalten zu erklären. Wir finden damit aber auch eine Variation der Begründung des Grundsatzes der Autonomie der Bedeutung, und es wird dabei deutlich, wie die Anwendung des Grundsatzes der Nachsicht eine *RI* ermöglicht. Er ist für die Anwendung der Bedeutungstheorie eine Art von Brückengrundsatz für die Durchführung ihrer Tests, somit der Überprüfung der gefolgerten Sätze aus der Interpretationstheorie. Es mag dahingestellt bleiben, wie weit man mit der Anwendung des Grundsatzes der Nachsicht die erforderlichen Kompensationen der Überprüfung der Theorie tatsächlich treiben kann.

Die besondere Rolle von *W*-Sätzen besteht darin, dass, was immer auch die Operationen sind, mit denen wir sie gewinnen, und welche Ontologie auch immer bei ihrer Herstellung mitwirkt, das Ergebnis *W*-Sätze sind, deren Wahrheitsbedingungen sozusagen auf eigenen Beinen stehen. Das bedeutet aber, dass die Bedingungen ihrer Generierung nicht reichhaltiger sind als die Sätze, welche die entsprechenden Wahrheitsbedingungen angeben. Sofern der ursprüngliche Satz keine möglichen Welten, intensionale Entitäten, Eigenschaften oder Propositionen erwähnt, so schließt die Aussage von Wahrheitsbedingungen solche Entitäten auch nicht ein. Erinnern wir uns, für Tarski ist der Begriff der Übersetzung primitiv (undefiniert und voranalytisch), und er analysiert den Begriff der Wahrheit; eine Wahrheitstheorie als theoretischer Bezugsrahmen von *RI* geht dagegen davon aus, dass Wahrheit als primitiv anzunehmen ist, und sie analysiert Übersetzung und Interpretation. Gegenstandsbereich sind die Sprecheräußerungen in einer natürlichen Sprache als Analysandum der interpretativen Wahrheitstheorie im Stile Tarskis.

2. Überprüfungsstrategie. Im homophonen Fall wird die Theorie auf der Basis der Deduktion der *W*-Theoreme (*W*-Sätze) aus den Axiomen überprüft. Die Theoreme haben die Form von Bikonditionalen. In diesem Fall scheint der Test einfach. Es wird angenommen, dass ein Interpret intuitiv entscheiden kann, ob die theoretische Beschreibung eines Satzes *s* in seiner eigenen Sprache im Falle der Substitution dieses Satzes zu der *p*-Stelle in „‚s' ist wahr ↔ *p*" (= *W*-Satz) seine Wahrheitsbedingungen erzeugt. Dies ist aber nicht zutreffend. Es sind Bikonditionale zu eliminieren, die wahr, *aber* deviant sind. Insofern ist die Anforderung zu stellen, dass die Sätze der Form

* „Schnee ist weiß" genau dann, wenn Schnee weiß ist (*W*-Satz)

empirische Generalisierungen eines Sprachverhaltens sind. Sie haben nicht nur wahr zu sein, sondern müssen auch gesetzesartig sein. Die Lösung der Beseitigung von devianten Bikonditionalen führt zu der Annahme eines normativen Rationalitätsbegriffs mit Hilfe des Grundsatzes der Nachsicht. Die Anforderung an die Beseitigung von devianten Bikonditionalen erklärt uns aber auch den innertheoretischen Schritt von der *RI* zu einem Triangulationsexternalismus. Am Ende der Schritte zu der Bestätigung einer interpretativen Wahrheitstheorie finden wir die Zustimmung und Ablehnung eines Sprechers von Sätzen auf der Basis von distalen Stimuli in der Wahrnehmung von Situationen, in denen uns Objekte und Ereignisse gegenwärtig oder abwesend sind. Sie sind als die relevanten Stimuli der Inhalte unserer Überzeugungen einzustufen. Das Für-wahr-Halten von Sätzen, somit die Bildung unserer Überzeugungen, ist durch die extern feststellbaren kausalen distalen Stimuli im Triangel ausgelöst. Die Gelegenheitssätze haben deshalb eine direkte Referenz zu den kausal-relevanten Teilen der Wahrnehmung der Dinge und Ereignisse, die ihrerseits in die Beziehung zwischen beiden, dem Sprecher und dem Interpreten, eintreten. Die Wahrnehmungsgegenstände als kausale Auslöser sind die einzigen Gegenstände, die uns direkt in der Triangulation gegeben sind. In diesem Bezugsrahmen ist die Zuschreibung und Individuation des propositionalen Gehalts von *sagen, dass* zu beantworten. Die adäquate Beschreibung von *RI* einer individuellen Äußerung eines Sprechers *Ä*(*p*) ist insofern *nicht* der *W*-Satz, sondern:

* „*s*" ist wahr in *L* (s, sp, t, k) ↔ *p*.

s = Satz, L = Sprache, sp = Sprecher, t = Zeitpunkt, k = kausale Auslöser. Der Interpret instanziiert dieses Quadrupel auf *un*interpretierte Äußerungen als den Fokus von *RI*. Wir verfügen aber somit über eine Begründung dafür, warum wir das primitive (undefinierte) Prädikat der Kerntheorie einer Semantik natürlicher Sprachen *Wahrheit* nicht nur auf Sätze, sondern genauso gut auf Äußerungen anwenden können. Wäre dies nicht möglich, gäbe es keine *RI*.

Es ist an dieser Stelle bereits auf ein grundsätzliches Problem hinzuweisen. Der Zusammenhang zwischen der *RI* und der kausalen Individuierung von propositionalen Einstellungen besteht darin, dass die Bestätigung von *L*-Sätzen dem Für-wahr-Halten eines Sprechers bestimmte Bedingungen in seiner Umwelt durch Gelegenheitssätzen zuordnet. *L*-Sätze besagen:

> (L) Für alle Sprecher *S*, Zeitpunkt *t*, ceteris paribus, *S* hält *s* für wahr, zum Zeitpunkt $t \leftrightarrow p$.

Die Identifikation des Für-wahr-Haltens wird nach nach diesem Ansatz letztlich für den Interpreten nur durch Verhaltensbelege verbürgt. Das grundlegende Problem besteht dabei nach Lepore und Ludwig darin, dass der Beleg des Für-wahr-Haltens nicht ohne weiteres die Beantwortung der Frage nach der Bedeutung des geäußerten Satzes erlaubt.

Es bedarf nach Lepore und Ludwig für den Schritt von dem Beleg zu den interpretativen *T*-Form Sätzen einen Grundsatz, der uns ceteris paribus von den *L*-Sätze zu den *TF*-Sätzen führt. *T*-Form Sätze besagen:

> (TF) Für alle Sprecher *S*, zum Zeitpunkt *t*, *s* ist wahr für *S* zum Zeitpunkt $t \leftrightarrow p$.

Sie bilden die Axiome der Wahrheitstheorie für die Sprache des Sprechers ab. Nach Davidson soll das der Grundsatz der Wahrheit des größten Teils unserer Überzeugungen über unsere Umwelt und die in der Triangulation ausgelösten Reaktionen leisten. Nach Lepore und Ludwig bedarf es jedoch einer strengeren Annahme, sie besagt:

> (Grace) Ceteris paribus, when we replace ‚*p*' in (S)
> (S) *S* believes at *t* that *p*
>
> with the sentence that expresses the content of an environmentally prompted belief of *S*'s, the sentence expresses also a condition in *S*'s environment that prompts that belief. (Lepore, Ludwig 2005: 194)

Das setzt keine Allwissenheit voraus, sondern nur, dass die extern ausgelöste Überzeugung die dafür zuständige Bedingung betrifft, die wir in den Inhalt der Überzeugung hineinlesen. Das führt zu den epistemischen Qualifikationen von *RI*, die Davidson mit dem Einsatz der Wahrheitstheorie gerade vermeiden möchte.

3. Quantifikatiorische Struktur. Es drängt sich jedoch im Verfahren von *RI* die Frage auf: Wie kann ein Interpret eine *einzelne* Einstellung zuschreiben? Sind Einstellungen zählbar? Was setzt eine quantifikatorische Erfassung von Einstellungen voraus?

Eine interpretative Theorie der Wahrheit und der Bedeutung im Stile der wahrheitszentrierten Bedeutungstheorie geht davon aus:

* Wenn wir eine Theorie der Interpretation von sprachlichem als auch nichtsprachlichem Verhalten aufstellen, so setzen wir voraus, dass dieses Verhalten hinreichend widerspruchsfrei ist. Sofern es uns seinerseits genug Struktur zeigt, so können wir auf dieser Basis Einstellungen identifizieren und unterscheiden. Sind diese Voraussetzungen erfüllt, lassen sich einzelne Einstellungen zuschreiben. Die Zuschreibung kann den Anspruch eines quantifikatorischen Verfahrens nach Davidson deshalb erfüllen. Das ist aus seiner Sicht dadurch begründet, da:

> Insoweit wir die Handlungen einer Person derart auffassen können, dass sie sich in ein widerspruchsfreies (rationales) Muster bestimmter Art einfügen, können wir diese Handlungen mit Hilfe eines Systems quantifizierter Überzeugungen und Wünsche erklären. (Davidson 1975: 326)

Die Interpretations- und Entscheidungstheorie spielen deshalb zusammen. Die Basis dieser erforderlichen Struktur ist daher der Ausdrucksreichtum unserer Sprache selbst. Die Rationalität von Personen kann es deshalb aus Davidsons Sicht nur geben, sofern Personen über eine Sprache verfügen. *RI* kommt somit nicht umhin, davon auszugehen: Die Struktur des Netzwerks der propositionalen Einstellungen eines Sprechers ist derart strukturiert, dass seine Äußerungen auch als rational erscheinen. Es könnte dagegen eingewandt werden, ein Interpret projiziere damit seine eigenen Standards von Wahrheit und Widerspruchsfreiheit auf den jeweiligen Sprecher. Diesem Einwand beansprucht Davidson dadurch zu begegnen, dass die holistische Verfassung von Überzeugungen und anderen propositionalen Einstellungen ein Netzwerk bildet. Eine Identifikation von Einstellungen ist aus dieser Sicht nur unter dieser Voraussetzung möglich, da wir nur mit Hilfe dieser Annahme eine Unterscheidung von Einstellungen vornehmen können. Sofern wir eine Interdependenz von Überzeugungen und Bedeutung annehmen, kann ein Interpret nur durch die Anwendung des Grundsatzes der Nachsicht Teile des Netzwerks der Einstellungen eines Sprechers erfassen und unterscheiden. Das ist aber eine voraussetzungsvolle Annahme, die einen Einstellungsholismus unterstellt. Er ist unter ganz unterschiedlichen Philosophen verbreitet, z.B. auch bei D. Lewis und Searle.

Das ist nach Davidson die Begründung dafür, *warum* Interpretation *Rationalität* voraussetzt. Widerspruchsfreiheit, Kohärenz, Wahrheit und externe Stimuli haben deshalb aus seiner Sicht eine Auswirkung auf die semantischen Verfahren der Interpretation, und sie sind der relevante Faktor, der uns zeigt, warum *W*-Theoreme als Gesetzesaussagen einzustufen sind.

Die Grundsituation von *RI* stellt sich für Davidson insofern so dar, dass vom Standpunkt eines radikalen Interpreten das Konstantsetzen eines Für-wahr-Haltens von Sätzen die Zuschreibung von Überzeugungen ermöglicht und die Qualifikation von elementaren Einstellungen verbürgt. Jede Einstellung dieser Art hat einen *verhaltensmäßigen* Gesichtspunkt, z.B. die Zustimmung und Ablehnung der Wahrheit/Falschheit von Sätzen, und sie muss einen solchen Gesichtspunkt haben. Er ist aber zugleich auch eine Instanz einer Rationalität des Handelns, sofern jemand dasjenige tut, was man für wahr hält. Die extensionale Interpretation des Prädikats der Kerntheorie *Wahrheit* ist deshalb auf Sprecher, Äußerungen, Zeitpunkte und beobachtbare distale Stimuli zu spezifizieren. Es ist daran aber auch zu erkennen, dass sich z.B. die „Rationalität des Handelns" nicht verallgemeinern lässt. Wir können auch immer gegen die Einsicht in wahre Überzeugungen verstoßen.

4. Voraussetzungen des Ansatzes. Fragen wir danach, was zeichnet ein radikaler Interpret als die Belege der Wahrheitsbedingung der geäußerten Sätze eines individuellen Sprechers aus? Die Antwort auf diese Frage ist aber auch eine Antwort darauf: Warum sind wir dazu in der Lage, *W*-Sätze als Gesetzesaussagen zu erfassen?

Ein radikaler Interpret hat von der Annahme auszugehen, dass das Netzwerk der Überzeugungen von Sprechern weitgehend widerspruchsfrei und kohärent ist. Die Annahme der Widerspruchsfreiheit und Kohärenz von Einstellungen ist direkt aus der holistischen Verfassung der Überzeugungen abgeleitet. Sofern die Zuschreibung einer Überzeugung zu einem individuellen Sprecher erfolgreich ist, muss es auch möglich sein, eine Überzeugung einem beliebigen Sprecher unter der Voraussetzung der Widerspruchsfreiheit seiner Überzeugungsmengen zuzuschreiben. Die Lösung der Aufgabe der Interpretation von sprachlichen und nicht-sprachlichen Akten kommt deshalb nicht umhin, dass wir die Belege derart „zurechtzubiegen" haben, um sie in einen solchen theoretischen Rahmen einzupassen. Das bedeutet aber, dass der Sprecher und der Handelnde so zu interpretieren ist, dass er recht hat. Die Anwendung des Grundsatzes der Nachsicht soll es somit ermöglichen, die „schlaffe Verbindung" zwischen der Zuschreibung des Für-wahr-Haltens zu individuellen Sprechern und der objektiven Wahrheit, der öffentlichen Maßstäbe des Wahren und Falschen, „strammzuziehen“ (Davidson 1974c: 221-23).

Die Sprachtheorie der *RI* setzt voraus, dass das Für-wahr-Halten und die kausal wirkenden distalen Stimuli der Rahmen für die Beobachtung von Sprachverhalten sind. Sie gewährleisten, dass es so etwas wie Kommunikation geben kann. Die leitende Einstellung des Für-wahr-Haltens drückt sich in einer *direkten* Relation zwischen Sprecher und Sätzen und der Zustimmung/Ablehnung von Sätzen aus. Diese Einstellung ist ihrerseits *direkt* für die *RI* in der Triangulation *gegeben* und damit *offensichtlich*. Die Verifikation von Gelegenheitssätzen im Triangel ist ein Basisgesichtspunkt von Sprache. Insofern ist die Idiolekttheorie von Sprache durch die Interdependenz von Bedeutung und Überzeugung als auch durch die Individuierung von propositionalen Einstellungen begründet. Die Zuschreibung von Einstellungen und die Paarung von Einstellungen zu geäußerten Sätzen (Intentionalität) ist nach Davidson das Ergebnis eines dreigliedrigen Prozesses:

1. der Anwendung des Grundsatzes der Nachsicht,
2. der Konstantsetzung als auch der Zuschreibung des Für-wahr-Haltens auf der Basis von kausalen Stimuli und
3. der Erkenntnis der kausalen verhaltensmäßigen Wirkungen im Triangel vom Standpunkt der Interpretationstheorie oder des Standards des Interpreten. Das heißt aber, der Interpret hat davon auszugehen, dass der Sprecher weitgehend recht hat, und es ist ein Erfordernis von *RI*, dass er die Einstellungszuschreibung auf der Basis einer Theorie über die propositionalen Einstellungen des jeweiligen Sprechers vornimmt.

Der Grundsatz der Nachsicht und die distalen Stimuli und ihre grobkörnige Ereignisindividuierung sind deshalb nach Davidsons Sprachtheorie und seiner erkenntnistheoretischen Interpretation eine Anforderung an die Selektion der Wahrheitsbedingungen des Für-wahr-Haltens. Für die *RI* einer noch nicht gehörten Äußerung soll somit *beides* grundlegend sein: 1. Der radikale Interpret unterstellt, dass der Sprecher seine Äußerung *Ä*(*p*) für wahr hält, und 2., er identifiziert die Einstellungen eines Sprechers auf der Basis der kausalen Stimuli, die sie ihrerseits veranlassen. Der Grundsatz der Nachsicht und die distale Theorie der Gedanken und der Bedeutung (Referenz) sind der vorausgesetze Rahmen für die semantische Interpretation einer jeden Äußerung *Ä*(*p*), der für eine wahrheitszentrierte Theorie der *RI* nicht weiter kompensierbar ist. Daher sollen durch das Für-wahr-Halten und die Individuierung der propositionalen Gehalte von Äußerungen die Einschränkungen von Verstehen und somit der Zuschreibung von Einstellungen festgelegt sein.

„3." leitet zu dem beanspruchten Ereignisbegriff über der Individuierung der Gegenstände der propositionalen Einstellungen über.

5. Grundsätzliches Problem der Theoriebildung. Lepore und Ludwig (2005) heben hervor, dass sich unsere Philosophie der Sprache und des Mentalen dann ändert, wenn wir mit Davidsons Bezugsrahmen nicht übereinstimmen. Nach ihnen besteht das grundsätzliche Problem des Ansatzes darin, dass jede Theorie der Zuschreibung von Gedanken und Bedeutung durch Verhaltensbelege unterbestimmt ist. Sie folgern daraus, dass die *RI* als ein Projekt der Rechtfertigung einer interpretativen Wahrheitstheorie auf der Basis der Anwendung des apriorischen Grundsatzes der Nachsicht und der vollständigen Kenntnis kausalen Interaktion zwischen Sprecher und Interpret mit ihrer Umwelt unmöglich ist. Das heißt ihnen zufolge, dass dem radikalen Interpreten nicht alle relevanten Belege für den Einsatz seiner theoretischen Mittel zur Verfügung stehen und dass die Begriffe seiner Interpretationstheorie nicht ausschließlich theoretische Begriffe sind, z. B. die mentalen Begriffe. Es ist gerade die Anwendung des Grundsatzes der Nachsicht, die nach Davidson diese theoretischen Mittel für einen radikalen Interpreten a priori zur Verfügung stellen soll. Lepore und Ludwig gehen davon aus, dass sich für die Begründung der A-priori-Annahmen der Interpretationstheorie keine zusätzlichen Anforderungen angeben lassen. Erst wenn man diese Anforderung herausfinden würde, wäre die Grundannahme der integrierten Wahrheits- und Bedeutungstheorie Davidsons, dass die empirische Bestimmung der Satzbedeutung von dem Beleg des Für-wahr-Halten als Rationalität eines *beobachtbaren* kausal veranlassten Verhaltens auszugehen hat, begründet.

Lepore und Ludwig identifizieren das grundsätzliche Problem der Theoriebildung von *RI*. Es ist danach zu fragen, welche empirischen und epistemischen Anforderungen sind an die Reformulierung des umfangreicheren Projekts durch die *RI* zu stellen? Der Grundsatz der Nachsicht unterstellt, dass die richtige Übersetzung (Interpretation) eines Satzes dieselbe (individuelle) und verallgemeinerbare Einstellung des Für-wahr-Haltens a priori in Anspruch nimmt. Sie soll sich an der referentiellen Durchsichtigkeit der offensichtlichen (beobachtbaren) Einstellung und der Zustimmung bemessen. Das ist auch die Grundlage des Triangulationsmodells von *RI*. Eine epistemische Qualifikation des Sprechers, die über die Wahrheitstheorie hinausgeht, soll durch den A-priori-Grundsatz der Nachsicht gerade ausgeschaltet werden. Insofern ist davon auszugehen, dass die Anwendung des Grundsatzes der Nachsicht nicht die Übereinstimmung der wahren Überzeugungen mit der jeweiligen Äußerungssituation gewährleistet. Die strengere Annahme (Grace) beschreibt demgegenüber die epistemischen Qualifikationen des Sprechers aus der Sicht des Interpreten. Das führt zu einer Veränderung der Theoriekonstruktion von *RI*, welche die epistemische Kapazität des Sprechers zu berücksichtigen hat. Darauf wird im Fortgang noch eingegangen. Im Ergebnis bricht Davidsons Interpretationstheorie zusammen und sie kann nicht mehr erneuert werden.

Das dreigliedrige Verfahren der *RI* (der Grundsatz der Nachsicht, das Konstanthalten des Für-wahr-Haltens und die grobkörnige kausale Individuierung in der Triangulation) ist jedoch dahingehend umzubauen, dass der Sprecher den nicht logischen Grundsatz der epistemischen Gerechtigkeit und Toleranz als einen anderen Grundsatz, den Davidson nicht berücksichtigt, anwendet (Preyer 2011b: 156-162). Das erfordert aber eine veränderte Konzeptualisierung der Ausgangssituation der Redeskription der Akte eines Sprechers (Denkers, Handelnden), z. B. ist nicht davon auszugehen, dass alle Sprecher radikal interpretiert werden können, weil sie Sprecher sind (Lepore, Ludwig). Die allgemeine *RI* ist dann nicht möglich, und sie bricht in sich zusammen. Das ist aber für den theoretischen Problembezug der Analyse des reduktiven und nicht-reduktiven Physikalismus nicht relevant.

(d) Ereignisbegriff

1. Ontologie. Die grundlegende ontologische Frage nach den Arten von Entitäten, denen Existenz zugesprochen werden soll, ist bei Davidson eng mit der semantischen Frage verknüpft: Welche Entitäten müssen wir annehmen, um natürliche Sprachen zu verstehen? Deren Interpretation stellt sich somit auch als Explikation ihrer impliziten Ontologie dar. Die unterstellte Ontologie ist insofern auf eine Interpretationstheorie relativiert. Der Ereignisbegriff ist für Davidsons Ontologie von entscheidender Relevanz. Er ist für ihn das Bindeglied, um die Sprachtheorie, die Philosophie des Mentalen und die Handlungstheorie durch die „ontologische Reduktion" zu verbinden. (Davidson 1980, 88). Das sollte der Leser immer als Orientierung im Blick behalten, da die Gefahr besteht, dass er in die Einzelanalysen abdriftet. Ein Zitat führt uns das besonders deutlich vor Augen:

> Ich glaube nicht, dass wir eine überzeugende Darstellung des Handelns, der Erklärung, der Kausalität oder der Beziehung zwischen Geistigem und Körperlichem geben können, ohne Ereignisse als etwas Individuelles zu akzeptieren. …
>
> Für eine Ereignisontologie spricht jedoch eine direktere Überlegung (deren Symptome jene anderen sind), nämlich dass es ohne Ereignisse unmöglich zu sein scheint, eine natürliche und akzeptable Darlegung der logischen Form bestimmter Sätze der allergewöhnlichsten Art zu geben; das heißt, es scheint unmöglich zu zeigen, wie

> die Bedeutungen solcher Sätze von ihrer Zusammensetzung abhängen. Die Situation lässt sich folgendermaßen skizzieren: Es ist klar, dass der Satz „Sebastian bummelt durch die Straßen von Bologna" aus dem Satz „Sebastian bummelt um 2 Uhr nachts durch die Straßen von Bologna" folgt, und zwar aufgrund seiner logischen Form. (Davidson 1980: 236-237)

Die Analyse der logischen Form (Struktur) von Handlungssätzen, singuläre Kausalaussagen und die ontologische Bindung, auf die sie uns verpflichten soll, ist dafür beispielhaft. Demnach sind Handlungen eine besondere Art von Ereignissen. Die Struktur von Handlungssätzen wird durch existenzquantifizierende Aussagen mit gebundenen Ereignisvariablen ausgedrückt. Davidson nimmt deshalb Ereignisse als einen speziellen Typ beschreibungsunabhängiger Wirklichkeiten an. Diese Annahme wird zusätzlich dadurch gestützt, dass Davidson auch Kausalbeziehungen zwischen Ereignissen in diesem Sinne versteht. Ereignisse werden als *einzelne*, *unwiederholbare* und *raumzeitlich* lokalisierte Entitäten charakterisiert, als Individuen, die zur ontologischen Ausstattung der Welt gehören. Sie sind nach Davidson ontologisch unverzichtbar, da der Kausalität individueller Ereignisse eine ontologische Bindungsfunktion zukommen soll:

> (da sie, d.V.) unser Weltbild zusammenhält, ein Bild, das sich andernfalls in ein Diptychon des Geistigen und des Körperlichen zerspalten würde. (Davidson (1980) 1985: 7).

Man hat diesen Ereignisbegriff *grobkörnig* genannt, im Gegensatz zu *feinkörnigen* Ereignisbegriffen, z.B. der Pistolenschuss, der den Unschuldigen tötete, als raum-zeitlich kausal bestimmtes Ereignisse im Unterschied zu dem lauten oder leisen Pistolenschuss, der den Unschuldigen tötete; dabei lägen zwei unterschiedliche feinkörnig individuierte Ereignisse vor; der Tod durch den lauten Pistolenschuss wäre ein anderer Tod als der durch den leisen Pistolenschuss. In vielen Fällen treten deshalb an Stelle ein und desselben grobkörnigen Ereignisses verschiedene feinkörnige Ereignisse. Das ist für unsere Fragestellung hervorzuheben, da die Wahl eines grobkörnigen oder feinkörnigen Ereignisbegriffs verschiedene Folgen für die Philosophie des Mentalen hat. Die Token-Identität von Physischem und Mentalem im Sinne Davidsons z.B. setzt einen grobkörnigen Ereignisbegriff voraus. Der Token-Physikalismus besagt somit, dass „mentale Tokens = physische Tokens" sind, aber „mentale Eigenschaften sind nicht = physischen Eigenschaften". Jedes mentale Ereignis hat also eine physische Eigenschaft.

2. Grobkörniger Ereignisbegriff und Token-Physikalismus. Davidsons Monismus der Token-Identität des Mentalen und Physischen ist durch seinen grobkörnigen Ereignisbegriff begründet. Er ist für ihn der Schlüssel dafür, die Beziehung zwischen Mentalem und Physischem zu klären. Es ist an dieser Stelle bereits auf ein grundlegendes Problem der Token-Identität hinzuweisen. Der Token-Physikalismus sagt nicht etwas Positives über die Relation von mentalen und physischen Eigenschaften, außer, dass mentale Ereignisse nicht isoliert instanziiert und keine cartesische res cogitans sind. Mentales und Physisches sind zwar identisch, aber diese Identitäten exemplifizieen keine Typen von physischen (neuronalen) Ereignissen. Die „mentalen Token = physische Token", aber „mentale Eigenschaften ≠ physischen Eigenschaften". Jedes mentale Ereignis hat somit auch ein physisches Ereignis zu seiner Entsprechung und ist mit ihm token-identisch. Der Token-Physikalismus geht davon aus, dass Ereignisse als unstrukturierte Partikularitäten, somit als grobkörnige Ereignisse zu individuieren sind. Das ist kein sehr befriedender Ansatz, da er nicht etwas positives über die Relation von Mentalem und Physischem aussagt.

3. Kim-Ereignisse. Kim (1976) hingegen definiert Ereignisse feinkörnig als Exemplifikationen einer konstitutiven Eigenschaft durch eine Substanz zu einer bestimmten Zeit, d. h. als strukturierte singuläre Entitäten, bestehend aus den drei Bestandteilen: Substanz, konstitutive Eigenschaft und Zeitbestimmung. Kim-Ereignisse können ihrerseits verschiedene Eigenschaften haben und insofern in verschiedener Weise, aber in einem anderen Sinn als Davidson-Ereignisse, beschrieben werden. Die einzige konstitutive Eigenschaft eines Ereignisses wird hingegen von seinem Substanzbestandteil exemplifiziert:

* „Zwei Ereignisse sind identisch ↔ alle ihre entsprechenden Bestandteile identisch sind". Wenn z. B. eine Person zum Zeitpunkt t einen bestimmten Schmerz vom Typ M empfindet, der mit einem neuronalen Zustand vom Typ N korreliert ist, und sind M und N konstitutive Eigenschaften, dann handelt es sich nach Kims Ereignisdefinition um ein und dasselbe Ereignis nur unter der Bedingung $M = N$.

Nach Davidsons grobkörnigem Ereignisbegriff hingegen kann dasselbe Ereignis auch bei der Annahme M … N unter beide Typen fallen. Er identifiziert Ereignisse dadurch, dass sie dieselben Ursachen und Wirkungen haben (Davidson 1969: 256-57, zur Kritik dieses Individuationsprinzips: Stoecker 1992: 9-26). Der Term „Ereignis" wird im Fortgang immer grobkörnig verwendet.

4. Feinkörniger Ereignisbegriff und multipler Typen-Physikalismus. Kims Ereignisbegriff führt eine andere Analyse der Beziehung zwischen Mentalem und Physischem mit sich. Kims „multipler Typen-Physikalismus" wird hingegen im Unterschied dazu so formuliert, dass Ereignisse eine Exemplifikation von Eigenschaften sind. Sie sind feinkörnig zu individuieren. Deshalb ist ein direkter Vergleich zwischen beiden Ansätzen der feinkörnigen und der grobkörnigen Ereignisindividuierung problematisch, da die Ereignisbegriffe unterschiedliche Intensionen haben. Es ist aber naheliegend, dass der multiple Typen-Physikalismus mehr als der Token-Physikalismus über die Beziehung von mentalen und physischen Eigenschaften „M-Haben = (die eine oder andere Eigenschaft) P_i-Haben" sagt. Insofern ist der multiple Typen-Physikalismus als die korrektere Ontologie für die multiple Realisierung von mentalen Zuständen einzustufen. Damit geht eine andere Fassung der Definition von Ereignissen nach dem „standard property exemplification account" einher. Das gilt vor allem dann, wenn mentale Eigenschaften als echte Ereignis konstituierende Eigenschaft gefasst werden. „$M = \mathrm{P}_1 \vee \mathrm{P}_2 \ldots$" wird z. B. von Kim nicht akzeptiert. Er schlägt vor, dass mentale Eigenschaften keine Ereignis konstituierenden Eigenschaften sind. Deshalb ist M nicht auf P_1 zu reduzieren. Jede Instanz von M ist aber physikalisch zu reduzieren. Dazu ist anzumerken, dass das nur heißen kann, M ist mit irgendeiner P_1-Instanz identisch, aber das gilt nur dann, wenn „$M = \mathrm{P}_1 \vee \mathrm{P}_2 \ldots$" akzeptiert ist. (Kim 1993, 365). Dieses Argument gilt unter der Voraussetzung, dass wir die uns bekannten Versionen des Dualismus ablehnen. Eine Alternative dazu könnte von Kutscheras (1981: 337-353, 2009: 212-218) „polarer Dualismus" von Physischem und Psychischem, aber auch die vergessene Philosophie des konkreten Subjekts des frühen Sartre sein.

3. Anomaler Monismus

Inhalt: *(a) Prinzipien (i) Irreduzibilität des Mentalen 1. Prinzipien des anomalen Monismus, 2. Kommentar zu KI, 3. Kommentar zu AM, (ii) Beweisstrategien 1. Kommentar zu MA, erste Beweisstrategie, 2. Zweite und dritte Beweisstrategie, (b) Einwände gegen die Rationalitätsannahmen 1. Humanismus und Szientismus, 2. Objektivität, 3. Scheitern der Interpretationstheorie, 4. Reichhaltigere Ausgangssitutation, 5. Voraussetzungen der Interpretation*

(a) Prinzipien

(i) Irreduzibilität des Mentalen

1. Prinzipien des anomalen Monismus. Drei Prinzipien sind der Kern von Davidsons Theorie des Mentalen (*KI*, *NK*, *MA*), aus denen der anomale Monismus (*AM*) abgeleitet wird (Davidson 1970: 292-93, 1974: 323-25). Diese können für sich unterschiedliche Plausibilitäten beanspruchen (Davidson 1995: 231-32). Die Prinzipien sind:

Das Prinzip der kausalen Interaktion (*KI*):
Wenigstens einige mentale Ereignisse stehen in einer kausalen Beziehung zu physikalischen Ereignissen.
Das Prinzip des nomologischen Charakters der Kausalität (*NK*):
Kausal verknüpfte Ereignisse fallen notwendigerweise unter strikte Gesetze.
Das Prinzip des mentalen Anomalismus (*MA*):
Mentale Ereignisse sind nicht unter strikte Gesetze subsumierbar.

Mit den Zusatzannahmen, dass alle mentalen Ereignisse in kausalen Beziehungen stehen und diese nur durch strikte physikalische Gesetze fundiert sind, folgt aus den drei Prinzipien der *AM:*

* Alle mentalen Ereignisse sind physikalische Ereignisse als eine singuläre Token-Identität.

Sie lassen sich aber wegen der aus *MA* resultierenden Irreduzibilität der mentalen auf physikalische Eigenschaften bzw. Begriffe nicht rein physikalisch erklären (Davidson 1970: 300-1). Der Zusammenhang zwischen der Erkenntnisgewinnung von der „Beschaffenheit des Gehirns“ und den „höheren kognitiven Funktionen“ ist deshalb nach Davidson „notgedrungen indirekt“, was immer auch die Einsichten der Gehirnphysiologie über „Wahrnehmung“, „Lernen“ und das „Verhalten von Menschen“ in Zukunft sein werden (Davidson 1973b: 362). *AM* behauptet lediglich eine psycho-physische singuläre Token-Identität, aber gerade *keine* numerische Typenidentität. Er ist eine Version des nicht-reduktiven Physikalismus, der seinerseits einen grobkörnigen Ereignisbegriff voraussetzt.

AM steht in Opposition zum Cartesischen Substanz- und zum Ereignisdualismus. Dies wird zum Teil durch die Verwendung eines grobkörnigen Ereignisbegriffs ermöglicht. Ansonsten hat man *AM* als wesentlich negative These angesehen, zu schwach und unbestimmt für eine positive Charakterisierung der psycho-physischen Beziehung, die man von einem Lösungsvorschlag des Leib-Seele-Problems erwartet (so z.B. Kim 1998: 5-6). Lepore und Loewer (1989) z.B. interpretieren *AM* auch nur als einen „fairly tepid physicalism", der sogar emergente Kausalität erlaubt und keine Supervenienz des Mentalen von sich aus impliziert. Den kurzen Hinweis auf diese, verstanden als Dependenzbeziehung, in Davidson (1970: 301), kann man deshalb als Versuch betrachten, jene positive Charakterisierung zu geben, die ein akzeptabler Physikalismus erfordert. Da alle Supervenienzrelationen nicht asymmetrisch sind, hätte zumindest zusätzlich die Möglichkeit der umgekehrten Supervenienz des Physikalischen über dem Mentalen ausgeschlossen werden müssen.

2. Kommentar zu KI. Die Kommentare sollen Davidsons Ansatz weiter verdeutlichen. Zum Kommentar zu *NK* siehe, Teil I 4 (c), in diesem Buch. Davidson setzt *KI*, wie viele Philosophen, als offensichtlich voraus, z.B. verursachen Überzeugungen und Wünsche unsere Handlungen, Handlungen verursachen Veränderungen in der physikalischen Welt, und Ereignisse in der physikalischen Welt verändern unsere Überzeugungen. Gewöhnlich wird angeführt, dass ohne psycho-physische Interaktionen Handlungen und kognitive Prozesse, insbesondere Wahrnehmungen, nicht möglich wären (Davidson 1970: 292, Kim 1998: 31).

3. Kommentar zu AM. Die Annahme, dass alle mentalen Ereignisse physikalisch sind, wird an einer späteren Stelle abgeschwächt (Davidson 1970: 315). Nur diejenigen mentalen Ereignisse, die in kausalen Beziehungen zu physikalischen Ereignissen stehen, sind auch physikalisch Ereignisse. Angenommen, alle mentalen Ereignisse stehen in kausalen Relationen, dann soll vermutlich die Möglichkeit offengelassen werden, dass einige eine nichtphysikalische, z.B. Ektoplasmakomponente, besitzen könnten, die ihre Subsumtion unter strikte nichtphysikalische Gesetze erlaubt. Das wäre ein potenzieller anomaler Dualismus bzw. Pluralismus. Diese Möglichkeit spielt aber faktisch in Davidsons Überlegungen keine Rolle. Der *AM* wird aber in seiner Einstufung ohne diese Einschränkung angenommen. Er ist noch dadurch ontologisch interpretiert, dass er stillschweigend zu einem allgemeinen Monismus, nachdem *alle* kausal verknüpften Ereignisse physikalische Ereignisse sind, erweitert ist (Davidson 1987: 45; Kim 1998: 93). Der allgemeine Monismus folgt aus *NK* und der Annahme, dass *alle* strikten Gesetze zur Fundamentalphysik gehören. Insofern ist dieser Monismus ein Physikalismus i.S. eines wissenschaftlichen Realismus. Er besagt, das, was die ‚Natur' ist bzw. die Gesamtheit unserer Gegenstände der äußeren Wahrnehmungen sind, sagen uns die fortgeschrittenen Naturwissenschaften.

Fassen wir die vorgenommene Reinterpretation von Davidsons Theorie des Mentalen zusammen: *Es empfiehlt sich, die Konjunktion der drei Prämissen als P und das Kernstück seiner Theorie als AM + P bzw. unter Hinzunahme einer schwachen Supervenienzthese als AM + P + WS zu bezeichnen.*

(ii) Beweisstrategien

1. Kommentar zu MA und die Bedeutung- und Handlungstheorie, erste Beweisstrategie. Anders als *KI* und *NK* versucht Davidson *MA* innerhalb seiner Bedeutungs- und Handlungstheorie zu begründen. Es lassen sich im wesentlichen *drei* Beweisstrategien unterscheiden: die *Anwendung des Prinzips der Nachsicht* bei der *RI*, die Betonung der *Relevanz kausaler Begriffe* für eine Psychologie, die auf intentionale Zuschreibungen nicht verzichtet, und die *externale Individuierung der Inhalte* der propositionalen Einstellungen bei elementaren Wahrnehmungsaussagen.

Die *erste* Beweisstrategie ist charakteristisch für Davidsons Version des nicht-reduktiven Physikalismus. Er strebt eine Synthese zwischen beidem an, einen sprachlichen oder konzeptuellen Dualismus bei gleichzeitiger Token-Identität des Mentalen und Physikalischen. Diese Beweisstrategie umfasst Argumente, die sich auf die in synthetisch-apriorischen Konstitutionsprinzipien verankerte wesensmäßige Verschiedenheit mentaler und nicht-mentaler Phänomene stützen. Die Identifikation und Zuschreibung von propositionalen Einstellungen wird im Verfahren der *RI* durch die Anwendung des Prinzips der Nachsicht, d.h. von Rationalitäts- als Normativitätsprinzipien, vorgenommen, insbesondere der Prinzipien Kohärenz, Konsistenz und Wahrheit: „Diese Bedingungen finden in der physikalischen Theorie keinen Widerhall" (Davidson 1974: 324). Damit geht einher, dass mentale und physikalische Begriffe zu heterogenen Vokabularen gehören (Davidson 1970: 308). Nimmt man im Unterschied dazu Homogenität des Vokabulars als notwendige Bedingung strikter Gesetzlichkeit an, dann ist diese von psycho-physischen Aussagen grundsätzlich nicht erfüllbar. Sie kommen über den Status von „umrisshaften, summarischen Verallgemeinerungen", „groben Faustregeln" nicht hinaus (Davidson 1970: 308). Eine Annäherung der Psychologie an naturwissenschaftliche Disziplinen käme deshalb einem Themenwechsel gleich (Davidson 1970: 304). Ferner weist die Identifikation und Zuschreibung von psychischen Ereignissen im Verfahren der *RI* den spezifisch holistischen Charakter des Mentalen aus. Ein weiteres Wesensmerkmal ist nach Davidson seine kausale Unabgeschlossenheit, d. h. Mentales ist kein geschlossenes System, da z. B. elementare propositionale Einstellungen external durch wahrnehmbare Objekte und Ereignisse verursacht und zu individuieren sind.

Diese Thesen sind zum Teil für sich genommen, zum Teil hinsichtlich ihrer Begründungsfunktion und ihres Begründungsanspruchs für *MA* umstritten. Jedenfalls haben Davidsons Rationalitätsargumente für die *RI* viele Philosophen nicht überzeugt. Es ist nicht davon auszugehen, dass sich das ändern wird. Kim (1998: 132) z. B. nennt sie „komplex and obskur". Er räumte aber andererseits früher ein, wenn auch in einer Abhebung von Davidsons Ansatz:

> The intentional psychological scheme ... is one within which we deliberate about ends and means, and assess the rationality of actions and decisions. ... No purely descriptive framework such as those of neurophysiology and physics, no matter how theoretically comprehensive and predictively powerful, can replace it." (Kim 1985: 214-15, zu diesem Problem: Hornsby 1993, Ludwig 1999, zu der Rationalitätstheorie der Zuschreibung von mentalen Zuständen: Goldman 2000)

Auf die Einwände gegen die *erste* Beweisstrategie wird in diesem Kapitel etwas ausführlicher eingegangen.

2. *Zweite und dritte Beweisstrategien.* Die *zweite* Beweisstrategie geht davon aus, dass Begriffe von propositionalen Einstellungen wesentlich auch durch deren kausale Beziehungen bestimmt sind. Diese Begriffe stimmen insofern mit den Dispositionstermen überein. Davidson (1990: 22) spricht sogar von propositionalen Einstellungen als Dispositionen und schreibt bei der Erklärung durch Primärgründe den Proeinstellungen und Überzeugungen kausale Kräfte zu (Davidson 1987: 44). Im Fortgang seiner Werkgeschichte nennt er alle propositionalen Einstellungen durch Frege inspiriert „Gedanken". Das ist naheliegend, da sie einen Inhalt haben. Für die kausal bestimmten Begriffe ist es typisch, dass sie aspekt- und interessenabhängig sind. Als Ursachen treten nur solche Ereignisse ins Blickfeld, die unter bestimmten Aspekten und Interessen bedeutsam sind. Deshalb können Generalisierungen mit kausalen Begriffen lediglich *CP*-Gesetze sein. Davidson betont wie Quine und Russell, dass sie in exakten wissenschaftlichen Erklärungen nicht vorkommen

dürfen. An die Stelle von Dispositionen haben dann Mechanismen zu treten, die gehaltvollere Erklärungen ermöglichen, z. B. Zucker löst sich in Wasser auf, nicht weil er „löslich" ist, sondern aufgrund seiner molekularen Struktur. Der Beweis aufgrund kausaler Begriffsbildung stellt die Analyse von intentionalen Zuständen in der Psychologie auf dieselbe Ebene wie andere Wissenschaften, die ebenfalls mit kausalen Begriffen arbeiten und deshalb lediglich *CP*-Gesetze enthalten können. *MA* wird damit zu einem Spezialfall eines allgemeinen Monismus, wie ihn Yalowitz vertritt. Er reinterpretiert Davidsons Rationalitätsbeweise im Rahmen der Anwendung des Prinzips der Nachsicht. Sie können zwar nicht *MA* begründen, sie sind aber nach ihm Argumente für die Nichteliminierbarkeit der intentionalen Sprache.

Die *dritte* Beweisstrategie beruht auf Davidsons Version des Externalismus (1988: 102, 1989: 30-1, 1997: 21; vgl. dazu Röska-Hardy: 1997). Die Inhalte von elementaren propositionalen Einstellungen sind zum Teil durch äußere Faktoren wie physikalische Gegenstände und Ereignisse, Spracherwerb und Kommunikation bestimmt. Die Zuschreibung und Verursachung der propositionalen Einstellungen in der Triangulation hat selbst kein „Echo" in neuronalen Prozessen. Zwei physikalisch gleiche Personen können sich deshalb in verschiedenen intentionalen Zuständen befinden. Diese müssen nicht eindeutig durch Gehirnzustände determiniert sein: „We are therefore free to hold that people can be in all relevant physical respects identical while differing psychologically: this is in fact the position of 'anomalous monism' ..." (Davidson 1986a: 453; zu dem Gebrechen von Davidsons Triangulationsexternalismus: Teil I 8., in diesem Buch).

(b) Einwände gegen die Rationalitätsannahmen

1. Humanismus und Szientismus. Den Einwänden gegen die *erste* Beweisstrategie kommt eine besondere Bedeutung zu, da sie, wenn sie nicht zurückzuweisen sind, den *MA* zusammenbrechen lassen. Der Problembezug betrifft die Entgegensetzung von „Humanismus versus Szientismus" in der modernen Philosophie und Wissenschaftstheorie. Die Theoriebildung der *RI* beansprucht, propositionalen Einstellungen auch individuieren zu können. Genau das soll das Triangulationsmodell von *RI* leisten. Die distalen Ursachen sind die Grundlage *jeder* Interpretation. Die Anforderungen an *RI* im Zuge der Anwendung des Grundsatzes der Nachsicht begründet aber auch einen *konzeptuellen* Dualismus (Davidson 1990: 18). Die *RI* ist eine Variante einer naturalistischen Erkenntnistheorie. Ihr Analysandum sind uninterpretierte, individuelle Äußerungen. Der Grundsatz der Nachsicht etabliert einen „methodologischen Separatismus" der Human- und Sozialwissenschaften gegenüber den Naturwissenschaften. Die Wiedergabe von Sprachverhalten hat demnach ihrerseits kein „Echo“ in der Physik oder irgendeiner anderen Naturwissenschaft. Die *RI* von Sprachverhalten hat ein mentales Gegenstück, das Netzwerk der propositionalen Einstellungen. Es gibt eine Token-Identität und keine Typenidentität zwischen dem Mentalen und dem Physischen. Insofern ist Davidsons Philosophie des Mentalen von der Situation der *RI* aus *und ihren Rationalitätsunterstellungen* begründet.

Die Selbst- und Fremdzuschreibung von Gedanken und Überzeugungen, aber auch von Wünschen, Gefühlen und Willensregungen im Zuge von *RI* geht davon aus, dass solche Zuschreibungen das verfügen über Begriffe auf der Seite des Sprechers und des Interpreten voraussetzten. Wir verfügen aber nur dann über Begriffe, wenn wir Dinge und Ereignisse klassifizieren können und z.B. Äquivalenzrelationen anwenden können. Das setzt voraus, dass wir Subjektives und Objektives unterscheiden können.

Worin besteht die Vereinbarkeit zwischen der sogenannten Objektivität der Ergebnisse von *RI* (des Verstehens/Wissens) und dem Prinzip der Nachsicht, somit den Rationalitätszuschreibungen der Widerspruchsfreiheit, der Kohärenz als auch der wahren Überzeugungen? Nach Davidson sind wir dazu genötigt, dass ein Interpret seinen Standpunkt gegenüber einem Sprecher voraussetzt.

Die Beantwortung dieser Frage betrifft die klassische Entgegensetzung von *Humanismus* versus *Szientismus*. Die Rationalitätsannahmen von *RI* drängen uns aber ihrerseits die epistemischen (theoretischen) Beschränkungen auf, denen wir im Zuge ihrer Durchführung begegnen. Dies führt uns aber seinerseits wieder zur *RI* zurück. Die der Entgegensetzung von Humanismus und Szientismus zugrunde liegende Frage nach dem Bezugsrahmen von Interpretationstheorien lässt sich am besten folgendermaßen verdeutlichen:

* Können wir das Begriffsschema unserer Alltagssprache in einen wissenschaftlich anerkannten Bezugsrahmen im Sinne einer Rahmentheorie übersetzen bzw. können wir die Referenzausdrücke unseres Alltagswissens in Absehung von Überzeugungen, Absichten und unseren Zielsetzungen in wissenschaftliche Theorien übersetzen, z.B. die der Neurophysiologie?

Eine Antwort darauf ist annäherungsweise dahin gehend zu geben, dass. gleichgültig ob das Alltagswissen übersetzbar ist oder nicht, es als *revidierbar* einzustufen ist, z.B. durch die Ergebnisse der wissenschaftlichen Forschung und Entwicklung, aber auch durch gewöhnliche und übliche widerlegende Erfahrungenm mit denen wir vertraut sind. Eine Korrigierbarkeit unterstellt eine Lernfähigkeit der betroffenen Personen. Das betrifft die Zuschreibung von propositionalen Einstellungen sowie ihre rationale Beurteilbarkeit.

Natürliche Sprecher verstehen neue Sätze, indem sie Theorien (Hypothesen) über die Merkmale von syntaktischen Beziehungen, über semantische Kategorien, das Sprachverhalten und die Überzeugungen von Sprechern aufstellen. Dazu gehört, dass sie in der Rolle eines radikalen Interpreten das gegebene Verhalten in ein Muster einordnen bzw. ein solches herauszufinden versuchen. Ihre Ausgangstheorie kann sich natürlich auch als falsch herausstellen, und dies ist sicherlich oft der Fall. Der Fokus der *RI* ist das Verstehen von Sprecheräußerungen, die Kombination von Satzteilen (Sprachstruktur) als auch der Sprachgebrauch. Bei Quine führt die Situation des Erstübersetzers zu zwei Problemen:

1. Die Wahrheitsbedingungen und andere Erfüllungsbedingungen, z. B. von Behauptungen und Aufforderungen in fremden Kulturen sind für den Übersetzer nicht festzulegen, da er sie nicht kennt. Er kennt nur die Erfüllungsbedingung von Sätzen in seiner eigenen Sprache. Es wird dabei vorausgesetzt, dass es keine Bedeutungstatsachen gibt. Die Anwendung der Methode der Nachsicht bei der Interpretation einer Äußerung in einer fremden Kultur unterstellt wahre Überzeugungen, da sonst, würden wir diese Annahme fallen lassen, diese Äußerungen grundsätzlich unverständlich blieben. Der Problembezug dabei ist, inwieweit wird diese Methode strapazieren können.
2. Der Übersetzer ist nicht sicher, dass in einem bestimmten Fall die ihm vorliegende Behauptung falsch ist, z. B. im Fall eines individuellen und gemeinschaftlichen Irrtums. Der Behauptungsakt kann andererseits auch unwahrhaftig sein, z. B. im Fall der individuellen oder der gemeinschaftlichen Täuschung.
3. *Unwahrhaftigkeit* verweist auf die Ausschaltung von Täuschungsstrategien, da wir sonst die Absichten und gegebenenfalls die Motive des Sprechers nicht verstehen würden; *Irrtum* dagegen verweist auf das Ausmaß des empirisch-analytischen Wissens, über das der Sprecher verfügt. Letzterer führt uns zu den epistemischen Beschränkungen, an denen jede Interpretation scheitern kann. Sie sind im Zuge der verständlichen Wiedergabe von sprachlichen und nichtsprachlichen Handlungen herauszufinden.

2. Objektivität. Die von Davidson beanspruchte nicht-hintergehbare Objektivität der Einstellungszuschreibung wird an folgendem Zitat deutlich:

> Wir sollten nicht daran verzweifeln, dass wir über keinen Standard verfügen, an dem wir den Standard beurteilen könnten, über keinen Test dafür, ob das Urmeter in der Tat einen Meter lang ist. Unsere Schlussfolgerung sollte vielmehr die sein: Falls unsere Urteile über

> die propositionalen Einstellungen anderer nicht objektiv sind, so gibt es keine Urteile, die dies sind (Davidson 1990: 32).

Der Anspruch auf Objektivität und die Intersubjektivität sind deshalb nach diesem Ansatz durch die gemeinsamen Reaktionsweisen verbürgt. Wir können uns daran wiederum verdeutlichen, wie sich *RI* und Triangulationsexternalimus gegenseitig stützen sollen. Das führt zu einem lehrreichen Folgeproblem dieses ganzen Ansatzes und dem sich daraus zwangsläufig ergebenden Dritten Dogma des Empirismus (Schema-Inhalt-Unterscheidung).

Nehmen wir diesen Ansatz erst einmal ernst, so drängt sich uns der besondere Situationsbezug bei der Durchführung von *RI* auf. Hierfür ist ein erweiterter Bezugsrahmen bereitzustellen, der die epistemischen Beschränkungen in das Verfahren der Interpretation einbezieht. Davidson hat sich dahingehend geäußert, dass epistemische Ansätze für ihn unverständlich sind. Er stellt aber nicht klar genug heraus, warum dies der Fall sein soll. Das hängt vermutlich mit seiner distalen Bedeutungstheorie und der Individuation der Inhalte der propositionalen Einstellungen durch kausale Beziehungen und ihre Instanz der gewöhnlichen Objekte und Ereignisse zusammen. Wir brauchen es bei der Berücksichtigung von epistemischen Beschränkungen nicht auszuschließen, dass Objektivität und Wahrheit in den Verfahren der Interpretation zutage kommen können. Es sollte einsichtig genug sein, dass die Beschränkungen, die wir jeder Interpretation auferlegen müssen, keine Falsifikation von objektiver Wahrheit zu sein brauchen. Dies gilt auch für die nicht beseitigende Voraussetzung und Beschränkung von *RI*, wenn wir ihre Möglichkeit unterstellen. Der Problembezug der Interpretationstheorie von *RI* ist, dass sie deshalb möglich sein soll, weil wir Sprecher sind. Das heißt aber, dass Davidsons Sprachbegriff durch die allgemeine Geltung der Anforderungen an die *RI* ausgezeichnet ist. Demgegenüber ist hervorzuheben, dass diese allgemeine Geltung nicht vorliegt, sondern nur einige Sprecher radikal zu interpretieren sind. (Lepore, Ludwig 2005: 166-173)

3. Scheitern der Interpretationstheorie. Welche Folgeprobleme stellen sich für die Triangulationstheorie von *RI*? Ist das dritte Dogma des Empirismus aufzugeben? Es betrifft dies vor allem die Frage: Inwieweit gelingt es der *RI*, den Zirkel zwischen Überzeugung und Bedeutung durch das Konstantsetzen des Einen-Satz-für-wahr-Haltens zu bewältigen? Das Zusammenwirken von Überzeugung und Bedeutung, das bei jeder beliebigen Interpretation von individuellen Äußerungen vorliegt, wird seinerseits in der Grundsituation von *RI* festgestellt. Angesprochen ist insofern z. B. das Problem der Überforderung der epistemischen Kapazität der an der Triangulation beteiligten Personen, aber auch die Verallgemeinerbarkeit einer extensionalen Wahrheitsbedingungssemantik für die Wiedergabe des Sprachinhalts von Äußerungen „sagen, dass …" in der indirekten Rede (belief report). In diese Richtung weisen auch die Einwände von Fodor und Lepore (1993). Nach ihnen ist der empirische Testfall der Möglichkeit von *RI* der Spracherwerb und die Feldarbeit von Linguisten. In beiden Fällen lässt sich nach ihnen die *RI* nicht nachweisen. Henderson (1996) hat z. B. einen anderen Einwand vorgebracht: Der normative Anspruch der epistemischen Annahmen bei der Anwendung des Grundsatzes der Nachsicht ist bestreitbar, da für die Interpretation des Sprachverhaltens die psychologischen Verallgemeinerungen des Interpreten ausreichen. Darauf ist noch einzugehen.

Davidson (1993c) hat auf die Einwände von Fodor und Lepore mit einer Klärung der Statusbestimmung von *RI* reagiert. Das ist von seinem Standpunkt aus naheliegend. Sie besagt: Eine Interpretationstheorie von Sprachverhalten argumentiert nur für die Möglichkeit, aber nicht für die Notwendigkeit einer *RI*. Sofern sie ihren Erklärungsanspruch einlöst, liefert sie eine theoretische Grundlegung, die ihrerseits auf keiner Verallgemeinerung des empirischen Sprachverhaltens beruht. Darauf kommt es an, da jede *RI* die aus einer Interpretationstheorie gefolgerten Sätze überprüft. Eine partielle Interpretation ist dazu ausreichend. Die Null-Situation *RI* soll ihren theoretischen Status gerade dadurch begründen, dass sie keine Basisontologie einführt, die so etwas wie Entitäten benötigt, seien es Bedeutungen (Carnap: intensionale Gegenstände) oder auch (Sprach-)Normen. Dieser Ansatz wird auch auf die Gegenstände der propositionalen Einstellungen angewandt. Nach Davidson mögen diese Gegenstände nicht sinnlos sein, sie sind jedoch für die *RI* nutzlos und können beiseitegelassen werden.

Fodor (1989: 75) kommentiert dies Rationalitätsunterstellung der *RI* dahingehend: „I have never been able to follow the arguments (für *MA*, d. V.)". Fodor und Lepore (1993) halten die Argumente von Anfang an für fehlgeleitet. Auch Autoren, die *MA* zustimmen, halten verschiedene Argumente Davidsons für verfehlt (z. B. Lanz 1987: 86-92). Lanz versucht mit einer schwach konstitutiven Rationalitätsannahme das Kein-Echo-Argument und damit *MA* zu stützen; ob mit Erfolg, sei hier dahingestellt (Lanz 1987: 105-106). Nach Yalowitz (1998) eignen sich alle Rationalitätsargumente nicht zur Begründung von *MA*. Er akzeptiert nur Davidsons *zweite* Beweisstrategie (1987: 42; 1990: 22-23).

Henderson (1994) führt zur Handhabung der Anforderungen an jede Interpretation einen alternativen Grundsatz ein, den der „Explizierbarkeit". Er besagt, wir interpretieren das Verhalten von Personen, indem wir explizierbare Überzeugungen herausfinden. Interpretation besteht dann in der Anwendung eines Verfahrens, das solche Mengen von Überzeugungen zu dem sprachlichen und nichtsprachlichen Verhalten korreliert. Die Anwendung dieses Grundsatzes setzt aber nicht Rationalität als einen normativen Begriff voraus. Wir wenden dabei z.B. deskriptive psychologische, soziologische und kulturelle Verallgemeinerungen und Überzeugungssysteme (Weltbilder) an, die die erforderlichen Informationen für die Interpretation einer Äußerung zur Verfügung stellen. In diesem Sinne wäre für die Interpretation von Sprachverhalten nicht Rationalität als epistemische Norm obligatorisch. Das führt zu dem Problembezug „Humanismus – Szientismus" zurück.

4. Reichhaltigere Ausgangssituation. Es drängt sich aber auf, dass durch die allgemeine Richtlinie des Grundsatzes der Nachsicht die brauchbaren Belege des Erstinterpreten bzw. des Erstübersetzers *reichhaltiger* sind, als es die angenommene Übersetzungssituation zulässt. Für Quine sind es die Beobachtungssätze, deren Übersetzung determiniert ist. Für Beobachtungssätze gilt nach Quine kein Holismus und sie sind nicht theorieabhängig. Die Übersetzung dieser Sätze ist durch die ausgelöste Zustimmung oder Ablehnung festgelegt. Die Beobachtungsbedingung zeichnet sich dadurch aus, dass sie *nicht* von Sprecher zu Sprecher frei variiert resp. sich die Einstellung eines Sprechers beliebig verändert. Für die *RI* gibt es im Unterschied dazu keine erkenntnistheoretische Sonderstellung von Beobachtungssätzen, da jede Interpretation irgendeines Satzes durch die gegebenen Belege unterbestimmt ist. Die Anwendung des Grundsatzes der Nachsicht soll ebendiese Unterbestimmtheit kompensieren. Dies führt uns zu der Beschaffenheit der Grundsituation von *RI* zurück.

Die Grundsituation von radikaler Übersetzung und *RI* ist *reichhaltiger* im Hinblick auf ihre Einschränkung auf eine Beschreibung von Handlungen unter beobachtbaren Umständen, aber auch im Hinblick auf das Für-wahr-Halten, das konstant gesetzt wird, um die Bedeutung des Gesagten zu erschließen. Es ist für die Grundsituation hervorzuheben, dass dem radikalen Interpreten *nicht* ein Begriff von Übersetzung zur Verfügung steht. Der Interpret kann weder die Bedeutung eines geäußerten Satzes in seiner eigenen Sprache noch der Sprache eines anderen Sprechers herausfinden, sofern er den geäußerten Sätzen keine Wahrheitsbedingungen und auch andere Erfüllungsbedingungen zuordnet. Die Bedeutung einer Äußerung soll durch den Beleg des Einen-Satz-für-wahr-Haltens zu erschließen sein, und die Zuschreibung von Einstellungen erfolgt durch die Anwendung der Interpretationstheorie am Leitfaden der Wahrheitsbedingungen der zu interpretierenden Sprechakte. Bei allem Unterschied in der Anlage der Bedeutungstheorie von Davidson und Quine würden beide die angesprochene Reichhaltigkeit sicherlich einräumen, aber auch gleichzeitig den Einwand entdramatisieren, da bei der *RI* sowie auch bei der radikalen Übersetzung die Gesamtheit unserer theoretischen Fähigkeiten zum Zuge zu kommen hat. Der Gegenstand von radikaler Übersetzung und *RI* sind *un*interpretierte Äußerungen, daran würde die Reichhaltigkeit der angenommenen Grundsituation aus ihrer Sicht nichts ändern. Das gehört zum Naturalismus der beiden Ansätze.

5. Voraussetzungen der Interpretation. Dieser Konflikt mit der reichhaltigeren Grundsituation von *RI*, aber auch von radikaler Übersetzung (Quine), ist nicht nur eine Sache von besonderen Überlegungen, die sich im Zuge der radikalen Übersetzung ausgleichen lassen. Er betrifft auch nicht nur ein notgedrungenes Zurechtbiegen der Belege von *RI* im Hinblick auf ihre Passform. Das wäre das geringste Problem, da es sich für jede Interpretation stellt. Gehen wir davon aus, dass ein Interpret Davidsons und Quines Folgerungen verteidigt, aber auch mehr oder weniger dahingehend argumentiert: Der Erstübersetzer ist über die Übersetzungsalternativen und die Umstände der Sprecheräußerungen bei der *RI* deshalb verlegen, weil er die besondere Art der Schwierigkeiten der Übersetzung zu wenig berücksichtigt, z. B. soziale oder allgemein kulturelle Voraussetzungen. Er muss somit insgesamt die sprecherbezogenen, die sozialen und die kulturellen (Überzeugungssysteme) Voraussetzungen bei der Lösung der Aufgabe von Interpretation annäherungsweise als mehr oder weniger bekannt voraussetzen. Bei der *RI* wird dieses Problem durch die Übergangstheorien (passing theory) zu lösen gesucht. In der linguistischen, aber auch ethnologischen Feldforschung stellt sich somit immer auch die Frage nach der Berücksichtigung von Hintergrundtheorien, die der Interpret für die Festlegung der Übersetzung heranzuziehen hat. Daran können Übersetzungen scheitern. Im Falle der Erstübersetzung sind nur sehr wenig Annahmen und Behauptungen über den Sprecher und seine Umwelt zugelassen. Sie beschränkt sich auf das beobachtbare Verhalten und die Zustimmung zu und Ablehnung von Sätzen. Insofern sind verschiedene Übersetzungen denkbar. In der empirischen Feldforschung sind die Behauptungen und Annahmen über den Sprecher und seine Umwelt zwar hypothetisch, sie werden aber dadurch eingegrenzt, dass z. B. der Sprecher die Sprache einer bestimmten Ortsgemeinschaft spricht und einem bestimmten Kulturtyp zugeordnet werden kann. Dieses *Wissen* dient dazu, die Erstübersetzungsalternativen annäherungsweise zu begrenzen.

Insgesamt ist gegen den Ansatz einzuwenden, dass die A-priori-Annahmen des Grundsatzes der Nachsicht als eine Anforderung an jede Interpretation *nicht* die Auswahl der richtigen (eindeutigen) Korrelationen zwischen sprachlichen und nichtsprachlichen Handlungen und ihrer Auslösung gewährleistet. Damit bricht aber der Ansatz in sich zusammen. Das hat Davidson anscheinend geahnt, da er bei der *RI* und der Reinterpretation der Unbestimmtheit der Übersetzung (Quine) davon ausgeht, dass viel Theorien ihre Aufgabe übernehmen können.

4. Kausalitätsbegriff und Gesetzesbegriff

Inhalt (a) Kausalitätsbegriff 1. Problembezug, 2. Kausalitätsbegriffe, (b) Noch einmal: Humes Problem 1. Singuläre Kausalaussage und kausale Gesetze, 2. Notwendige und hinreichende Bedingungen, 3. Keine hinreichende Bedingungen, 4. Problemlösungsstrategie, (c) Strikte Gesetze und Ceteris-paribus-Gesetze, 1. Gesetzesbegriff, 2. Kommentar zu NK, 3. A-priori-Interpretation, (d) Status singulärer Aussagen 1. Singuläre Kausalaussagen und nomologische Kausalitätsaussagen, 2. Erfahrungsbegriff, 3. Begründung der deduktiven Erklärung und dead end.

(a) Kausalitätsbegriff

1. Problembezug. Ein zentraler Problembezug der Debatte über mentale Kausalität ist der Kausalitätsbegriff. Die Erörterung von Davidsons Gesetzesbegriff zeigt im nächsten Abschnitt die mit ihm einhergehenden Problembezüge auf. Dabei bleibt oft unberücksichtigt, dass in der Fachliteratur unterschiedliche Kausalitätsbegriffe vorliegen. Insofern ist auf die verschiedenen Kausalitätsbegriffe einzugehen. Sie betreffen sowohl erkenntnistheoretisch und ontologische Fragen. Davidson z.B. optiert für einen ontologischen grobkörnigen Ereignisbegriff und für die Unterscheidung zwischen strengen Gesetzen, die eine kausale Erklärung bereitstellen sollen und singulären Kausalaussagen (I 1. (c), in diesem Buch). Die einzelnen Kausalitätsbegriffe werden an dieser Stelle nur zusammengestellt, auf einige ihrer Folgeprobleme hingewiesen und nicht im Einzelnen weiter in die Tiefe ihres Problembezugs erörtert. Das soll der Orientierung dienen. Die unterschiedlichen Kausalitätsbegriffe sind in der Fachliteratur gut erforscht, da er ein Standardproblem der wissenschaftstheoretischen und philosophischen Analyse ist. Es ist nicht der Anspruch, dabei etwas Neues herauszufinden. Im Folgenden ist die Orientierung an der Darstellung von Kutschera hilfreich. Diese Vorgehensweise empfiehlt sich, bevor zu dem Problem der mentalen Kausalität, dem Einwand des Eigenschaftsphänomenalismus und zu den Gegenargumenten übergegangen wird.

Es ist dabei im Blick zu behalten, dass zwischen Verursachung und Erklärung zu unterscheiden ist. Die Verursachung von etwas ist eine Relation in der Welt, und zwar unabhängig davon, ob wir diese Verursachung erkennen. Insofern ist der Begriff der Verursachung ein ontologischer Begriff. Die Erklärung antwortet dagegen auf die Frage „Warum sich x ereignet" und ist ein erkenntnistheoretischer Begriff. Diese Unterscheidung wird weitgehend von Philosophen und Wissenschaftlern geteilt. Einige Philosophen gehen bei dem erkenntnistheoretischen Problem der Erklärung von kausalen Beziehungen von der Ramsey-Lewis Auffassung aus, die besagt, dass wir die Rede von Naturgesetzen mit der „besten Theorie unserer wissenschaftlichen Erklärung“ analysieren. Der übergreifende Problembezug ist dabei die Beantwortung der Frage „Was ist ein Naturgesetz?“.

Es ist an dieser Stelle noch darauf hinzuweisen, dass bei der Analyse des Erklärungs- und Gesetzesbegriff Davidson von einer wissenschaftstheoretischen Voraussetzung ausgeht. Er unterscheidet *homonome* von *heteronomen* Verallgemeinerungen. Die homonomen Verallgemeinerungen verweisen auf das Vokabular eines abgeschlossenen Gesetzes und sie sind intern zu verbessern. Die Geltung der Gesetze verdankt sich in diesem Fall einer „umfassenden abgeschlossenen Theorie“. Bei heteronomen Verallgemeinerungen ist das nicht der Fall. Die Exemplifizierungen dieser Verallgemeinerungen mögen nahe legen, dass es bei ihnen ein präzises Gesetz gibt. Es ist aber erst dann formulierbar, wenn wir die Sprache wechseln. Aus dieser Sicht ist das praktische Wissen meistens als ein heteronomes Wissen einzustufen. Die Verallgemeinerungen haben somit den Status von Faustregeln, die keine theoretische Grundlage haben (Davidson 1970, 1985: 308-309, zum Beispiel der Längenmessung: 309-311).

2. Kausalitätsbegriffe. Von Kutschera (1993: 43-51, 2003: 71-74) unterscheidet drei Hume-Kausalitätsbegriffe und einen nicht-humeschen Kausalitätsbegriff. Den Interpretationen ist G. Strawsons Reinterpretation von Humes Kausalitätsbegriff hinzuzufügen.

Hume-Kausalitätsbegriffe (Regularitätstheorie)

Unter den traditionalen Interpretationen Humes ist nicht bestritten worden, dass bei Hume eine erkenntnistheoretische Interpretation der Rede von einer „notwendigen Verbindung“ vorliegt und dass es für ihn in einem metaphysischen Sinn keine notwendige Verbindung in der Welt gibt. Die Verursachung von ___ ist deshalb eine konstante Verbindung als eine Regularität der Art, dass „a verursacht b“ nichts anderes als eine passende asymmetrische Relation ist. Keine Beobachtung eines Ereignisses gewährleistet, die Kenntnis seiner kausalen Geschichte. Humes Erkenntnistheorie besagt, dass alle Ideen ihren Ursprung in Eindrücken (impressions) haben („Ideen = Begriffe“?). Eindrücke sind Perzeptionen. Es gibt keine Erfahrung von notwendigen Verbindungen. Das übergreifende Bezugsproblem ist die Frage „Was ist ein Naturgesetz?“.

1. An erster Stelle ist *Hume selbst* anzuführen. Nach Hume ist Kausalität dadurch zu beschreiben, dass das Ursachenereignis dem bewirkten Ereignis in der *Zeit unmittelbar vorherge*ht, es liegt eine *räumliche Kontinuität* und eine *konstante Verbindung* von Ursache und Wirkung vor. Kausalität ist nicht direkt zu beobachten, d. h. wir beobachten nur die Abfolge von Ereignissen, aber wir beobachten nicht direkt die Verursachung. Insofern ist die Ursache-Wirkung-Beziehung keine notwendige Folgebeziehung. Die konstante Verbindung von Ursache und Wirkung besagt, dass zwei Ereignisse kausal durch eine allgemeine Regularität zu erklären sind (Hume: objektive Kausalität als philosophischer Kausalitätsbegriff). Das ist der subjektive Erwartungswert bzw. Sicherheit mit einer hohen Wahrscheinlichkeit für beobachtbare Ereignisfolgen. Die *ontologische* Version dieser Regularität besagt, dass jede einzelne Kausalbeziehung wirklich eine Instanz einer allgemeinen Regularität ist. Die *linguistische* Version besagt, dass der Begriff Verursachung, d.h. jede singuläre Aussage, wie z.B. der Kurzschluss verursacht den Zimmerbrand, durch ein Kausalgesetz gestützt ist. Die logischen Beziehungen und ihre Analyse, z.B. die logische Implikation, sind ihrerseits von kausalen Beziehungen zu unterscheiden. Eine Variation, die auch Davidson vertritt, besagt, dass nicht jede singuläre Aussage ein bestimmtes Gesetzt impliziert, sondern, dass es ein Gesetz gibt (zu Humes Kausalitätsbegriff: Searle (1983) 1987: 146-152).

Die bekannten *Einwände* gegen Hume sind:

(a) die Regularitätstheorie unterscheidet nicht zwischen Ursache und Wirkung sowie einer gemeinsamen Ursache. Das in der Literatur immer wieder erwähnte Beispiel ist von Mill: Wenn die Uhr 12 schlägt, dann gehen die Beschäftigten eines Unternehmens in London und Manchester in die Mittagspause. Insofern könnte man behaupten, dass die Beschäftigten des Unternehmens in Manchester dann in die Mittagspause gehen, wenn in London die Uhr 12 Uhr schlägt. Das ist aber eine sinnwidrige Aussage. Die zugeschriebene Ursache ist in diesem Fall nur eine vorhergehende Wirkung, dass es 12 Uhr schlägt, als einer gemeinsamen Ursache.

(b) Ein anderer Einwand ist, dass die meisten kausalen Erklärungen, die wir im Alltag und den Wissenschaften geben, ohne die Kenntnis von Antecedenzbedingungen und allgemeinen Gesetzesaussagen erfolgen, z.B. „Peter bricht sich den Arm, weil er auf der vereisten Straße ausrutscht", entspricht nicht den genannten Bedingungen. Bei diesen Fällen verfahren wir bei der Erklärung so, dass wir weitere Information heranziehen, um die kausale Aussage zu begründen, z.B. „Peter hat an seine zu erledigenden Aufgaben auf seinem Arbeitsplatz gedacht und war dabei nicht gegenwärtig genug, als er auf die Straße trat oder er war nicht gewandt genug, um sich beim Ausrutschen auf der vereisten Straße aufzufangen". An diesem Verfahren erkennen wir, dass wir die Antecedenzbedingungen nicht in jedem Fall als konstant vorauszusetzen sind und wir keine Gesetze kennen, die das Ereignis erklären.

2. *Wahrscheinlichkeitstheorie der Kausalität.* Suppes (1970) interpretiert die Kausalrelation als eine wahrscheinlichkeitstheoretische Beziehung. Der Erwartungswert bzw. die subjektive Sicherheit wird als ein Grad der subjektiven Wahrscheinlichkeit interpretiert, d. h. die Erwartung, die eine Person *X* zu einem bestimmten Zeitpunkt im Hinblick auf das Eintreten eines Ereignisses hat.

1. Das ist eine bedingte Wahrscheinlichkeit in dem Sinne, dass ein beliebiges Ereignis *E* wäre für die Person *X* die Ursache eines weiteren Ereignisses *E'*, welche die Person aufgrund von *E* zuordnet.

2. Die Wahrscheinlichkeit würde in diesem Fall nahe bei der Wahrscheinlichkeit von Eins liegen. Wenn wir davon ausgehen, dass die Wahrscheinlichkeit von *E* größer als Null ist, dann ist eine bedingte Wahrscheinlichkeit von *E'* durch die Voraussetzung *E* die Wahrscheinlichkeit für das Zusammenauftreten von *E* und *E'*, das durch die Wahrscheinlichkeit von *E* zu teilen ist.

Dieser Gedanke der Wahrscheinlichkeitsinterpretation von Kausalität wird von Suppes verallgemeinert.

3. Suppes lässt es dabei offen, ob es sich um eine subjektive oder eine objektive Wahrscheinlichkeit handelt.

> *E* ist Ursache von *E'*, wenn die Wahrscheinlichkeit von *E'* aufgrund von *E* höher ist als die nichtbedingte Wahrscheinlichkeit von *E'*, *E* und *E'* tatsächlich stattfinden und E früher ist als E' (von Kutschera 1993: 46).

Von Kutschera (1993, 47-48) erhebt gegen diesen Ansatz mehrere Einwände. Der stärkste Einwand ist, dass eine wahrscheinlichkeitstheoretische Interpretation von Kausalität keine hinreichenden Bedingungen angibt, mit der wir das Eintreten eines Ereignisses erklären. Gehen wir z. B. davon aus, dass an einem Kobrabiss 80 Prozent der Gebissenen sterben, so ist das eine Erklärung, warum Peter an dem Kobrabiss stirbt. Da aber 20 Prozent an diesem Biss nicht sterben, so lässt sich der Tot von Peter nicht mit Sicherheit voraussagen. Peter hat z. B. Glück gehabt und überlebt den Biss der Kobra. Das ist keine so ganz befriedigende Antwort, da wir zumindest an der Angabe von hinreichende Bedingungen für das Eintreten von Ereignissen interessiert sind und nicht nur an der Information über wahrscheinlichkeitstheoretische Relationen (zu Suppes: von Kutschera 1993: 45-48).

3. *Kontrafaktische Analyse von D. Lewis und Mackie.* Lewis (Couterfactuals) beansprucht die Frage nach dem, was Verursachung ist, durch die kontrafaktische Abhängigkeit zu beantworten.[4] Damit nimmt er eine Reinterpretation von Hume vor. Sie besagt „x ist kontrafaktisch von y abhängig: genau dann, wenn sich y nicht ereignet hätte, so würde x nicht eintreten". „A verursacht B" heißt somit, dass „B kontrafaktisch von A abhängig ist". Die Aussage beansprucht somit hinreichende Bedingungen für die kausale Aussage. Der Problembezug ist dabei, was die Wahrheitsbedingungen einer kontrafaktischen Aussage sind, d. h., was macht sie wahr bzw. falsch. Der Anschnitt sollte klar genug sein, um D. Lewis Ansatz zu erfassen.

> As to the notion of causality, Lewis understands it, in contrast to Hume, more or less as a relation between singular events. Here again Lewis's modal realism plays an important theoretical role, for he analyses causal relatedness in terms of a special relation of counterfactual dependence, and not as most Humeans would like to have it in terms of de facto regularities. Hume himself already had something similar in mind when he claimed that if the cause that not occurred, the effect would never had existed. This Humean idea is where Lewis's counterfactual analysis starts.
>
> 1. Event *e** depended causally on event *e* in the actual world means roughly for Lewis that event *e** was counterfactually dependent on event *e*. Has the captain of the Exxon *Valdes* not consumed as much alcohol as he did, the Exxon *Valdes* would never have polluted the coastline of Alaska. To accept a causal dependence between the captain's drinking und the pollution of Alaska's coastline is to assume this counterfactual to be true in our world.
>
> 2. In general, let *e* and *e** be two actual occurring events in our world w_a. The statement that the *e** was causally dependent on the occurrence of *e* in w_a requires for its truth, the truth in w_a of the correspon-

4 Zu D. Lewis kontrafaktischen Analyse von Kausalität: von Kutschera 1993: S. 43-45, zur kontrafaktischen Analyse mentaler Kausalität: Kapt. I 3., zu Lewis: III, in diesem Buch, Preyer und Siebelt 2000: 4-8, Armstrong 2001: 163-176. Zur Einführung in die Philosophie und den modalen Realismus von D. Lewis: Preyer und Siebelt 2000: 1-24. Demjenigen, der sich für die Philosophie von D. Lewis interessiert, ist die Einführung zu empfehlen. Damit hat er eine erste Orientierung über den Ansatz, von dem aus er sich dem Studium der Texte von D. Lewis zuwenden kann. Zur kontrafaktischen Analyse von mentaler Kausalität: Kap. 6 in diesem Buch.

> ding counterfactual claim: Had event *e* not occurred, event *e** would not have occurred either. And that counterfactual claim about the occurrence and non-occurrence of events in w_a is true in it iff some possible world w_i in which event *e* does not occur and event *e** does not occur is more similar to w_a than any other possible world w_2 in which *e* doer not but *e** does occur. The causal relation is then defined as the transitive closure of the relation of counterfactual dependency. (Preyer und Siebelt 2000: 7-8)

D. Lewis kontrafaktische Analyse von Kausalität hat viele Philosophen nicht überzeugt. Von Kutschera (1993: 43-45) wendet z. B. dagegen ein:

1. Die Abhängigkeit *e** von *e* ist eine faktische Abhängigkeit. Daraus ist aber nicht zu folgern, dass *e* wirklich eingetreten ist oder eintritt. Bei dieser Voraussetzung, ist nicht zu folgern, dass *e** nicht die direkte Ursache von *e* ist. Die Kausalrelation ist asymmetrisch, insofern kann nicht e* die Ursache von *e* sein. Aus der Abhängigkeit von e und e* ist auch nicht zu folgern, dass die Ursache *e* früher eintritt als *e**. Lewis würde dem entgegenhalten, dass er nicht etwas empirisch vorwegzunehmen beansprucht. Dazu gehört die zeitliche Asymmetrie von Ursache und Wirkung und die Wirkung eines Ereignisses auf die Ursache. Die Kausalaussagen erfordern aber die zeitliche Unterscheidung von Ursache und Wirkung, da sie sonst nicht aufgestellt werden können. Von Kutschere bezieht sich auf des Beispiel „das Barometer steigt dann, wenn der Luftdruck steigt“. Wenn wir von „*e-e**“ ausgehen, so könnte das Steigen des Barometers die Ursache für das Steigen des Luftdrucks sein. Das ist nicht plausibel.

2. Lewis beansprucht das Problem durch die Annahme von der Ähnlichkeit von Welten mit der Annahme der Zeitdimension zu lösen. Das soll die Zuordnung von Wahrheitswerten zu den Konditionalen gewährleisten. Dagegen wendet von Kutschera ein, dass die Ähnlichkeit von Welten zu vage ist und sie keine Kriterien für die Wahrheitswerte von Konditionalen und damit von Kausalaussagen bereitstellen.

3. Das Beispiel von Fine (1973: 451-458) ist in die Erörterung des Problems eingegangen:

(a) Unterstellen wir, der Satz „Hätte Nixon den Knopf gedrückt, mit dem der Präsident den atomaren Gegenschlag auslösen kann, so hätte es einen nuklearen Holocaust gegeben“, ist wahr und gehen wir davon aus, dass die Welten, in denen sich das ereignet, weniger ähnlich als die Welten sind, in denen ein Kurzschluss in der Leitung vorlag, und sich das beabsichtigte Ereignis nicht ereignet, so wäre D. Lewis Sicht des Problems „genau dann, wenn Nixon den Knopf gedrückt hätte, so wäre das beabsichtigte Ereignis nicht eingetreten“.

(b) Von Kutschera kommentiert diese Antwort damit, dass man dem Einwand nur durch Ad-hoc-Annahmen über die Ähnlichkeit möglicher Welten entgehen kann. Sofern in „*e*-*e**“ die Bedingung *e* erfüllt ist, so sind Ursachen nur als notwendige Bedingungen einzustufen. (Das ist nicht allzu weit von Armstrongs (2000) Kritik an D. Lewis entfernt.)

4. Ontologische singularistische Kausaltheorie von G. Strawson (1989, 2011). Vergleichbare Ansätze liegen auch z.B. bei J.P. Wright und Kail vor. (Zur Kritik: z.B. Broacks 1993, Ainslie 2012) Was besagt die ontologische Kausalitätstheorie?

Die neue Interpretation von Hume geht dahin, dass Verursachung nicht durch Regularitäten zu erklären ist. G. Strawson interpretiert Hume als skeptischen Realisten. Aus dieser Sicht ist die Verursachung von ___ eine reale verborgene Kraft und eine intrinsische Eigenschaft von individuellen Fällen bzw. äußeren Eigenschaften als Regularitäten. Somit sind Regularitäten keine hinreichende Bedingung für die Verursachung von ___. Der Typus von Ereignissen instanziiert deshalb die Verursachung. Nach Hume haben wir keine sensorische Idee von einer notwendigen Verbindung. Wir beobachten nur Regularitäten als konstante Verbindungen. Das ist die erkenntnistheoretische Voraussetzung dafür, dass es nach Hume keine ontologische notwendige Verbindung gibt. Regularitäten sind keine reale Essenz von Verursachung. Das heißt aber, sie gilt nicht in allen möglichen Welten. Eine notwendige Verbindung ist deshalb eine erkenntnistheoretische und keine metaphysische Annahme. Insofern ist die Frage zu beantworten: Was ist Verursachung in jeder möglichen Welt? Der Problembezug dabei ist, ob die Regularitäten in anderen Welten durch unterschiedliche Kräfte zu erklären sind. G. Strawson interpretiert Hume dahingehend, dass kausale Kräfte verbürgen, dass in der Realität gerade solche Realitäten vorzufinden sind, von denen wir erkennen, was für eine „Realität“ vorliegt, z.B. die Gravitationskraft. Es wird dabei vorausgesetzt, dass wir in der Theoriekonstruktion der Naturwissenschaft kausale Kräfte zulassen. Das ist nicht ganz selbstverständlich. Für Mach ist das ein Mythos, Russell ersetzte den Kraftbegriff durch funktionale Aussagen und Planck durch Zustandsbeschreibungen.

Es ist nicht erforderlich, dem Argument von G. Strawson und seiner Hume-Interpretation im Einzelnen weiter nachzugehen. (Dazu: Broacks 1993, Ainslie 2012). Seine Kritiker, z.B. Broacks und Ainsilie, weisen darauf hin, dass G. Strawsons Textbelege bei Hume sehr schmal ausfallen. Eine Textbeleg gegen die Regularitätsinterpretation von Kausalität, in der sich Hume auf verborgene Kräfte bezieht, die den sichtbaren Regularitäten zu Grunde liegen, ist z.B. „those powers and forces, on which [the] regular course and succession of objects totally depends“ und „the power or force, which actuates the whole machine, is entirely concealed from us". (Hume 2014: 55, 63) Hinzukommt, dass Hume nicht viel über die Wirkungsweise von kausalen Kräften sagt. Das Motiv für eine solche Interpretation ist auch, dass viele Philosophen, z. B. Searle, auf eine Distanz zum Regularitätsbegriff von Kausalität gehen und die Option für die Annahme von kausalen Kräften, die wir in der Philosophie seit den 1990er Jahren beobachten.

Der Umstand, dass Hume nicht viel über kausale Kräfte schreibt, ist für G. Strawsons Interpretation ein Problem, das nicht so ohne weiteres auszuräumen ist. Damit wird aber noch nicht die Annahme oder Ablehnung von kausalen Kräften in der naturwissenschaftlichen Theoriekonstruktion begründet. Der Problembezug besteht ganz unabhängig von irgendeiner Hume-Interpretation. Das ernst zu nehmende Folgeproblem ist weniger die Hume-Interpretation, sondern die Begründung des Kraftbegriffs in den Naturwissenschaften. Dazu gehört auch, ob wir reale Essenzen (Locke) in unserer Ontologie zulassen. Mit der Annahme von kausalen Kräften soll Humes Skepsis des induktiven Schließens ausgeschaltet werden. Es gibt aber immer wieder Philosophen, die dahingehend argumentieren, dass sich die Zukunft von der Vergangenheit unterscheidet. Wir sind deshalb nicht berechtigt, von der Vergangenheit auf die Zukunft zuschließen. Das macht insofern Sinn, da in der Zeitdimension die gegenwärtige Zukunft und die zukünftige Gegenwart nicht übereinkommen. Das gilt auch dann, wenn der Unterschied zwischen beidem einen geringen Wahrscheinlichkeitswert hat.

Nichthumeiansche Kausalitätstheorie

5. Modallogische Theorie der Kausalität. Die modallogische Theorie setzt einen Bereich von indeterministischen Weltverläufen voraus. Setzen wir voraus, dass die Zeitdimension und ihr Verlauf unserer Welt als ein Baum beschrieben ist und seine Zeitachse weist nach oben, so ist diese Welt indeterministisch, wenn zu einigen Zeitpunkten von diesem Stamm Äste abzweigen. Sie stellen alternative Weltverläufe dar. Deshalb können sich in jedem Verzweigungspunkt andere Weltverläufe ergeben, die nicht durch den gegenwärtigen und vorliegenden Zustand festgelegt ist. Insofern ist die uns gegebene Welt nur eine unter möglichen Weltverläufen (zu den Bestimmungen von notwendig, möglich und zufällig: von Kutschera 2003: 49). Von Kutschera (1993: 49) präzisiert die modallogische Kausalitätstheorie, „eine Ursache des Ereignisses *E'* ist ein Ereignis, mit dessen Eintreten das von *E'* erst notwendig wird" dadurch:

> Ein Ereignis *E* ist Ursache des Ereignisses *E'*, wenn es einen Zeitpunkt *t* gibt, in dem *E* beginnt, und wenn es in *t* notwenig ist, dass *E'*

eintritt, falls *E* eintritt, während das Eintreten von E‘ in t noch nicht notwendig ist, E‘ aber vom Beginn seines Eintretens an notwendig ist (von Kutschera 1993: 49).

Diese Version der Kausalitätsinterpretation weicht von der Regularitätstheorie in den Punkten ab:

1. Die Instanzen von Ursachen sind Zufallsereignisse oder freie Handlungen.

2. Die Wirkungen sind selbst nicht als Ursachen einzustufen. Deshalb gibt es auch keine kausale Ketten. Jede Ursache ist als eine Erstursache einzustufen. Das ist dadurch begründet, dass eine Erstursache nicht von ihrem Anfang an als notwendig Ursache einzustufen ist, aber bei Wirkungen ist diese Einstufung vorzunehmen. Das unterscheidet diesen Ansatz von der Regularitätstheorie.

Von Kutschera wendet gegen diesen Kausalitätsbegriff ein, obwohl er mit ihm sympathisiert, dass uns die modallogischen Theorie nicht in die Lage versetzt, alle Fälle von Kausalität zu klassifizieren. Unsere normales wissenschaftliches und alltägliches Erkenntnisinteresse richtet sich z.B. durchaus auf Erstursachen, die den Verlauf von Ereignissen bewirken und Ereignissen als Ursachen, die dem zu erklärenden Ereignis als Wirkung zeitliche nahe vorhergehen.

(b) Noch einmal: Humes Problem

1. Singuläre Kausalaussage und kausale Gesetze. Humes Kausalitätsbegriff hat eine lange Wirkungsgeschichte nach sich gezogen. Es empfiehlt sich deshalb, darauf nocheinmal einzugehen. Es wurden bereits Einwände gegen seinen Kausalitätsbegriff behandelt, aber sie sind noch genauer zu fassen. Daran hat sich zu bemessen, ob sein Kausalitätsbegriff so zu verbessern ist, dass wir ihn weiter mitführen. Das vorgetragene Argument ist nicht neu. Es findet sich bei unterschiedlichen Autoren. Wir erkennen daran aber ein sehr grundsätzliches Problem, dass, wie bereits erwähnt, nicht alle singulären Aussagen ein Gesetz implizieren bzw., dass es ein Gesetz gibt und die Wissenschaftler daran scheitern, es zu finden. Die Diskussion ist mittlerweile weit fortgeschritten, und es gibt immer wieder Rettungsversuche von Humes Kausalitätsbegriff. Searle geht z.B. davon aus, dass der Kausalitätsbegriff Humes ein Desaster und nicht zu erneuern ist. Er geht eher von einem wissenschaftlichen Realismus aus und akzeptiert die Annahme von kausalen Kräften in der Theoriekonstruktion der Naturwissenschaft. Zu empfehlen ist als Orientierung über die weiteren grundlegenden Probleme die Untersuchung von Pap (1955, 111-123). Pap ist auch dahingehend zuzustimmen, dass die Frage nach dem Entstehen der Kausalitätshypothese als ein psychologisches Problem nicht mit dem erkenntnistheoretischen Problem ihrer Begründung zu verwechseln ist. (Pap 1955: 124)

Für Humes Kausalitätsbegriff ist die Unterscheidung zwischen *singulären Kausalaussagen* und *kausalen Gesetzen* die leitende Voraussetzung. Eine singuläre Kausalaussage besagt, dass ein einzelnes Ereignis ein anderes singuläres Ereignis verursacht, z.B. „Peter starb bei einem Autounfall". Ein kausales Gesetz besagt, dass ein Ereignis von einer bestimmten Art immer ein Ereignis einer anderen Sorte verursacht. Die beiden Ereignisse sind durch eine konstante Regularität verbunden, d.h. die singuläre Kausalaussage „*A* verursacht *B*" ist als „*A* ist mit *B* durch eine Regularität verbunden (konstante Verbindung)". Der Kausalbegriff Humes geht somit davon aus, dass *jede singuläre Kausalaussage eine Regularität impliziert.* Es ist somit im Blick zu behalten, dass nach Humes Kausalitätsbegriff „Kausalität" besagt, dass bei „Zwei Ereignisarten *A* und *B* ist das Ereignis A mit dem Ereignis B regelmäßig verknüpft ist".

2. Notwendige und hinreichende Bedingungen. Wenden wir Humes Kausalitätsbegriff auf den Satz „Peter starb bei einem Autounfall" an, so ist er wie folgt zu interpretieren:

1. „Der Unfall war ein Ereignis, das zeitlich vor dem Tod von Peter stattfand, und der Autounfall ist mit Peters Tod regelmäßig verknüpft".

2. Wenn wir den Teil des Satzes der zweiten Interpretation der regelmäßigen Verknüpfung beschreiben, dann würde daraus folgen, dass „Ein Unfall ereignete sich vor dem Tod von *x* und in allen Fällen, wenn *x* stirbt, dann ereignet sich ein Unfall". Wir erkennen aber intuitiv sofort, dass der erste Satz widerspruchsfrei zu dem wahren Satz

3. „Der Tod von jedem *x* ist nicht durch einem Autounfall verursacht" behauptet werden kann. Der zweite Satz ist aber nicht widerspruchsfrei mit dem ersten Satz zu behaupten.

Kommen wir auf den Satz „„„Das Pumpen von vergiftetem Wasser in die Wasserleitung vergiftet die Hausbewohner" ist wahr" als Beispiel zurück.

1. Notwendige, hinreichende Bedingung (1)[5]

(a) Ist „das Pumpen von vergiftetem Wasser in der Wasserleitung" ein notwendige Bedingung für das Vergiften der Bewohner des Hauses?

5 Die Unterscheidung zwischen *hinreichender* und *notwendiger* Bedingungen ist im Alltag oft nicht geläufig und ihre Unkenntnis führt zu falschen Schlüssen und

Die Antwort darauf ist „Nein", da die Hausbewohner durch Umweltfaktoren vergiftet wurden.

(b) Ist „das Pumpen von vergiftetem Wasser in der Wasserleitung eine hinreichende Bedingung für das Vergiften der Bewohner des Hauses?

Auch darauf ist die Antwort „Nein", da die Hausbewohner durch das Essen von vergiftetem Fisch vergiftet wurden.

(c) Wenn „das Pumpen von vergiftetem Wasser in die Wasserleitung" ein notwendige Bedingung ist, dann ist sie keine hinreichende Bedingung für „das Vergiften der Hausbewohner".

(d) Wenn „das Pumpen von vergiftetem Wasser in der Wasserleitung" eine hinreichende Bedingung ist, dann ist sie keine notwendige Bedingung für „das Vergiften der Hausbewohner".

Verwirrungen. Auch bei Akademikern kann man die Kenntnis der Unterscheidung nicht ohne weiteres voraussetzen. Eine *hinreichende Bedingung* ist ein Ereignis der Art C_1 nur dann, wenn das Eintreten eines anderen Ereignisses von der Art E, d.h. das Eintreten des Ereignisses e selbst, keine weitere Bedingung impliziert. Eine hinreichende Bedingung „p" besagt deshalb, „q" tritt ein, wenn „p" eintritt. Somit gilt, dass „$p \rightarrow q$", z.B. wenn x Zyankali zu sich nimmt, dass stirbt x. Das ist eine hinreichende Bedingung für seinen eintretenden Tod. Das ist aber keine notwendige Bedingung, da der Tod von x auch eine andere Ursache haben kann. Es gilt also nicht, da das Trinken von Zyankali keine notwendige Bedingung für den Tod von x ist. Würde es sich so verhalten, dann würde x zur dann sterben, wenn er Zyankali zu sich nimmt. Eine *notwendige Bedingung* impliziert im Unterschied dazu, die Erfüllung von weiteren anderen Bedingungen. Das ist so auszudrücken „$\sim p \rightarrow \sim q$" und ist mit „$q \rightarrow p$" äquivalent. In der Logik ist „nur, wenn" zu „wenn" konvers. Wir können das mit „$q \rightarrow p$" so lesen „nur, wenn p, dann q". „p" ist somit eine notwendige Bedingung für „q", z.B. nur wenn ein Sehtests vorliegt, erfolgt die Zulassung zur Führerscheinprüfung. Eine *notwendige und hinreichende Bedingung* ist davon zu unterscheiden, z.B. ohne einen Rest durch 2 teilbar zu sein ist ein hinreichende und notwendige Bedingung dafür, dass die Zahl gerade ist. Bikonditional: „$p \equiv q$" und „$p \rightarrow q \wedge (q \rightarrow p)$" sind logisch äquivalent. „p" ist eine hinreichende und notwendige Bedingung für „q". Die kurze Erklärung soll dem Leser, sofern er nicht intuitiv mit den Unterscheidungen vertraut ist, darüber die Lesarten von hinreichenden, notwendigen sowie hinreichenden und notwendigen Bedingungen informieren. Er kann sie in jedem Logikbuch nachschlagen. Sie sind für strikte Gesetze relevant, da sie hinreichende und notwendige Bedingungen instanziieren. Man hört und liest immer wieder von Naturwissenschaftlern den Satz „Die Naturgesetze gelten überall". Das ist nicht nur eine ontologische Version des Gesetzesbegriffs, sondern diese Geltung instanziiert hinreichende und notwendige Bedingungen für das Eintreten von Ereignissen.

2. *Notwendige und hinreichende Bedingung (2)*
Allgemeine Quantifikation
Ist die allgemeine Quantifikation „$(\forall x)\ (x \rightarrow y)$“ gültig?
x = Das Pumpen von vergiftetem Wasser in der Wasserleitung.
y = Das Vergiften der Hausbewohner.

Wenn wir eine allgemeine Quantifikation als ein striktes Gesetz instanziieren, dann sind dazu notwendige und hinreichende Bedingungen gefordert.

Auf die Frage „Ist die allgemeine Quantifikation gültig?“ ist wiederum mit „Nein“ zu antworten, da „*x*“ keine notwendige und hinreichende Bedingung ist.

1. Das Eintreten des besonderen Ereignissee e der Art E setzt die Erfüllung eine Menge von Bedingungen voraus: $c_1, c_2, \ldots c_n$ der Art $C_1, C_2, \ldots C_n$.
2. Wenn wir annehmen, dass die Bedigungen $c_2, \ldots c_n$ erfüllt sind, dann wählen wir ein c_1 aus und markieren das Ereignis als die Ursache von *e*, wenn sich *e* in der Nähe von c_1 ereignete. Das mag bedeuten, das C_1 in der besonderen Situation eine notwendige Bedingung von *e* ist.
3. Es ist aber nicht zu schließen, dass die Ereignisse *C* im Allgemeinen notwendige Bedingungen für das Eintreten des Ereignisses der Art *E* sind, d. h. $(\forall x)\ (\exists x) \rightarrow (\exists y)\ ((x \text{ folgt } (\exists y) \wedge C_1 y))$.
4. Die Aussage, dass ein besonderes Ereignis c_1 in einer besonderen Situation der Art *S* eintritt ist eine notwendige Bedingung eines anderen Ereignisses e: In allen Situationen der Art *S* ist C_1 eine Anfangsbedingung des Eintretens der Art des Ereignisses *E*.

Folgerung:
6. Die Aussage c_1 „die Ursache eines Ereignisses der Art *e*“ kann somit derart interpretiert werden, dass c_1 in einer besonderen Situation eine hinreichende Bedingung von *e* ist. Aber daraus ist nicht zu folgern, dass $(\forall x)\ (\exists x) \rightarrow (\exists y)\ ((x \text{ folgt } y) \wedge \exists y))$.
7. Daher ist zu schließen, dass e_1 die Ursache von *e* sein mag. Das gilt sogar für die allgemeinen Aussagen:
(a) „Ereignisse der Art C_1 sind notwendige Bedingungen von Ereignissen der Art *E*“ und
(b) „Ereignisse der Art C_1 sind hinreichende Bedingungen der Ereignisse *E*“ ist falsch. (Pap 1955: 113-114)

Damit haben wir aber keine eindeutige Antwort auf die Ereigniskausalität in einem situationsübergreifenden Sinn gegeben. Wir haben somit die Anfangsbedingungen zu erforschen, die kausalen Erklärungen vorausgesetzt sind.

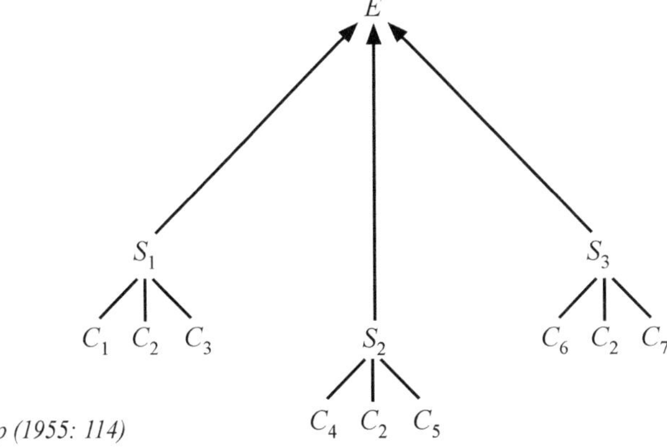

Pap (1955: 114)

3. Keine hinreichenden Bedingungen. Pap (1955: 114) erläutert den Problembezug, dass S_1, S_2 sowie S_3 als bestimmte Umstände keine hinreichenden Bedingungen sind:

Paps (1955, 114-115) Argument ist gut nachzuvollziehen. Es besagt, dass C_1 innerhalb von S_1 eine notwendige, aber im Unterschied zu C_2 keine allgemeine notwendige Bedingung ist. Er bezieht sich dabei auf Mills Annahme der „Pluralität" und „Komplexität" von Ursachen. Bleiben wir bei dem Beispiel des Pumpen von vergiftetem Wasser in die Wasserleitung des Hauses mit dem sich die Hausbewohner vergiften. Wir können behaupten, dass das in die Wasserleitung des Hauses gepumpte vergiftete Wasser, die Hausbewohner vergiftet, wenn sie davon trinken. Das Pumpen von vergiftetem Wasser in die Wasserleitung ist aber keine hinreichende Bedingung für das Vergiften der Hausbewohner, wenn die Wasserleitung beschädigt ist oder die Hausbewohner von dem Wasser nicht trinken. Es ist aber auch keine notwendige Bedingung, wenn die Hausbewohner an etwas anderem sterben. Wir würden aber z.B. behaupten, dass unter bestimmten Umständen die Hausbewohner gestorben sind. Damit behaupten wir aber nicht, dass das Pumpen von vergiftetem Wasser in die Wasserleitung den Tod der Hausbewohner zu Folge hat und auch nicht, dass dem Tod der Hausbewohner das Pumpen von vergiftetem Wasser in die Wasserleitung des Hauses vorausgeht. Pap folgert zutreffend daraus, dass die singuläre Kausalaussage nur durch falsifizierende Instanzen widerlegt ist, z.B. das vergiftete Wasser ist durch die undichte Leitung ausgelaufen und die Hausbewohner sind an etwas anderem gestorben. Das leitet zu den Ducasse-Sätzen über.

4. *Problemlösungsstrategie.* Einige Autoren haben immer wieder dahingehend argumentiert, dass die Problemlösung die *Ducasse-Sätze* als eine dreistellige Relation sind (Pap 1955, 115):

„S → (x → y)".

S = Situation
S ist durch die Erfüllungsbedingungen für das Vergiften der Hausbewohner definiert als eine Definition für die singuläre kausale Aussage „a → b", wie z. B. x pumpt vergiftetetes Wasser in die Wasserleitung, die Wasserleitung ist mit dem Wasserzugang der Hausbewohner verbunden, das Gift ist stark genug, die Hausbewohner trinken von dem vergifteten Wasser …

Daher:
1. Unter den Umständen einer bestimmten Situation und einigen oder anderen Verbindungen der Situationsbestandteile bestimmt die kausale Folge in diesem besonderen Fall „das Vergiften der Hausbewohner". Die Bedingungen gehen in die Prämissen des Schlusses ein bzw. werden die Prämissen über diesen Bedingungen interpretiert. Die Anforderungen and die kausale Folge des Schlusses gilt auch für unbedingte Aussagen, welche durch kontrafaktische Konditionale gestützt sind, z. B. sofern die Bedingungen erfüllt wären, so würde das Ereignis *x* die Folge *y* haben.

2. Dabei dürfen aber Folgerungen aus Prämissen nicht mit dem Eintreten/Nicht-Eintreten von Ereignissen verwechselt werden. „Das Ereignis x hat die Folge y" ist ein Schluss, die Folge kann auf unterschiedliche Wirkungen spezifiziert werden. Das ist dann ein Problem der Belege bzw. der Verifikationsbedingungen, wie es das Beispiel des Vergiften der Hausbewohner durch das Pumpen von vergiftetem Wasser in die Wasserleitung verdeutlicht.

Wir kommen somit wieder auf der Ausgangsproblem von Humes Kausalitätsbegriff zurück. Im Unterschied zu Hume argumentieren Anscombe, Ducasse und Searle dahingehend, dass nicht jede singuläre Aussage im Allgemeinen durch ein Gesetz gestützt ist, das wir herausfinden können. (Zu Davidsons Anspruch, Ducassee und Hume (Mill) zu harmonisieren: Teil I 4 (d), in diesem Buch)

Es gibt keinen Kausalitätsbegriff, der alle Fälle abdeckt, bei denen wir von Kausalität sprechen. Dem stimmt auch von Kutschera zu. Er räumt aber auch ein, dass wir uns vom Alltagsverständnis von Kausalität zu entfernen haben, da wir an einem objektiven Kausalitätsbegriff interessiert sind und nicht nur an unserer Sicht der Welt und dem Wandel, dem sie unterliegt. Das ist deshalb im Blick zu behalten, da es zu den Grundannahmen von

Davidsons Ansatz gehört, und das gilt auch für Fodor, dass für ihn strikte Gesetze für die wissenschaftliche Erklärung gelten sollen. Bei Handlungserklärungen verwenden wir dagegen aus seiner Sicht naheliegenderweise nur Faustregeln als Verallgemeinerungen. (zur Rolle von allgemeinen Gesetzen bei der Handlungserklärung: Davidson (1976) 1980, 261-275). Das leitet zu dem Problembezug der strikten und der Ceteris-paribus-Gesetze über. Wir sind soweit vorbereitet, um die Grenzen von Davidsons Argumentation zu erkennen. Damit wird der Problembezug „Was ist ein Naturgesetz?" weiter verfolgt.

(c) Strikte Gesetze und Ceteris-paribus-Gesetze

1. Gesetzesbegriff. Die strikten Gesetze charakterisiert Davidson als Generalisierungen, deren Prädikate zum Vokabular einer umfassenden, geschlossenen Theorie gehören (Davidson 1970: 308-9, 1974: 322-23). Es handelt sich dabei um „homonome Verallgemeinerungen". Die Gesetze einer solchen Theorie sind ohne Wechsel des Vokabulars, unter Umständen durch die Hinzunahme neuer Terme im Einklang mit allen verfügbaren empirischen Belegen unbegrenzt präzisierbar. Dadurch nähern sie sich asymptotisch den Idealen höchster prognostischer Kraft und vollständiger Erklärbarkeit aller Phänomene des Bereichs der Theorie an. Solche strikten Gesetze sollen deshalb soweit als möglich deterministisch sein. Davidson sieht in der Physik – oder, vorsichtiger gesagt, in einer „finished physics" (Davidson 1993: 11) – das Paradigma einer strikten Gesetzeswissenschaft. Er räumt zwar ein, dass es nicht sicher ist, ob eine solche „ideale Theorie" deterministisch ist, aber er geht davon aus, dass, wenn überhaupt, dann ist es eine „umfassende abgeschlossene Theorie", die Gesetzen sowohl „Präzision", „Explizitheit" als auch „möglichst ausnahmslose Geltung" verleiht (Davidson 1970: 308-09). Demgegenüber könnte eingewandt werden, dass sich dieses Physikbild einer starken Idealisierung verdankt; nach Glymour (1999: 463) ist es sogar „fantastisch". Es liegt nahe, dass die Annahme einer kontinuierlichen Theorienverbesserung allenfalls zum normalen Wissenschaftsbetrieb im Sinne Kuhns passt. Den strikten Gesetzen stellt Davidson die Ceteris-paribus-Gesetze (*CP*-Gesetze) gegenüber. Sie gelten nur, wenn bestimmte Bedingungen erfüllt sind, die aber – vorläufig oder prinzipiell – nicht (restlos) explizierbar sind.

Die von Davidson in groben Zügen skizzierte Unterscheidung zwischen beiden Arten von Gesetzen ist keine unproblematische Voraussetzung seiner Philosophie des Mentalen, wie ein Blick auf die Diskussion der einschlägigen Fragen zeigt. Diese hat ein Spektrum zum Teil kontroverser Ansichten hervorgebracht. Am einen Ende steht die These, es gibt in den faktischen Wissenschaften, auch in der Physik, lediglich *CP*-Gesetze, z. B.

Cartwright und Lange. Die Gegenthese am anderen Ende besagt, dass notwendige Bedingungen der Gesetzlichkeit, wie die Möglichkeit der Bestätigung und Falsifikation, Erklärungskapazität, Stützung kontrafaktischer Aussagen, Zuordenbarkeit von Wahrheitswerten, nur von den strikten Gesetzen der Fundamentalphysik und sogenannten „near laws", die in den meisten intendierten Anwendungsfällen annähernd wahr sind, erfüllt werden. *CP*-Gesetze finden sich bloß in den Anfangsstadien nomologischer Wissenschaften (Earman und Roberts). Dazwischen liegen eine Reihe von Versuchen, den nomologischen Charakter der *CP*-Gesetze zu rechtfertigen und damit den Unterschied zu den strikten Gesetzen abzuschwächen (einen guten Überblick geben dazu z. B. Earman und Roberts 1999).

2. Kommentar zu NK. NK greift offenbar auf strikte *Kausal*gesetze zurück. Hervorzuheben ist dabei, dass es auf dem gegenwärtigen Forschungsstand für den Begriff „Kausalgesetz" keine feststehende, allgemein akzeptierte Definition gibt, sondern nur verschiedene Präzisierungsvorschläge, die stark konventionell geprägt sind. Stegmüller (1960: 183) schlägt z. B. vor, Kausalgesetze in einem engeren Sinn als „quantitative, deterministische, mittels stetiger mathematischer Funktionen darstellbare Mikro-Sukzessions-Nahwirkungsgesetze, die sich auf ein homogenes und isotropes, von bestimmten Erhaltungsprinzipien beherrschtes Raum-Zeit-Kontinuum beziehen", zu bestimmen. Als Minimalbedingungen gibt Stegmüller (1969: 461) quantitative, deterministische Ablaufgesetzlichkeit an. Am Determinismus hält Davidson, wie bereits erwähnt, nicht unbedingt fest, vermutlich, um Aussagen der Quantenmechanik über die Wahrscheinlichkeitsverteilungen von Messwerten von vornherein nicht auszuschließen.

Die in Davidson (1967a: 226) angegebene Form vollständig ausformulierter Kausalgesetze bestimmt sie als Sukzessionsgesetze und enthält keine Wahrscheinlichkeitsklauseln, jedoch den zweistelligen Relationsterm „*x* verursacht *y*". Hingegen versucht Stegmüller kausale Begriffe wegen ihrer Vagheit und Aspektabhängigkeit zu vermeiden. Auch Davidson betont, dass diese Begriffe in der Physik unzulässig sind. Deshalb können konsequenterweise physikalische Kausalgesetze nicht die in Davidson (1967: 226) genannte Form haben. Er kommt auf diese Fassung der Kausalgesetze von 1967a in seinen späteren Artikeln nicht mehr zurück. Für Davidson ist im Fortgang die grundlegende Unterscheidung entscheidend:

> ... ordinary explanations of action, perception, memory, and reasoning, as well as the attribution of thoughts, intentions, and desires, is riddled with causal concepts; whereas it is a sign of progress in a science that it rids itself of causal concepts. (Davidson 1990: 22-23)

Bei *NK* beruft sich Davidson auf andere Philosophen wie Hume und Kant als auch auf Erklärungen in den Naturwissenschaften. Seine Aussagen zu dem Problem der Kausalität und der kausalen Erklärung sind seit seinem Artikel „Handlungen, Gründe und Ursachen“ (1963) in seiner Werkgeschichte weitgehend kohärent. Sie werden noch durch ein wissenschaftstheoretisches Argument derart untermauert, dass er zwischen „homonomen Verallgemeinerungen“, die intern verbessert werden können, z. B. durch ein Gesetz, und heteronomen Verallgemeinerungen unterscheidet, bei denen das nicht der Fall ist (Davidson 1970, 1985, 308, zu Übersicht über die Werkgeschichte seiner Handlungstheorie in systematischer Absicht: Preyer 2011b).

3. A-priori-Interpretation. NK besagt, wie bereits erwähnt, jedoch nicht, dass wahre singuläre Kausalaussagen die strikten Gesetze, unter die sie fallen, einschließen (Davidson 1970: 302). Was garantiert aber dann, dass ausgehend von wahren singulären Kausalaussagen die Suche nach passenden strikten Gesetzen zum Erfolg führen muss? Warum ist es nicht möglich, dass manche singulären Kausalverhältnisse nur unter nicht-strikte Gesetze subsumierbar sind, sich bloß durch kontrafaktische Konditionalaussagen erklären lassen, wie es Woodward (1986) für Existenz- bzw. Geschehniserklärungen zu zeigen versucht hat, oder es gibt gar keine Gesetze, welche die singuläre Kausalaussage erklären? Solchen skeptischen Fragen könnte ein Anhänger von *NK* mit dem Hinweis auf seine Apriorität zu begegnen versuchen, womit er sich freilich empiristischer Kritik aussetzt (vgl. Anscombe 1975: 81, zu dem A-priori-Argument: vgl. Davidson 1995). McLaughlin (1989: 115) hält den modalen Status von *NK* und *MA* für ungewiss, schließt sich jedoch „for the sake of argument“ Davidsons Kritikern an, die sie als analytische Aussagen einstufen. Es ist demgegenüber anzumerken, dass z. B., wenn überhaupt, die Deutung dieser Prinzipien als synthetisch-apriorische Wahrheiten eine angemessenere A-priori-Interpretation wäre. Dafür spricht, dass Davidson (1970: 311) synthetisch-apriorische Grundlagen der Naturwissenschaften und Psychologie, sofern sie intentionale Zustände zu ihrem Thema hat, unterstellt und mit letzteren *MA* begründet. Da er jedoch in der Nachfolge Quines eine scharfe Grenze zwischen analytischen und synthetischen Aussagen nicht anerkennt, kann er auch nur eine graduelle Verschiedenheit synthetischer Aussagen a priori von Aussagen anderen Typs zulassen.

Nach Davidson implizieren die wahren, universalen und geschlossenen physikalischen Theorien den ontologischen Grundsatz der kausalen Geschlossenheit der physikalischen Welt (*KG*). Davidson deutet diese Theorien mit einem wissenschaftlichen Realismus. Man kann auch sagen, dieser folgt aus *NK* sowie den Annahmen, dass alle physikalischen Ereignisse kausal verbunden sind, die strikten Gesetze nur in geschlossenen physikalischen

Theorien vorkommen, sowie ihrer realistischen Deutung. Es ist dabei für den Ansatz und den Problembezug des anomalen Monismus von entscheidender Bedeutung, dass Davidson (1993: 8) das Universum im Lichte einer hochentwickelten Physik als geschlossenes System ansieht. Das gilt auch für andere Physikalisten und selbstredend auch für Quine. Nach einer anderen Begründung von *KG* würden äußere Einwirkungen auf die physikalische Welt die Erhaltungssätze für Energie und Impuls verletzen. Averill und Keating (1981) wenden dagegen ein, dass dies bloß dann zutreffen würde, wenn diese Sätze unnötig stark formuliert werden, so dass z.B. nach dem Impulserhaltungssatz der Gesamtimpuls eines Gehirns sich nur durch äußere Einwirkung physikalischer (nicht irgendwelcher, möglicherweise nichtphysikalischer) Kräfte verändern kann.

Wenn wir davon ausgehen, dass *KG* grundsätzlich nicht zur theoretischen Disposition steht, dann können empirische Daten, die sich mit den verfügbaren physikalischen und neurobiologischen Gesetzen nicht erklären lassen – etwa psycho-kinetische Effekte, von denen berichtet wird, z.B. von Varvoglis (1996) –, nur mit Hilfe einer besseren Physik oder Neurobiologie erklärt werden. Findet man keine erklärende Theorie, so geht das ausschließlich zu Lasten der Wissenschaftler, da es die gesuchten Gesetze nach letztlich *NK* geben muss.

(d) Status singulärer Aussagen

1. Singuläre Kausalaussagen und nomologische Kausalitätsaussagen. Aus der Sicht von Davidsons Ansatz ist die Kausalbeziehung im Wesentlichen nomologisch und sie beruht auf Induktion; die Erkenntnis, dass jemand aus Überzeugungen und anderen positiven bzw. negativen Einstellung handelt, ist unabhängig von induktiven Verfahren und der Kenntnis von Gesetzen. Bei den naturwissenschaftlichen Erklärungen spielen Gesetze ein wesentliche Rolle, aber bei der teleologischen Erklärung ist das nicht der Fall. Es ist zudem hervorzuheben, dass die teleologische Erklärung nicht vom Ende der Handlung, somit ihrer Folge, ausgehen kann, z.B. x schaltet das Licht an, um das Zimmer zu erleuchten. Das letzte spätere Ereignis kann nicht das frühere Ereignis des Lichtanschalten verursachen, sondern es setzt eine Absicht und ihre Ausführung heraus. (Problembezug der Teleologie: Bennett 1976: 65-67) Die naturwissenschaftlichen und die teleologischen Erklärungen können sich aber auf kausale Zusammenhänge berufen. Davidson versucht beides in Einklang zu bringen, dass aus singulären Kausalaussagen ein Gesetz folgt (Hume, Mill) und dass singuläre Aussagen kein Gesetz implizieren und wir ihre Wahrheit kennen können, ohne ein Gesetz zu kennen (Davidson 1967: 229-230).

Der Problembezug der singulären Kausalaussage ist deshalb hervorzuheben, da sie für die Analyse der mentalen Kausalität, des Ereignisbegriffs und der Interpretation von kausalen Beziehungen als zweistellige extensionale Relationen relevant sind (zu der logischen Analyse von singuläre Kausalaussagen und ihrer Kritik: Preyer 2011b: 184-192). Die singuläre Kausalaussage berührt aber auch die Frage „Ob mentale Eigenschaften real oder fiktiv sind?". Wären sie ein fiktiver ideologischer Überbau, so könnten wir ihnen keine kausalen Kräfte zuschreiben. Wären mentale Zustände fiktiv, so würde der anomale Monismus in einen Epiphänomenalismus kollabieren.

Davidson nimmt im Kontext der Beschäftigung mit Problemen der Ereignisontologie, der Handlungserklärung, der Handlungsfreiheit, der Philosophie des Mentalen und wissenschaftstheoretischen Fragen, auf die er bei der Entwicklung seiner Philosophie stößt, bestimmte Reformulierungen, Präzisierungen und Erweiterungen vor. Für das Verständnis seines Ansatzes ist die Unterscheidung zwischen singulären Kausalaussagen und kausalen Erklärungen hervorzuheben:

> ... stating causal relations (zwischen individuellen Ereignissen, d. V.) and explaining these (als bestimmte Typen der Beschreibung von Ereignissen, d.V.).
>
> Die schlichteste Erklärung eines Ereignisses nennt dessen *Ursache*: weiter ausgeführte Erklärungen geben vielleicht mehr Aufschluss über die Sachlage oder *rechtfertigen* die singuläre Kausalbehauptung, indem sie ein einschlägiges *Gesetz* anführen oder Gründe für die Überzeugung, dass es ein solches Gesetz gibt. Es ist ein *Irrtum*, zu glauben, es sei *keine* Erklärung gegeben worden, solange *kein* Gesetz genannt worden ist. Mit diesen Irrtümern ist auch die Vorstellung verbunden, dass singuläre Kausalaussagen vermittels der in ihnen verwendeten Begriffe *notwendig* auf diejenigen Begriffe *verweisen*, die in dem daraus *folgenden Gesetz* vorkommen werden. (Davidson 1963: 39, hvg. d. V.)

Ein weiteres Zitat belegt diesen Ansatz unmissverständlich:

> Das Prinzip des nomologischen Charakters der Kausalität ist mit großer *Vorsicht* zu lesen. Es besagt, dass Ereignisse, wenn sie in der Beziehung von Ursache und Wirkung stehen, *Beschreibungen* haben, die unter ein Gesetz fallen. Es besagt nicht, dass *jede* wahre singuläre Kausalitätsaussage unter ein Gesetz fällt. (Davidson 1970: 302, hvg. d.V. Zu der Beziehung zwischen Kausalgesetzen und singulä-

ren Kausalaussagen sowie der logischen Form eines Kausalgesetzes: Davidson (1967) 1985: 226-229. Er ist im Fortgang seiner Werkgeschichte auf diese Darstellung nicht mehr zurückgekommen.)

In anderen Worten, eine singuläre Aussage der Verursachung von individuellen Ereignissen, z.B. „Der Kurzschluss verursachte den Zimmerbrand", ist nicht von der Instantiierung eines Gesetzes abhängig in dem Sinne, dass die singuläre Kausalaussage ein Gesetz impliziert, es kann aber ein Gesetz geben. Wir mögen auch einen Grund dafür haben, dass es ein Gesetz gibt, aber wir kennen es nicht. (Davidson (1967) 1985: 228-229) Die singuläre Kausalaussage ist aus Davidsons (1980: 88) Sicht auf *individuelle* (einzelne, unwiederholbare und zeitliche datierte) Ereignisse durch die ontologische Reduktion vorzunehmen (Ontologie der grobkörnigen Ereignisse im Unterschied zu Kim-Ereignissen). Die singulären Kausalaussagen sollen mit den Mitteln der normalen Existenzquantifikation eines offenen Satzes als logische Form dargestellt werden, welche die ontologische Reduktion bereitstellt.

Die Kritiker und Interpreten Davidsons formulierten das Problem der mentalen Kausalität als die Frage: Können Ereignisse *als* mentale Ereignisse, d.h. durch die Kraft ihrer mentalen Eigenschaften andere, insbesondere physikalische Ereignisse bewirken? Dieses Problemverständnis lag auch den Erörterungen des vorigen Abschnitts zugrunde. Davidson (1993: 15) scheint es ebenfalls zu teilen, wenn er die mentale Kausalität in folgender Weise charakterisiert:

> But properties are causally efficacious if they make a difference to what *individual* events cause, and supervenience ensures that mental properties do make a difference to what mental events cause.

Andererseits betont Davidson in diesem Artikel (1993: 6, 13) nachdrücklich gegenüber seinen Kritikern, dass die Rede davon, dass „Ereignisse verursachen *qua* mentale oder physikalische etwas", wenn wir sie wörtlich verstehen, keinen Sinn macht. Die kausalen Beziehungen sind zweistellige extensionale Relationen zwischen *grobkörnigen* Ereignissen ohne Bezug auf ihre Eigenschaften ($K(x, y)$). Es sind keine drei- oder vierstellige Relationen mit Eigenschaften als Relata, z.B. $K^*(x, f, y, g)$. Es sind natürlich auch nicht zweistellige Relationen zwischen Entitäten, die Eigenschaften als Konstituenten enthalten, wie feinkörnige Ereignisse im Sinne Kims oder Sachverhalte.

2. *Erfahrungsbegriff.* Sind aber singuläre Kausalaussagen nicht durch Erfahrungen zu rechtfertigen? Hume und viele andere Philosophen antworten mit

„Nein". Die Erfahrung weist bloß das *post hoc*, aber nicht das *propter hoc* aus. Manche Autoren wie Anscombe (1975) und Michotte ((1946) 1963) bestreiten diese Behauptung. Für sie ist die Verursachung direkt zu beobachten. Das Beispiel von Ascombe ist, wenn jemand in ein Stück Butter schneidet, so ist die Wirkung unmittelbar von ihm zu beobachten. Beide Auffassungen müssen sich nicht unbedingt widersprechen, da der Begriff „Erfahrung" mehrdeutig gebraucht wird, je nach Inhalt und Umfang der hypothetischen und konventionellen Bestandteile, die in ihm mitgedacht werden. Es wird mittlerweile kaum mehr behauptet, dass man sich „seiner Umgebung gegenüber rein beschreibend" verhalten kann (Avenarius 1891: 27). Es ist aber durchaus berechtigt, erkenntnistheoretisch engere und weitere Erfahrungsbegriffe, die in verschiedenem Maße jene Elemente enthalten, zu unterscheiden. Dabei sind die Abgrenzungen bis zu einem gewissen Grade willkürlich. Ayers Annahme eines primären Systems ((1973) 1976: 184-85) ist z.B. als enge Erfahrung konzipiert. Seine Gegenstände haben keine dispositionalen Eigenschaften, und sie stehen in keinen Kausalbeziehungen zueinander. Auch Armstrong (1997: 214-15) akzeptiert die Unterscheidung zwischen „direct perception and perception that involves inference", sofern sie nicht zu scharf getroffen wird. Er behauptet im Anschluss an Fales, dass selbst ersterer zwei Arten der „direct perception" von Kausalimpressionen zugänglich sind, wie z.B die Druckempfindungen auf den eigenen Körper und das introspektive Erfassen von Willensakten. Dies hilft uns aber nicht dabei, Davidsons Kausaltheorie zu verstehen, denn in ihr ist innere Erfahrung, selbst bei der Begründung der Autorität der ersten Person, gerade keine Erkenntnisquelle:

> Introspection offers no solution (für die Erklärung der Autorität der ersten Person, d.V.), since it fails to explain why one's perceptions of one's own mental states should be any more reliable than one's perceptions of anything else. (Davidson 1994: 234)

In der naturalisierten Erkenntnistheorie Davidsons und Quines spielt das phänomenale Bewusstsein keine Erkenntnis konstituierende Rolle, sondern ist ein philosophischer Irrtum, den es auszuräumen gilt. Das wirft aber den Problembezug der Ontologie des Mentalen auf. Insofern ist es nicht der Fall, dass Davidson das Kapitel des Rationalismus und Empirismus geschlossen hat und der Begriff der „objektiven Wahrheit" das Problem der Erkenntniskonstitution erübrigt.

3. Begrenzung der deduktiven Erklärung und dead end. Davidson stimmt mit Hume darin überein, dass singuläre Kausalaussagen durch nomologischen

Aussagen zu begründen sind. Ansonsten unterscheiden sich ihre Kausaltheorien jedoch wesentlich. Humes moderne Nachfolger verlangen nicht, dass die begründenden Gesetzesaussagen in einer physikalischen Terminologie formuliert sein müssen. Die alltäglichen intentionalen Begriffe und Verhaltensbegriffe genügen z. B. bei der Feststellung von psycho-physischen Regularitäten. Um singuläre Kausalaussagen behaupten zu können, wird aber ein zumindest grobes, annäherndes Wissen der fundierenden Gesetze vorausgesetzt. Jene werden nicht durch sich selbst gewusst und davon ausgehend mit Hilfe von Gesetzen und Antezedensbedingungen erklärt, sondern sie enthalten bereits „stumme", wenn auch vielfach nur rudimentäre deduktiv-nomologische Erklärungen. Nach *NK* sind Kausalverhältnisse notwendigerweise Instanzen strikter Gesetze, die vermutlich nur in den Theorien einer hochentwickelten oder gar idealen Physik vorkommen. Ob sie zu den Wahrheitsbedingungen singulärer Kausalaussagen gehören, sei hier dahingestellt. Jedenfalls müssen sie nicht bekannt sein, um diese behaupten zu können.

Nun ist auch Davidson nicht der Ansicht, dass Erklärungen nur mit Hilfe strikter Gesetze möglich sind. Diese spielen z. B. bei Handlungserklärungen keine Rolle. Hier verfügen wir, wie Davidson (1976) gegenüber Hempel betont, nicht einmal über allgemeine *CP*-Gesetze, sondern bloß über Regularitäten, die sich auf Dispositionen einzelner Personen, welche ihnen vielfach nur zeitweilig zugeschrieben werden, stützen. Die Verallgemeinerungen bei der Handlungserklärung informieren und darüber, wie Personen in bestimmten Situationen handeln. Sie erklären uns aber nicht ihre jeweiligen Gründe im Sinne ihrer situativen Handlungsstrategien. Stegmüller (1969: 408) nennt diese Regelmäßigkeiten „Individualgesetze". Die gegebenen Erklärungen unterscheiden sich nach Davidson in ihrem allgemeinen logischen Charakter nicht von Erklärungen in der Physik und anderen Wissenschaften. Insofern stimmt er mit Hempel überein. Der wesentliche Unterschied gegenüber Hume und seinen empiristischen Nachfolgern, z. B. auch Hempel, besteht in der scharfen Trennung von Kausalerklärungen, die intensional sind, und extensionalen singulären Kausalsätzen. Deren unzulässige Vermengung wirft Davidson (1993: 15-16) seinen Kritikern vor. Er kann deshalb sagen, das gänzliche Fehlen psycho-physischer Gesetze erwiese nicht das Mentale als „causally inert", d. h. die Nichtexistenz psycho-physischer Kausalbeziehungen. McLaughlin (1993: 32) hält es für ganz unplausibel, dass solche Relationen als bloße „brute facts" hinzunehmen sind. Wenn „$K(a, b)$" wahr und „$K(c, d)$" falsch ist, versucht man dies aufgrund verschiedener Eigenschaften der entsprechenden Relata der beiden Ereignispaare zu interpretieren.

Zudem begreift Armstrong die Relata in singulären Kausalverhältnissen als Sachverhalte und ihre Eigenschaftskomponenten als Konstituenten dieser Verhältnisse. „... the particulars act in virtue of their properties ... a *being*

F brings it about that *b is G*“ (Armstrong 1997: 205). Gerade dagegen wendet sich Davidson, ohne eine befriedigende Antwort auf die Frage nach den Akzeptanzbedingungen singulärer Kausalaussagen zu geben. Eine Theorie der singulären kausalen Erklärung hat nach Woodward folgende Probleme zu lösen:

> *First*, an acceptable theory of singular causal explanation ought to make it clear *how* (that is, identify the structural features in virtue of which) such explanations explain and it presumably must do this by setting such explanations within the context of a general theory of *why*-explanations. ...
> *Second*, the feature in virtue of which singular causal explanations explain must satisfy certain *epistemological* requirements. Users of singular causal explanations must be able to recognize and appreciate these features and to readily ascertain whether preferred explanations provide them.
> *Third*, an acceptable theory of singular causal explanation must provide a basis for distinguishing what such explanations *explain* from what they merely *presuppose*. ...
> *Fourth*, (and this is a closely related point), an adequate theory of singular causal explanation ought to reflect, if possible, the intuition that sometimes what such an explanation explains *is* the *occurrence* of an individual event, rather than *why* an individual event has *certain properties*. (Woodward 1986: 276-278, hvg. d.V.)

Die Frage nach den Akzeptanzbedingungen von singulären Kausalaussagen bleibt bei Davidson unbeantwortet. Insofern führt ihre Diskussion, wie Woodward (1986: 271) feststellt, zu einem „dead end“. Die singulären Kausalerklärungen betreffen nach Woodward das Geschehen (nicht die Eigenschaften) einzelner Ereignisse. Es wird durch singuläre Kausalaussagen erklärt, die ihrerseits durch kontrafaktische Konditionale fundiert sind. Nur für Eigenschaftserklärungen ist das herkömmliche Covering-Law-Modell zuständig.

5. Einwand des Eigenschaftsepiphänomenalismus und Gegenargumente

Inhalt: (a) Mentale Kausalität 1. Kausale Wirksamkeit, 2. Supervenienz und mentale Kausalität, 3. Rehabilitationsversuche, (b) Erweiterung der nomologischen Begründung, 1. Eigenschaftsepiphänomenalismus, 2. McLaughlin und Fodors Einwand, (c) Kausalität nach unten, 1. Problembezug: Kausalität nach unten, 2. Emergente nicht-mentale Eigenschaften, 3. Ergebnisse

(a) Mentale Kausalität

1. Kausale Wirksamkeit. In der vorliegenden Literatur sind drei Problembezüge der Analyse von mentaler Kausalität relevant. Das ist allgemein anerkannt.

1. Das Davidson-Problem, das aus dem anomalen Monismus (anomalen Charakter der mentalen Eigenschaften) folgt. Es besagt: Wie können anomale Eigenschaften kausal wirksam sein?
2. Putnams und Burges Problem des Inhaltsexternalismus. Es hat den Problembezug „Wie die inhaltlichen Eigenschaften der mentalen Eigenschaften kausal wirksam sein können, wenn man davon ausgeht, dass die mentalen Eigenschaften innere Eigenschaften sind?“. Der Problembezug ist durch die äußere Individuierung und relationale Eigenschaft des Inhalts der mentalen Eigenschaften ausgelöst.
3. Das kausale Exklusionsproblem, das in dem Unterschied zwischen dem Ereignis der mentalen Ursache und einer physischen Ursache besteht. Wenn jedes physische Ereignis durch eine physische Ursache verursacht ist, wie ist dann eine mentale Ursache möglich, da nur Physisches eine Instanz von Verursachung sein kann?

Davidson war vermutlich der Ansicht, dass $AM + P$ eine adäquate Konzeption der mentalen Kausalität ermöglicht. Zweifelsohne schließt AM die Epiphänomenalität mentaler *Ereignisse* aus. Sie instanziieren wegen ihrer Identität mit physikalischen Ereignissen auch physikalische Eigenschaften. Deshalb können sie unter strikte physikalische Kausalgesetze fallen und in kausalen Beziehungen als Ursachen und Wirkungen stehen. Mit dieser Auskunft gaben sich jedoch eine Reihe von Kommentatoren und Kritikern in den achtziger Jahren nicht zufrieden (Honderich 1982, Sosa 1984, Kim 1989a). Die zentrale These ihrer Einwände und Interpretationen von Davidsons Philosophie des Mentalen besagt, die kausale Wirksamkeit mentaler Ereignisse garantiere nicht, dass sie *qua mentale*, d.h. kraft ihrer mentalen

Eigenschaften, kausal effizient (relevant) sind. Das Gegenteil ist der Fall, da die Kausalbeziehung zwischen zwei Ereignissen *c* und *e* durch ein striktes physikalisches Gesetz, unter das sie fallen, zu begründen ist. Deshalb sind einzig ihre physikalischen Eigenschaften kausal relevant. Nur sie – so drücken es verschiedene Autoren aus – verleihen den instanziierenden Ereignissen kausale Kräfte. Die Annahme von kausalen Kräften wird auch mit Dispositionen identifiziert. Mit der Rede von Dispositionen haben sich aber Materialisten nicht zufrieden gegeben. Für die Funktionalisten sind Dispositionen als funktionale Eigenschaften mit ihren Realisierern identisch, und für Quine sind Dispositionen physische Einrichtungen (physical threads). Es liegen auch verschiedene Ansichten über das Verhältnis von kausalen Kräften und Eigenschaften vor. Im Dispositionalismus werden (zumindest einige) Eigenschaften mit kausalen Kräften identifiziert. Im Unterschied dazu sind hingegen im Kategorialismus beide Eigenschaften zu unterschieden. Eine Synthese dieser Auffassungen schreibt Eigenschaften einen dispositionalen und einen kategorialen Aspekt zu (vgl. Armstrong 1997: Kap. 5). In empiristisch-instrumentalistischer Sicht darf die Rede von kausalen Kräften nicht im wörtlichen Sinne verstanden werden. Die kausalen Kräfte sind aus dieser Sicht reduzibel auf Aussagen über Naturgesetze. Im Unterschied dazu ist in der realistischen Interpretation eine kausale Kraft eine wirkliche Entität, die je nach Situation verschiedenen gesetzlichen Zusammenhängen zugrunde liegen kann.

MA und *NK* haben somit den mentalen Eigenschaftsepiphänomenalismus zur Folge. Dies wird als unvereinbar mit *KI* angesehen und damit die von Davidson als Pointe seiner Theorie behauptete Kompatibilität der drei Prinzipien in Frage gestellt.

2. Supervenienz und mentale Kausalität. In der Auseinandersetzung mit seinen Kritikern weist Davidson (1993) dem Supervenienzbegriff als zweite Aufgabe die Rechtfertigung der mentalen Kausalität zu. Die Epiphänomenalität der mentalen Eigenschaften ist zwar mit *AM* + *P* verträglich, aber nach Davidson nicht mit *WS*, der die Rolle einer weiteren Prämisse zukommt. Aus der Prämissenmenge *AM* + *P* + *WS* schließt er deshalb auf die kausale Effizienz der mentalen Eigenschaften. Dieses Argument liegt auch seiner Entgegnung auf den kontrafaktisch formulierten Einwand des Eigenschaftsepiphänomenalismus von Kim (vgl. (ii)) zugrunde, nach dem in *AM* + *P* alle mentalen Eigenschaften ohne Änderungen im Physikalischen weggedacht werden können. Hätte Kim recht, so Davidson, dann wäre *AM* + *P* mit jeder Form der Supervenienz des Mentalen nicht verträglich. Für *WS* trifft das aber nicht zu. Deshalb argumentiert Davidson für eine *WS*. Der kritische Punkt in dieser Argumentation ist die behauptete Unvereinbarkeit der kausalen Irrelevanz mentaler Eigenschaften und ihrer Supervenienz. Diese, auch *WS*, wären demnach die Gewährleistung von mentaler Kausalität.

Davidson kommt zu dieser Annahme durch folgende Überlegung:

* Aus der Supervenienz mentaler Eigenschaften folgt, dass zwei mental verschiedene Ereignisse sich auch in ihren physikalischen Eigenschaften unterscheiden müssen. Diese werden als kausal effektiv unterstellt. Dann ergibt sich, dass

> psychological properties make a difference to the causal relations of an event, for they matter to the physical properties, and the physical properties matter to causal relations. (Davidson 1993: 14)

Es ist aber nicht zwingend, dass sich damit das Bestehen einer mentalen Kausalität rechtfertigen lässt. Für ihren Erweis müsste man annehmen, dass nicht nur die physikalischen, sondern auch die supervenierenden mentalen Eigenschaften „matter to causal relations". Darüber wird aber von Davidson nicht weiter etwas gesagt. Davidsons Argument widerlegt seine Kritiker letztlich nicht zwingend. Es beweist, versteht man die Supervenienzbeziehung wie üblich als eine simultane, nichtkausale Relation, nur die *explanatorische*, nicht die *kausale* Relevanz mentaler Eigenschaften hinsichtlich physikalischer Ereignisse. Kim (1989: 270, Fn. 8) betont zu Recht die Verträglichkeit von Eigenschaftsepiphänomenalismus und *WS*. Dasselbe trifft für die *SS* zu. Ein physikalisches Duplikat unserer Welt ohne Mentalität ist bei der Annahme der *WS* von uns aus gesehen durchaus nomologisch möglich. Das wäre ein Argument für die Annahme von Zombies und was aus dieser Annahme, z. B. für die Ontologie des Physikalismus folgt. Bei der *SS* ist dieses Duplikat ebenfalls nomologisch möglich, jedoch nicht aus unserer Sicht, da es keine psycho-physischen Regularitäten enthält, die in der aktualen Welt als Naturgesetze gelten. Deshalb überschätzt Davidson (1993) die *WS* in ihrer Leistungsfähigkeit, das Problem der mentalen Kausalität zu lösen. Kims kausaler Exklusionsgrundsatz ist mit einer mentalen Kausalität nicht zu vereinbaren.

3. Rehabilitierungsversuche. Bei Davidson (1970, 1973b, 1974) steht der Eigenschaftsepiphänomenalismus nicht zur Debatte. Später haben einige Autoren bestritten, dass er aus *MA* und *NK* folgt. Schließlich hat sich Davidson (1993) mit seinen Kritikern auseinandergesetzt. In dieser Diskussion zeichnen sich rückblickend drei Strategien ab, die *AM* + *P* in unterschiedlicher Weise erweitern:

1. Der Umkreis der Kausalverhältnisse begründenden Gesetze wird durch Hinzunahme von *CP*-Gesetzen, insbesondere mit psychischen Prädikaten vergrößert (Fodor, McLaughlin): *Erweiterung der nomologischen Begründung.*
2. Kausale Beziehungen werden mit Hilfe kontrafaktischer Abhängigkeiten analysiert (Horgan, Lepore und Loewer): *kontrafaktische Analyse.*
3. Mentale Kausalität wird als *superveniente Kausalität* gerechtfertigt (Davidson 1993, Kim in früheren Arbeiten, z. B. 1984. Kim hat sie aber nicht ganz aufgegeben).

Diese Rehabilitierungsversuche schließen einander nicht aus und werden auch öfter kombiniert. In diesem Abschnitt soll geprüft werden, *ob* bzw. *inwieweit* es ihnen gelingt, den Einwand des Eigenschaftsepiphänomenalismus wirklich zu entkräften.

(b) Erweiterung der nomologischen Begründung

1. Eigenschaftsepiphänomenalismus. Eine notwendige Voraussetzung für den Erfolg dieser Strategie der Rehabilitierungsversuche ist die Abgrenzung von „echten" und „unechten" *CP*-Gesetzen. Mit letzteren können singuläre Kausalbeziehungen nicht begründet werden, weil sie notwendige Bedingungen der Gesetzlichkeit, z. B. mögliche Falsifikation, durch Berufung auf fehlende *CP*-Bedingungen nicht erfüllen. Fodor (1989: 72) betont zwar den *CP*-Charakter selbst der besten intentionalen Gesetze. Aber er glaubt, dass in bestimmten Anwendungsbereichen die *CP*-Bedingungen als erfüllt angesehen werden können, so dass sie zusammen mit Antezedensbedingungen und Gesetzen hinreichen, die entsprechenden Wirkungen (vor allem Verhaltensweisen) zu erklären. Dagegen wurden gerade bei psychologischen Gesetzen Einwände erhoben, die zu verschiedenen Revisionen der Wahrheitsbedingungen für *CP*-Gesetze führten (zur Zusammenfassung: Earman und Roberts 1999: 458-59). Zur Vereinfachung der Argumentation sei angenommen, dass die Nomologizität der fraglichen *CP*-Gesetze befriedigend geklärt ist. Von den drei Minimalbedingungen für Kausalgesetze nach Stegmüller (siehe Teil I 4. (c), in diesem Buch) erfüllen psychologische Gesetze vielfach nur das Merkmal der Ablaufgesetzlichkeit.

In den folgenden Ausführungen wird die Realität mentaler und physikalischer Eigenschaften (Universalien oder Tropen) oder zumindest Klassen unterstellt. Diese Annahme kann sich darauf stützen, dass Davidson an vielen Stellen von Eigenschaften oder Typen spricht. Auf die Frage nach der „Realität oder Irrealität mentaler Eigenschaften" gehen wir im Abschnitt 3. (2) ein.

2. McLaughlin und Fodors Einwand. McLaughlin (1989: 121, 124-126) rekonstruiert den Einwand des Eigenschaftsepiphänomenalismus als Konklusion aus den drei Prämissen:

1. *NK* impliziert folgendes Exklusionsprinzip: Ereignisse stehen in Kausalbeziehungen allein deshalb, weil sie unter strikte Gesetze fallen.
2. Das Exklusionsprinzip impliziert, dass nur strikt nomologische Eigenschaften kausal effizient sind.
3. *MA* impliziert, dass keine mentale Eigenschaft strikt nomologisch ist.
Daraus folgt:
4. *NK* und *MA* implizieren, dass keine mentale Eigenschaft kausal effizient ist.

McLaughlin bestreitet dieses Argument, da er der ersten Prämisse nicht zustimmt. *NK* schließt nicht aus, dass eine Kausalbeziehung zwischen zwei Ereignissen auch durch ein nicht-striktes Kausalgesetz oder kontrafaktische Abhängigkeiten begründet sein kann, sofern sie außerdem unter ein striktes Gesetz fallen. Letztere Bedingung soll eine Spielart des nicht-reduktiven Physikalismus sicherstellen. Am Ende seines Aufsatzes betont McLaughlin (1989, 131) dann auch die kausale Priorität der physikalischen Eigenschaften mit einer globalen Supervenienzthese. Gehen wir davon aus, dass zwei kausal mögliche Welten *W* und *W‘* mit gleichen physikalischen Eigenschaften auch die gleichen kausalen Eigenschaften haben. Die damit statuierte Abhängigkeit kausaler nicht-physikalischer von physikalischen Eigenschaften versucht McLaughlin (1983) im Rahmen eines Modells der supervenienten Kausalität näher zu bestimmen.

Fodor (1989) lehnt das obige Exklusionsprinzip ebenfalls ab. Er belässt es aber nicht, so wie McLaughlin, bei der bloßen Möglichkeit mentaler Kausalität, sondern ist überzeugt, dass es sie wirklich gibt:

> … if it isn’t literally true that my wanting is causally responsible for my reaching …, then practically everthing I believe about anything is false and it’s the end of the world (Fodor 1989: 77).

Andererseits sind die Gesetze spezieller Wissenschaften, insbesondere auch der Psychologie, nicht grundlegender Art. Sie indizieren kausale Mechanismen, aber sie artikulieren sie selbst nicht. Dies geschieht erst bei fortschreitender Forschung in fundamentaleren Disziplinen. Auch *CP*-Bedingungen weisen auf solche Mechanismen hin. Fodor stellt nun die Hypothese auf, dass die letztlich kausal relevanten Faktoren physikalische Mechanismen (im engen Sinne) sind. Dann wären aber alle mentalen Ursachen letztlich physikalische Ursachen. Fodor wünscht sich selbst eine Synthese von mentaler Kausalität und Physikalismus. Er scheint aber die logische Spannung zwischen beiden gespürt zu haben. Denn wenn diese Synthese nicht zu haben ist, würde er eher letztere zugunsten ersterer aufgeben. Ihre Unvereinbarkeit betont Kim (1992a, 1993a, [1996]1998a: 255-257, 262) auch im Hinblick auf Fodors Ansatz einer Synthese von mentaler Kausalität und Physikalismus. Er ist nicht bereit, die mentale Kausalität aufzugeben.

(c) Kausalität nach unten

1. Problembezug: Kausalität nach unten. Die psycho-physische Kausalität ist ein Rätsel geblieben. Sie ist bildlich gesprochen eine Kausalität von der höherstufigen mentalen Ebene nach unten zu der tieferen physischen Ebene. Das ist die Annahme und Konzeptualisierung des Emergentismus. Sie ist mit jedem Physikalismus, der seinen Namen verdient, aber unvereinbar. Kausalität nach unten besagt, dass die höherstufigen mentalen Ereignisse die tieferstufigen physisch (biologischen) Ereignisse verursachen. Diese sind nicht allein durch physische (biologische) Gesetze zu erklären. Mentale Ereignisse, die nach unten wirken, haben somit die Verletzung der tieferstufigen Gesetze zur Folge. Kausalität nach unten ist wesentlich für den Emergentismus.

Die Lokalisierung aller kausalen Mechanismen auf der physikalischen Ebene schließt jedoch genuine psychische Kausalität als auch eine autonome Psychologie aus, jedenfalls soweit sie beansprucht, eigenständige *kausale* Erklärungen zu liefern. Nach Kim ist deshalb ein nicht-reduktiver Physikalismus, der beides vereinen will, eine inkonsistente Position, die zu viel zu leisten beansprucht.

Kann die Ablehnung des obigen Exklusionsprinzips die Möglichkeit mentaler Kausalität im Rahmen von $AM + P$ gewährleisten? Das Problem kann anhand einer einfachen Darstellung verdeutlicht werden.

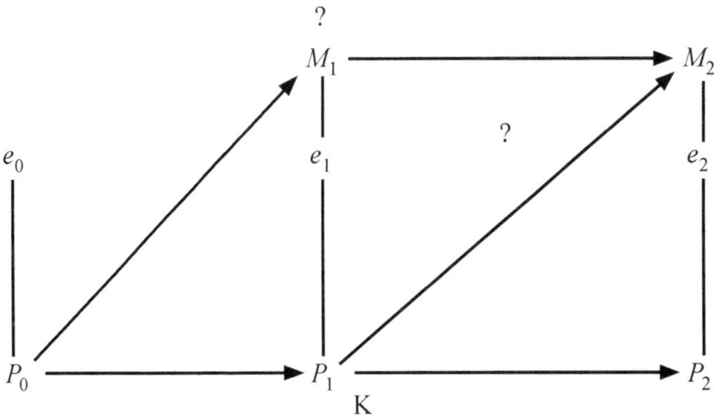

P- bzw. *M*-Eigenschaften seien physikalische bzw. mentale Eigenschaften. Das rein physikalische Ereignis e_0 mit P_0 verursacht das psycho-physische Ereignis e_1 mit P_1 und M_1; e_1 verursacht e_2 mit P_2 und M_2.

Für eine systematische Erörterung ist es vorteilhaft, obige Frage in zwei Teilfragen aufzuspalten, die nach der Möglichkeit

(a) psycho-physischer und
(b) psychischer (psycho-psychischer) Kausalität.

Es ist für die Erörterung mit *AM* vorauszusetzen, dass $P_1 \ldots M_1$ und $P_2 \ldots M_2$.

1. Angenommen, e_1 *qua* Instanz von M_1 ist eine hinreichende Ursache von e_2 qua Instanz von P_2. Dafür wird der abkürzende Ausdruck „M_1 verursacht P_2" verwendet, ebenso verhält es sich in analogen Fällen. Diese Annahme verletzt *KG*. Außerdem könnte P_1 nur eine überdeterminierende Ursache von P_2 sein. *KG* schließt auch die Möglichkeit aus, dass M_1 eine Teilursache und zusammen mit P_1 hinreichend für P_2 ist. Verträglich mit *KG* ist die kausale Überdetermination von P_2 durch M_1, zumindest in unserer Welt. Diese Einschränkung berücksichtigt Kim (1998: 45). Bei einer minimalen Abänderung der physikalischen Beschaffenheit unserer Welt kann ein Konflikt mit *KG* entstehen, z.B.: e_1 hat die physikalische Eigenschaft P_1' statt P_1, aber weiterhin die mentale Eigenschaft M_1. M_1 ist dann unter Umständen Teilursache von P_2. Die Überdetermination von P_2 durch M_1, wäre für alle Fälle psycho-physischer Verursachung anzunehmen. Eine solche systematische Überdetermination wird aber von den meisten Autoren abgelehnt, weil sie psycho-physische Kausalität und Erklärungen im Prinzip überflüssig macht. Es gibt noch andere Möglichkeiten, z.B. Identitätstheorien, lokale Reduktion im Sinne Kims oder die Verwendung des Begriffspaars Determinante/Determinable, die aber nicht zu *AM+P* passen und genuine mentale Kausalität ausschließen.

2. Die Annahme psychischer kausaler Sequenzen, z.B. „M_1 verursacht M_2", ist mit *KG* vereinbar. Nach der nomologischen Auffassung der Kausalität muss es eine gesetzliche Verbindung von M_1 und M_2 geben. Nimmt man starke oder schwache Supervenienz der *M*- über den *P*-Eigenschaften an, dann verlangt ein kausalgesetzlicher Zusammenhang von M_1 und M_2, dass die Basiseigenschaften von M_1 (P_1, P'_1, P''_1 ...) nur in kausalgesetzlichen Beziehungen zu den Basiseigenschaften von M_2 (P_2, P'_2, P''_2 ...) stehen können. (Zu den Begriffen der starken und schwachen Supervenienz siehe Teil I 1 (b)). Das ist aber kein zwingendes Argument. P'_1 könnte z.B. mit P_3, das zu den Basiseigenschaften von M_3 gehört, in einer kausalgesetzlichen Verbindung stehen. Dann wäre die M_1 und M_2 verknüpfende Hypothese, z.B.

„$\forall x\ (M_1 x \rightarrow \exists\ (M_2 y))$" falsifiziert, und es bliebe nur die Möglichkeit, dass P_1 ein M_2 verursacht.

Diese epiphänomenalistische Deutung ist theoretisch gesehen ohnehin eine gleichberechtigte Alternative zur psychischen Kausalität, auch dort, wo psycho-psychische Regularitäten vorliegen. Sie könnte nur durch die Annahme eines kausal geschlossenen mentalen Bereichs ausgeschlossen werden, wie z. B. in der Attributenlehre Spinozas. Sie findet aber wohl schwer noch Anhänger und ist nur von historischem Interesse. Da zumindest die Anfangsglieder von kausalen *M*-Sequenzen *P*-Ursachen haben müssen, hat die epiphänomenalistische Deutung den Vorteil größerer Einheitlichkeit. Man braucht nur eine Art von Gesetzen zur Erklärung von *M*-Instanzen. Die psychische Kausalität hingegen steht im Unterschied dazu eher im Einklang mit den Ansichten des Alltagsbewusstseins.

2. Emergente, nicht-mentale Eigenschaften. Können propositionale Einstellungen ihrerseits intentional charakterisierte Handlungen verursachen? Verursacht z. B. meine Überzeugung, dass es noch Karten für die Aufführung der neunten Symphonie von Mahler in der Frankfurter Oper gibt, und der Wunsch, sie zu hören, dass ich zur Abendkasse fahre und eine Karte kaufe? Handelt es sich hierbei um eine besondere Form psychischer Kausalität, die in *AM + P* akzeptabel ist, da sie auch mit *KG* verträglich ist? Bisher wurden Eigenschaften, physikalische wie mentale, als reale Entitäten, die es unabhängig vom menschlichen Denken, Beschreiben und Interpretieren gibt, vorausgesetzt. Auf intentionale „Eigenschaften" von Handlungen trifft das aber nicht zu. Sie sind bloße Interpretationsprodukte, welche die tendenzielle Verursachung von Handlungen durch propositionale Einstellungen, wie sie dem Denken des Alltagsbewusstseins entspricht, ausdrücken. Ähnlich äußert sich auch Davidson (1991: 163). Sind Kausalbeziehungen ontologische Sachverhalte, dann kann man nicht von einer Verursachung von Handlungen qua Instanzen intentionaler Eigenschaften sprechen.

Bei der Annahme emergenter, nichtmentaler Eigenschaften wäre hingegen die Frage berechtigt, ob ihre Instanzen durch mentale Ereignisse verursacht werden können? Sie stellt sich in *AM + P* aber nicht, da nach dieser Theorie keine emergenten Eigenschaften dieser Art angenommen werden. Wohl äußert sich Davidson (1973b: 344) skeptisch über die Reduzierbarkeit der Biologie und der Neurophysiologie auf Physik. Ob Eigenschaften und Theorien reduzierbar sind, hängt wesentlich davon ab, ob man einen schwächeren oder einen stärkeren Reduktionsbegriff zugrunde legt, z. B. ob man disjunktive Eigenschaften zulässt oder nicht. Die Frage nach der Reduzierbarkeit von Biologie und Neurophysiologie auf Physik hat aber mit der Annahme von emergenten Eigenschaften und kausalen Kräften nichts zu tun.

Denn Davidson (1987: 45) betont andererseits, dass er keinen theoretischen Grund weiß, der die Reduktion spezieller Wissenschaften, außer Disziplinen, die sich mit der Zuschreibung von intentionalen Zuständen beschäftigen, ausschließt. Man kann das so verstehen, dass ihrer Reduzierung auf Physik im Prinzip nichts im Wege steht, sobald die kausalen Begriffe und *CP*-Gesetze in einem fortgeschrittenen Entwicklungsstadium eliminiert und durch Beschreibungen kausal relevanter Mechanismen ersetzt worden sind. Davidson (1991: 163) sieht in dieser Umgestaltung keinen Themenwechsel, wie bei Wissenschaften mit (ursprünglich) intentionalem Vokabular. Mentale Eigenschaften sind in seiner Theorie ebenfalls nicht emergent, sofern angenommen wird, dass ihre Instanzen nicht im Sinne der „Kausalität nach unten“ wirken.

3. Ergebnisse. Die erste Strategie zur Rehabilitierung der mentalen Kausalität führt nach den bisherigen Überlegungen nur zu einem dürftigen Ergebnis. Mit *KG* sind bloß bestimmte Fälle psychischer Kausalität verträglich. Aber selbst deren Möglichkeit wird von Kim (1993a: 351-354, 1998: 41-45, 1996/1998a: S. 259-262) bestritten, sofern man die Realisierung mentaler durch physikalische Eigenschaften verlangt. Der Begriff der Realisierung spielt eine zentrale Rolle in der Diskussion des Leib-Seele-Problems, insbesondere im nicht-reduktiven Physikalismus. Realisierung ist ein Grundbegriff des Mentalen des Funktionalismus. Er lässt an die Stelle der Identität physikalischer und mentaler Eigenschaften die Realisierung der letzteren durch erstere treten, und er grenzt sich so auch vom Emergentismus ab. Damit ist aber noch nicht viel Bestimmtes gesagt, denn der Begriff der Realisierung ist in verschiedener Hinsicht mehrdeutig (vgl. Heil 1999: 190). Wir beschränken hier den Bereich der Relata auf Eigenschaften und verstehen die Realisierungsrelation, wie z. B. Heil, in einem weiten Sinne als eine asymmetrische, simultane Determination bzw. Dependenz, die sich in verschiedener Hinsicht spezifizieren lässt. Das gilt insbesondere hinsichtlich ihres modalen Status (Kontingenz, naturgesetzliche, metaphysische, logisch-analytische Notwendigkeit). Identität wird damit zu einem Spezialfall von Realisierung. Funktionale Eigenschaften verweisen aufgrund ihres Begriffs (analytisch) auf irgendwelche Realisierer. Diese können in materialistischen Theorien nur physikalische Eigenschaften sein. Bei einmaliger Realisierung sind funktionale und realisierende Eigenschaften aus logischen Gründen identisch. Lewis (1994: 418ff.) definiert funktionale Prädikate als bestimmte Kennzeichnungen und deutet sie deshalb als nicht starre Designatoren. Damit kann Lewis an der Identität auch bei Mehrfachrealisierung festhalten. Manche Autoren verstehen Realisierung als eine stärkere Verknüpfung als naturgesetzliche Dependenz. Lepore und Loewer (1989: 179) z. B. verlangen zusätzlich, dass die realisierten Phänomene und die sie beherrschenden Gesetze durch Basis- und Brückengesetze zu erklären sind. Letztere (und damit auch die realisierten Eigenschaften) bleiben trotzdem „brute facts“, sofern sie nicht aus logischen oder methodologischen Gründen als Identitäten von realisierten und realisierenden Eigenschaften gedeutet werden müssen oder können.

Die Realisierungsrelation und ihr modaler Status trifft auch für die Supervenienzbeziehung zu, die jedoch nicht asymmetrisch ist. Kim ([1996]1998a: 261) betont gleichwohl die starke Ähnlichkeit beider Relationen und erachtet ihre philosophische Bedeutung im Wesentlichen als identisch. Sein Einwand gegen die psychische Kausalität besagt (mit den Termen des obigen Modells) folgendes:

* Angenommen, M_1 sei eine hinreichende Ursache für M_2; da M_2 durch P_2 realisiert wird bzw. über P_2 superveniert, ist auch P_2 hinreichend für M_2.

Diese Situation ist nach Kim „instabil“. Zwischen beiden Thesen besteht „a real tension“. Sie lässt sich nur, so glaubt Kim, auflösen mit der Annahme, dass M_1 bloß dann M_2 verursachen kann, wenn es auch den Realisierer von M_2, P_2, verursacht. Psychische ist also nicht ohne psycho-physische Kausalität möglich. Sie setzt eine *Kausalität nach unten causation* voraus und gerät damit in Konflikt mit *KG*. Dagegen hat Marras (2000: 143-146) zu Recht eingewandt, dass es sich hier um zwei verschiedene Dependenzverhältnisse handelt, die in keinem Konkurrenzverhältnis stehen. Denn die Realisierungs- bzw. Supervenienzrelation wird meistens – übrigens auch von Kim (1998: 44) – nicht als kausal verstanden. Das ist in dem obigen Argument besonders deutlich ([1996]1998a). Gehen wir davon aus, dass das jedoch de facto angenommen wird, dann ist das nichts anderes als ein Argument gegen eine unzulässige Überdetermination. Gerade auch Kim betont im Fortgang seiner Analyse der Supervenienzbeziehung (1998: 9-12), dass man die Erklärungsleistung von Supervenienz nicht überschätzen sollte. Sie müsste im Gegenteil durch andere, fundamentalere Beziehungen erklärt werden. Dafür kommen u.a. auch Kausalrelationen in Frage. (vgl. Heil 1998: 150-51) Damit wird besonders klar, dass kausale Relationen und Realisierungs- bzw. Supervenienzrelationen nicht bei Erklärungen konkurrieren oder zu Fällen von Überdetermination führen können. Kim ist zuzustimmen, wenn er zur Stützung seines Arguments darauf hinweist, dass eine unmittelbare kausale Verbindung zwischen mentalen Zuständen verschiedener Personen im Alltagswissen und in der Wissenschaft als nicht akzeptabel gilt, sondern physikalische Zwischenglieder erfordern. Dies steht nicht im Gegensatz zu dem vorher Gesagten, wo darauf hingewiesen wurde, dass die Anfangsglieder kausaler M-Sequenzen P-Ursachen haben müssen. Übrigens ist jede indirekte mentale Verursachung mit physikalischen Zwischengliedern bei der Annahme von *KG* ausgeschlossen. Psychische Kausalität zwischen den *M*-Zuständen ein und derselben Person, z. B. die Verursachung von Wünschen, Befürchtungen, Hoffnungen durch bestimmte Überzeugungen, ist hingegen durchaus geläufig und sogar ein Bestandteil der funktionalen Definition mentaler Zustände, nach der sie nicht nur in kausalen Beziehungen zu Inputs und Outputs, sondern auch zu anderen mentalen Zuständen stehen.

6. Kontrafaktische Analyse

Inhalt: *(a) Kausale Relevanz 1. Resystematisierung, 2. Wahrheitsbedingunen kontrafaktischer Konditionale, 3. Nomologische Fassung Konditionale, 4. Leistungsfähigkeit globaler Supervenienz, 5. Kim Anforderung, (b) Folgeprobleme des anomalen Monismus 1. Zu bezweifelnder Erklärungsanspruch, 2. Anomalien in Davidsons Ansatz, 3. Davidsons Antwort und Pauens Argument, 4. Kausalität nach unten*

(a) Kausale Relevanz

1. Resystematisierung. Lepore und Loewer (1987) haben einen interessanten Vorschlag der Erklärung von mentaler Kausalität vorgelegt, der noch nicht angemessen gewürdigt wurde. Wäre dieser Ansatz erfolgreich, dann hätten wir eine Rechtfertigung von mentaler Kausalität im Rahmen von *AM* + *P*. Sie gehen davon aus, dass die Kritiker Davidsons zwei verschiedene Begriffe der kausalen Relevanz (*kausal relevant*$_1$, *kausal relevant*$_2$) von Eigenschaften nicht grundsätzlich unterscheiden bzw. vermengen.

Im anschließenden Text sind die verwendeten Symbole wie folgt zu verstehen:

Individuenvariable: „*x*“, „*y*“;
Individuenkonstante: „*a*“, „*b*“, „*c*“, „*e*“;
Prädikatvariable: „*f*“, „*f**“, „*g*“;
Prädikatkonstante: große lateinische Buchstaben. „*K* (*x*,*y*)“ ist eine zweistellige, „*K** (*x*, *f*, *y*, *g*)“ ist eine vierstellige Kausalrelation (siehe Definitionen *I* und *I**). „*p*“ und „*q*“ (auch mit Indizes) bezeichnen Propositionen. „*Ox*“ heißt „*x* ereignet sich“, „>“ steht für die kontrafaktische Implikation.

Kausal relevant$_1$
Die Eigenschaften *f* und *g* sind *kausal relevant*$_1$ ↔ gilt, dass es *f*- und *g*-Instanzen gibt sowie ein striktes Gesetz. Aus ihm folgt: *f*-Instanzen *g*-Instanzen

verursachen. Es ist offensichtlich, dass mentale Eigenschaften nicht *kausal relevant*$_1$ in $AM + P$ sein können.

Kausal relevant$_2$
(*I*) *x* qua *f* ist *kausal relevant*$_2$ für *y* qua *g* ↔ gilt:

1. *x* verursacht *y*
   ($K(x, y)$)
2. *fx* und *gy*
   (In der Lewis-Semantik folgt daraus: $fx > gy$)
3. Wenn *fx* nicht wäre, dann wäre nicht *gy*
   ($\sim fx > \sim gy$)
4. *fx* und *gy* sind logisch und metaphysisch voneinander unabhängig.

Horgan (1989: 50, 58-59) nennt einen ähnlich definierten Begriff *Quausation*. Lepore und Loewer (1989: 189) modifizieren unter diesem Namen (*I*).

Quausation
(*I**) *x* qua *f* ist *quausal* auf *y* qua *g* bezogen ↔ gilt:

1. *x* ereignet sich und hat die Eigenschaft *f*.
   ($Ox \ni fx$)
   y ereignet sich und hat die Eigenschaft *g*.
   ($Oy \wedge gy$)

Bevor sich *x* ereignet, werden die beiden folgenden Behauptungen akzeptiert:

2. Wenn *x* mit der Eigenschaft *f* sich ereignete, dann würde es *y* mit der Eigenschaft *g* verursachen.
   ($Ox \wedge fx > K^* (x, f, y, g)$)
3. Wenn *x* sich ereignete, aber nicht die Eigenschaft *f* hätte, würde es kein Ereignis mit der Eigenschaft g verursachen.
   ($Ox \wedge \sim fx > \sim \exists y\ K^* (x, \sim f, y, g)$)
4. Eine genauere Definition erforderte einige zusätzliche Bedingungen, wie 4. in (*I*) (*kausale Relevant*$_2$): „*K*" ist ein extensionales Prädikat, jedoch nicht „*K**"; denn in einem aus „*K**" gebildeten Satz „$K^* (a, P, b, Q)$" ist die Ersetzung der Prädikate „*P*" und „*Q*" durch extensionsgleiche Prädikate „*P'*" und „*Q'*" nicht salva veritate garantiert.

2. Wahrheitsbedingung kontrafaktischer Konditionale. Lepore und Loewer übernehmen die Interpretation der Wahrheitsbedingungen von kontrafaktischen Konditionalaussagen in der Lewis-Semantik, nach der „die Proposition

$p>q$ wahr ist ↔ es entweder keine möglichen p-Welten gibt oder p-Welten mit q der aktualen Welt ähnlicher sind als p-Welten ohne q". Zu kontrafaktischen Kausalbegriffen gelangt Lewis (1973: 164-167), hier etwas verkürzt dargestellt, über den Begriff der kontrafaktischen Abhängigkeit.

Kontrafaktische Abhängigkeit
c_1, c_2... und e_1, e_2 ... seien zwei Familien paarweise einander ausschließender Ereignisse.

Eine *kontrafaktische Abhängigkeit* der e-Ereignisse von den c-Ereignissen besteht ↔ die Propositionen $Oc_1 > Oe_1$, $Oc_2 > Oe_2$, ... wahr sind. *Kausale Abhängigkeit* (oder *direkte Verursachung*) des Ereignisses e vom (durch das) Ereignis c wird dann als kontrafaktische Abhängigkeit der Familie Oe, $\sim Oe$ von der Familie Oc, $\sim Oc$ definiert, d.h., sie besteht ↔ die Propositionen $Oc > Oe$ und $\sim Oc > \sim Oe$ wahr sind.

Die einzelnen kausalen Abhängigkeiten lassen sich zu einer Kausalkette zusammenschließen ($Oa > Ob > ... > Oi$). Mit diesem Begriff definiert Lewis das Prädikat *Ursache*: „x ist *Ursache* von y ↔ eine Kausalkette von x zu y führt".

Die Terme *kausal relevant*$_2$ und *Quausation* erweisen sich somit hauptsächlich als synthetische Konstruktionen aus jeweils zwei verschiedenen Kausalbegriffen, den Kausalrelationen „K" bzw. „K^*" und der kontrafaktisch definierten kausalen Abhängigkeit. Diese ist schon als solche keineswegs unproblematisch (zur Kritik des kontrafaktischen Kausalbegriffs: von Kutschera 1993: 43-46). Wie bei den Kritikern Davidsons ist ferner bei jenen Termen der Bezug auf Eigenschaften von Ereignissen wesentlich. Jedenfalls wird mit ihrer Einführung $AM + P$ bemerkenswert modifiziert. Denn Davidson (1967a: 227-30, 1993: 6) akzeptiert nur die zweistellige Kausalrelation K, weder eine vierstellige Kausalbeziehung mit Bezug auf Eigenschaften noch einen intensionalen Kausaljunktor.

3. Nomologische Fassung kontrafaktischer Konditionale. Goodman (1955/ 1975) hat gezeigt, dass kontrafaktische Konditionalaussagen und ihre Negationen nicht aus strikten Gesetzen und weiteren nichtkontrafaktischen Aussagen folgen. Daraus ergibt sich, wie Lepore und Loewer betonen, die Vereinbarkeit der kausalen Relevanz$_2$ von mentalen Eigenschaften (Sachverhalten) mit $AM + P$. Es ist damit aber nicht erwiesen, ob sie tatsächlich *kausal relevant*$_2$ sind. Lepore und Loewer (1987: 640-41) haben vor allem die nomologische Fundierung kontrafaktischer Konditionale (pi > qj) bei Lewis (1973) im Auge.

Familien sich paarweise ausschließender Propositionen
p_1, p_2 … und q_1, q_2 … sind zwei Familien paarweise einander ausschließender Propositionen; M ist eine Menge wahrer Gesetzesaussagen.

Wahre singuläre Tatsachenaussagen
F ist eine Menge wahrer singulärer Tatsachenaussagen (über Anwendungsbedingungen).

Nomische Abhängigkeit
Eine *nomische Abhängigkeit* der q-Propositionen von den p-Propositionen aufgrund von L und F besteht nach Lewis $\leftrightarrow$ aus L und F alle materialen Implikationen $p_1 \rightarrow q_1, p_2 \rightarrow q_2$… folgen.

Kontrafaktische Unabhängigkeit
Lewis nennt eine Proposition r von der Familie p_1, p_2 … *kontrafaktisch unabhängig* $\leftrightarrow$ r wahr ist unabhängig vom Wahrheitswert der p-Propositionen, so dass die Konditionale $p_1 > r, p_2 > r$ … wahr sind. Aus den beiden Prämissen

1. „die q-Propositionen sind aufgrund von L und F von den p-Propostionen nomisch abhängig" und
2. „alle Elemente von L und F sind von den p-Propositionen kontrafaktisch unabhängig" folgt die kontrafaktische Abhängigkeit der q- von den p-Propositionen ($p_1 > q_1, p_2 > q_2$ …). Dies steht wegen „2." im Einklang mit den oben erwähnten Untersuchungen von Goodman.

Nomologische Fundierung von kontrafaktischen Aussagen
Eine Begründung nomologischen Fundierung von kontrafaktiswchen Aussagen mit mentalen (M-) und Verhaltens- (B-) bzw. neuronalen (N-) Prädikaten, z. B. „$M_i c > B_j e$", „$\sim M_i c > \sim B_j e$", muss auf psycho-physische CP-Gesetze rekurrieren.

In der Entdeckung und Systematisierung von psycho-verhaltensmäßigen Gesetzen sehen Lepore und Loewer die Aufgabe einer Psychologie im Rahmen von $AM + P$. Andererseits glauben sie, dass globale Supervenienz für einen hinreichend starken Physikalismus genügt (1989: 177). Ihr zufolge stimmen zwei nomologisch gleiche Welten, sofern sie sich physikalisch nicht unterscheiden, auch in allen nichtphysikalischen Fakten überein. Globale Supervenienz garantiert nicht, dass mentale Eigenschaften über neuronalen Eigenschaften supervenieren (Lepore und Loewer: 178, 189). Dann besteht die Möglichkeit, dass M-Instanzen nicht mit N- und damit auch nicht mit B-Instanzen durch Kausalgesetze verbunden sind. In solchen Fällen stellt sich erneut die Frage nach der Fundierung der entsprechenden kontrafaktischen Konditionalaussagen.

4. Leistungsfähigkeit globaler Supervenienz. Kim (1989a: 277) hat herausgestellt, dass globale Supervenienz zu schwach ist, um die im Physikalismus geforderte Dependenz des Psychischen vom Physikalischen adäquat auszudrücken. Sie schließt nicht aus, dass sich zwei Welten physikalisch nur minimal, z. B. durch eine kleine Lageveränderung eines einzelnen Wasserstoffatoms, psychologisch jedoch beliebig stark unterscheiden können. Welche Möglichkeiten diesbezüglich bestehen, hängt wesentlich davon ab, wie der Bereich möglicher Welten bestimmt wird; ob er z. B. alle logisch oder nomologisch möglichen oder alle mit unserer Welt naturgesetzlich übereinstimmenden Welten enthält. Wenn wir aber an seltsame Fälle denken, wie der von Kim beschriebene Fall, so lassen sie sich beseitigen, indem man den Begriff der globalen dem der starken Supervenienz annähert und Teilmengen von Individuen möglicher Welten, auch Einermengen, zum Bereich möglicher Welten hinzunimmt, z. B. wie es Pauli und Sider (1992) vorschlagen. Aber diese Autoren betonen ebenfalls, dass selbst die starke Supervenienz bizarre psycho-neuronale Dependenzverhältnisse nicht ausschließt. Hier gilt wiederum, dass deren Möglichkeit davon abhängt, wie der Bereich der möglichen Welten gedacht wird. Eine Welt mit einem Wesen, das sich von George Bush physikalisch nur minimal unterscheidet, jedoch „keinen Geist besitzt" (Pauli und Sider: 842), ist, wenn man die gegebenen empirisch bekannten Dependenzen mentaler Phänomene von neuronalen Zuständen und Prozessen als Naturgesetze versteht, offenbar dann nicht *von uns aus gesehen* nomologisch möglich.

5. Kim-Anforderung. Angenommen, die Bedingungen 1–4 in (*I*) (*kausale Relevanz*$_2$) sind für *c* und *e* sowie die Prädikate M_i und B_j erfüllt, so dass M_ic für B_je *kausal relevant*$_2$ ist. In diesem Fall drängt sich die Frage auf, ob damit der Einwand des Eigenschaftsepiphänomenalismus der Sache nach widerlegt ist oder ob es sich bloß um eine Pseudowiderlegung handelt, die sich in Wirklichkeit mit diesem Einwand verträgt? Sosa (1984: 277-78) formuliert den Einwand des Eigenschaftsepiphänomenalismus als eine kontrafaktische Aussage. Wenn anstelle des psycho-physischen Ereignisses *c* mit den Eigenschaften M_i und N_i das rein physikalische (neuronale) Ereignis c^* mit N_r ohne M_i träte, dann würde daraus in beiden Fällen das gleiche Verhalten B_ke resultieren. Kim geht entsprechend deshalb davon aus (1989a: 269):

> ... anomalous monism entails this: *the very same network of causal relations would obtain in Davidson's world if you were to redistribute mental properties over its events any way you like; you would not disturb a single causal relation if you randomly and arbitrarily reassigned mental properties to events, or even removed mentality entirely from the world.*

Diesen Formulierungen versuchen Lepore and Loewer (1987: 638) mit der folgenden hinreichenden Bedingung für kausale *Irrelevanz*$_2$ gerecht zu werden:

Kausale Irrelevanz$_2$
(*II*) Wenn *x* die Eigenschaft *f** besitzt und „($f^*x \wedge \sim fx) > gy$" nicht leer wahr ist, dann ist *x* qua *f* kausal irrelevant$_2$ für *y* qua *g*. Durch Kontraposition und Hinzunahme von (*I*) wird ein stärkerer Begriff von kausaler Relevanz$_2$ definiert.

Stärkerer Begriff von kausaler Relevanz$_2$
(*III*) *x* qua *f* ist *kausal relevant*$_2$ hinsichtlich *y* qua *g*↔die Bedingungen in (*I*) erfüllt sind und *x* keine Eigenschaft *f** besitzt, so dass „($f^*x \wedge \sim fx) > gy$" nicht leer wahr ist.

Setzt man für die Individuen- und Prädikatvariablen „*x*", „*y*", „*f**", „*f*", „*g*" die Konstanten „*c*", „*e*", „*N*", „*M*", „*B*" ein, so erhält man (*S*) „($Nc \wedge \sim Mc) > Be$". Die Wahrheit von (*S*) ist nach (*II*) hinreichend für die *kausale Irrelevanz*$_2$ von *Mc* hinsichtlich *Be*.

Dies scheint dem Sinn der Formulierungen von Sosa und Kim zu entsprechen. Durch Einsetzung ergibt sich jedoch ebenfalls:

(*T*) „($\sim Nc \wedge Mc) > Be$".

Lepore und Loewer weisen darauf hin, dass (*T*) nicht nur mit *AM* + *P* und (*S*) vereinbar, sondern auch bei Multirealisierung wahr ist. Mit der Annahme, (*S*) ist ein striktes Gesetz, bekommt man nach den beiden Autoren eine unerwünschte Konsequenz „

> It (d.h. (*II*), d.V.) renders even properties connected by strict law causally irrelevant$_2$. (Lepore und Loewer: 639)

Es ist aber hervorzuheben, dass sich tatsächlich nur der Sachverhalt ergibt, dass in *bestimmten Situationen*, in denen *M* nicht durch *N*, sondern andere neuronale Eigenschaften *N**, *N*** … realisiert wird, kausale Irrelevanz_2 von *c* qua *N* bezüglich *e* qua *B* ergibt. Als ein möglicher Realisierer von *M* ist *N* nicht in allen (nomologisch) möglichen Situationen kausal *irrelevant*$_2$ (nach (*II*)). Überdies kann man Einsetzungsergebnisse wie (*T*) verhindern, indem für „*f*", „*f**" und „*g*" jeweils nur mentale, neuronale und Verhaltensprädikate eingesetzt werden dürfen. Dies ist gerechtfertigt, da die Bedingungen kausaler Irrelevanz von mentalen und nicht von neuronalen Eigenschaften zur Debatte stehen. Festzuhalten ist, dass solche Überlegungen die Einwände von Kim und Sosa in keiner Weise tangieren. Insofern ist die von Lepore und Loewer durchgeführte Bereinigung des Problems nicht so ganz überzeugend, da der Begriff der kausalen Relevanz_2 zu schwach ist, um den Eigenschaftsphänomenalismus zurückzuweisen. Darauf ist etwas näher einzugehen.

Selbst Lepore und Loewer (1987: 638) weisen darauf hin, dass die beiden Aussagen

„$\sim M_i c > \sim B_k e$" und „$N_r c \wedge \sim M_i c > B_k e$"

miteinander verträglich sind. Dies gilt, wie leicht einzusehen ist, auch für die übrigen Bedingungen (1, 2, 4) von (*I*) (*kausal relevant*$_2$). Der Begriff der kausalen Relevanz_2 von Sachverhalten erweist sich somit als eine zu schwache Konstruktion, um den mentalen Eigenschaftsepiphänomenalismus zu widerlegen. Gleichwohl meinen Lepore und Loewer (1987: 641), dass die kontrafaktische Abhängigkeit bestimmter *P*-(*N*- oder *B*) Ereignisse von *M*-Ereignissen die *KG* im Hinblick auf Eigenschaften verletzt. Damit wird offenbar stillschweigend ein stärkerer Begriff der kausalen Relevanz des Mentalen als *kausal relevant*$_2$ unterstellt, der sich am üblichen Sprachgebrauch orientiert und den auch Davidsons Kritiker verwenden. Aus

„$\sim M_i c > \sim B_k e$" folgt nicht „$N_r c \wedge \sim M_i c > \sim B_k e$",

sondern beide Sätze sind ebenfalls lediglich logisch miteinander verträglich.

Lepore und Loewer (1989: 178) sind aber auch Physikalisten. Sie akzeptieren deshalb die Priorität und Gesetzlichkeit der physikalischen Kausalität, d. h. Davidsons *NK*, und betonen entgegen Fodor:

> As far as we can see an event's causal powers are completely determined by its basic causal properties. Content properties are not needed for that. However, if <*c*, *F*> is quausaly related to <*e*, *G*> then there is a perfectly good sense in which *c*'s having *F makes a difference* to *c*'s causal powers (Lepore und Loewer: 190).

Dieser Unterschied kann nicht von den kausalen Kräften herrühren, die mit der mentalen Eigenschaft *F* identisch oder ein Aspekt von ihr sind (vgl. 26, Fn. 6), da die Kausalkräfte von Ereignissen allein durch ihre physikalischen Eigenschaften bestimmt sind. Er kann nur aufgrund von gesetzlichen Verbindungen, z.B. Supervenienzgesetzen, zwischen *F* und subvenienten physikalischen Eigenschaften (P_1, P_2 ...) bestehen. Tritt an die Stelle von *F* die mentale Eigenschaft *F*', so entspricht das einem Wechsel zu anderen subvenienten physikalischen Eigenschaften (P_1', P_2' ...) und von ihnen determinierten Kausalkräften. Die psycho-physischen Gesetze mit *M*-Begriffen in der *Wenn*-Komponente, die z.B. Gründe und Handlungsweisen verbinden, dürfen deshalb nicht als Kausalgesetze angesehen werden. Sie sind aber meistens das einzige, das wir zur Erklärung von Handlungsweisen zur Verfügung haben. Im Physikalismus von Lepore und Loewer können mentale Eigenschaften nicht im üblichen Sinn *kausal relevant*, wohl aber in einem *explanatorischen* Sinne relevant sein. Wenn beides vermengt wird, so entsteht leicht der Schein, dass sich mentale Kausalität in den Rahmen des nicht-reduktiven Physikalismus eingliedern lässt. Mentale Begriffe in psycho-verhaltensmäßigen Gesetzen haben ferner unter physikalistischen Voraussetzungen eine heuristische Funktion. Sie verweisen häufig auf noch nicht entdeckte physikalische Eigenschaften, die allein, wie es Kim (1993a: 353) ausdrückt, die gesamte kausale Arbeit zu verrichten haben.

Lepore und Loewer verstehen ihre Theorie als Vereinigung von Alltagsansichten der Volkspsychologie über mentale Kausalität und einen an Davidson erinnernden Physikalismus (Universalität der Physik, Ereignismonismus, Supervenienz, *NK*). Es zeigte sich jedoch, dass diese Synthese nicht gelungen ist, deren Möglichkeit ohnehin vielen Kritikern zu Recht als fragwürdig erscheint. Die begriffliche Konstruktion wie *kausal relevant*$_2$ sind zwar mit dem Physikalismus verträglich, drücken aber die alltäglichen Ansichten über die mentale Kausalität nicht adäquat aus. Diese implizieren „Kausalität nach unten" und sind deshalb mit *KG* nicht zu vereinbaren. Ebenso wie in Fodors unterstelltem hypothetischen Physikalismus wird durch die kontrafaktische Analyse von Lepore und Loewer das Problem der mentalen Kausalität im Rahmen eines nicht-reduktiven Physikalismus nicht befriedigend gelöst.

(b) Folgeprobleme des anomalen Monismus

1. Zu bezweifelnder Erklärungsanspruch. Wie Fodor als auch Lepore und Loewer strebt Davidson zwei Ziele an. Es geht ihm um den Nachweis von mentaler Kausalität und um einen nicht-reduktiven Physikalismus. Der Problembezug dieses Ansatzes besteht darin, ob beide Nachweise zu vereinbaren sind. Erstere wird z.B. in seiner Lehre der Primärgründe, d.h. Für-/

Gegeneinstellungen und Überzeugungen als Ursachen von Handlungen, beansprucht.

> … beliefs and desires have causal powers, and that is why they explain actions (Davidson 1987: 44).

Letzterer drückt sich u.a. in der These aus, dass für seine Argumentation mentale Eigenschaften nur über solchen physikalischen Eigenschaften supervenieren müssen, die erforderlich „for a complete causal account of the universe" sind. (Davidson 1993: 17, Fn. 12). Gehen wir aber davon aus, so wird die kausale Rolle mentaler Eigenschaften zweifelhaft. Man kann ihnen, soll systematische Überdetermination vermieden werden, nicht widerspruchsfrei eigene kausale Kräfte zuschreiben, sondern diese wären letztlich auf die Kräfte der subvenienten physikalischen Eigenschaften zu reduzieren. Damit würde der Exklusionsgrundsatz (Kim) in Kraft gesetzt. Das bedeutete eine erhebliche Einschränkung von *MA*. Es wäre somit nur der kategoriale Aspekt mentaler Eigenschaften nicht zu reduzieren, d. h. nach Davidson der intentionalen Eigenschaften von mentalen Zuständen. Man fragt, was das sein soll, da innere Erfahrungen, z. B. von Willenserlebnissen, in seiner Philosophie keine Rolle spielen und überhaupt die Annahme eines Willens eine merkwürdige und in der Psychologie und Handlungstheorie entbehrliche Entität ist.

Die vollständigen physikalischen Erklärungen schmälern das Interesse an Erklärungen mit mentalen Begriffen nach Davidson aber keineswegs.

> But if mental concepts are not reductible to physical concepts, there is *no* reason to suppose we would lose *interest* in explanations in *mental terms* just because we had a *complete* physical explanation. What is true, of course, is that psychological explanations are never *full* and *sufficient*; like most explanations, they are *interest-sensitive*, and simply assume that a vast number of (unspecified and unspecifiable) factors that might have *intervened* between cause and effect did not. (Davidson 1993: 16, hvg. d.V.)

Dem ist durchaus zuzustimmen, da Erklärungen durch primäre Gründe bei unseren alltäglichen Handlungen viel einfacher und plausibler als neuronale Erklärungen sind. Sie reichen uns für die meisten Zwecke und die Nachfrage nach Alltagserklärungen aus. Diese Erklärungen sind „grobe Faustregeln", die sich nicht in eine wissenschaftliche Erklärung umwandeln lassen. Es ist aber schwer einzusehen, dass psychologische Handlungserklärungen unter obiger physikalistischer Voraussetzung kausale Erklärungen sein können.

Als Ergebnis kann festgehalten werden, dass auch Davidson eine konsistente Synthese von nicht-reduktivem Physikalismus und mentaler Kausalität durch die Inanspruchnahme des Supervenienzbegriffs nicht gelungen ist.

2. Anomalien in Davidsons Ansatz. Bemerkenswert in diesem Zusammenhang ist die unterschiedliche Einschätzung der supervenienten Kausalität durch Kim im Laufe seiner philosophischen Entwicklung. Bei Kim (1984: 107) wird dem Mentalen zwar nicht die „volle kausale Potenz" der fundamentalen physikalischen Prozesse zugeschrieben, aber das macht mentale Phänomene nicht zu „causally inert phenomena" und mentale Kausalität zu keiner bloßen Schimäre. Andererseits ist sie reduzierbar auf kausale Prozesse einer fundamentaleren Stufe. Anders ausgedrückt: *M*-Instanzen „erben" ihre kausalen Kräfte von *P*-Instanzen (Kim 1993b: 363). Kim sieht deshalb das Modell der supervenienten Kausalität von 1984 nicht mehr als eine völlig adäquate Lösung an. Auch die kausale Rolle mentaler Eigenschaften bezeichnet er als „something mysterious", und die schattenhafte „superveniente Ursache" ist nach ihm eng verwandt mit dem Problem des Epiphänomenalismus (Kim 1993b: 361).

Davidson betrachtet, wie bereits herausgestellt, *AM+P+WS* als eine konsistente Satzmenge. Dies Annahme bzw. Behauptung ist aber unter bestimmten Bedingungen fraglich. Unterstellen wir die folgenden Annahmen: *e* sei ein mentales Ereignis einer Person *a* mit der Eigenschaft *M*. Es wird zum Zeitpunkt *t* durch das physikalische Ereignis *c* mit der Eigenschaft *P* verursacht. Der gesamte physikalische Zustand *e** von *a* wird zu *t* durch die komplexe physikalische Ursache *c** bewirkt. Der Ablauf der physikalischen Geschehnisse ist durch strikte deterministische Gesetze geregelt. *P* und *M* sind durch ein nicht striktes Gesetz verbunden, das nur Wahrscheinlichkeitsprognosen erlaubt. Zu einem späteren Zeitpunkt *t'* liegt dieselbe Ursachenkonstellation wie zu *t* vor. Dann ist es möglich, dass durch *P* die von *M* verschiedene Eigenschaft *M'* bewirkt wird (wir gebrauchen die verkürzte Ausdrucksweise in (i)). Wegen *WS* muss dem mentalen ein physikalischer Unterschied im Organismus von *a* korrelieren. Der mentale Anomalismus generiert einen physiologischen Anomalismus. Dies widerspricht seinerseits der Annahme deterministischer physikalischer Gesetze. Der Einwand liegt nahe, dass die Ursachenkonstellationen zu *t* und *t'* nicht gleich sein können. *M'* wird an sich nicht durch *P*, sondern durch die davon unterschiedene Eigenschaft *P'* bewirkt und entsprechend der veränderte physikalische Zustand von *a* durch ein verändertes Ursachenmuster. Dann wären jedoch psycho-physische Regularitäten *an sich* ebenfalls strikte und nur für die begrenzten menschlichen Erkenntnisfähigkeiten *CP*-Gesetze. Das erinnert an die Auffassung Fodors, gerät aber mit *MA* in Konflikt, wenn man die als

Begründung gedachten Rationalitätsargumente primär als ontologische Aussagen über die wesensmäßige Verschiedenheit mentaler und physikalischer Phänomene versteht. Intentionale Gesetze lassen sich nach Fodor im Laufe der wissenschaftlichen Entwicklung durch die Explikation von *CP*-Bedingungen weitgehend strikten Gesetzen annähern, während ihnen *MA* auch *in the long run* lediglich den bleibenden Status von „groben Faustregeln" zubilligt (Davidson 1970: 308).

3. Davidsons Antwort. Davidson (1993: 9, 14) antwortet seinen Kritikern dahingehend, dass sie den Unterschied zwischen strikten und *CP*-Gesetzen nicht angemessen berücksichtigen, während er ihm gerade eine grundlegende Bedeutung beimisst. Er verweist auf seine Handlungstheorie, in der *CP*-Gesetze eine maßgebliche Rolle spielen. Es ist deshalb mit Kim (1993c: 24) zu vermuten, dass in Davidson (1993) auch die Strategie der erweiterten nomologischen Begründung der mentalen Kausalität zur Anwendung kommt. Dafür spricht zudem, dass er die Position Fodors hinsichtlich intentionaler *CP*-Gesetze und sogar Kims lokale Reduktion mentaler Eigenschaften ([1996] 1998a: 262-265) als vereinbar mit *AM* + *P* ansieht. Im Falle Fodors trifft das aus den oben erwähnten Gründen sicherlich nicht zu. Dasselbe gilt aber auch im Falle Kims. Dazu kommt, dass nach Kim (1998: 97-100) eine notwendige Bedingung der Reduktion von Eigenschaften und Begriffen deren Funktionalisierung ist. Dann stellt sich aber die Frage, ob und in welchem Sinne intentionale Eigenschaften bzw. Begriffe in *AM* + *P* zu funktionalisieren sind. Darüber äußert sich unseres Wissens Davidson nicht. Abgesehen von diesen Schwierigkeiten und Problemen lässt sich bei der Voraussetzung von *KG* eine mentale (Teil-)Verursachung physikalischer Ereignisse, wie bereits in (i) gezeigt wurde, nicht rechtfertigen.

4. Pauens Argument. Ein konsistenter nicht-reduktiver Physikalismus, zu dessen Theoremen *KG* gehört, kann demnach nicht psycho-physische Kausalgesetze mit mentaler *Wenn*-Komponente enthalten. Er ist, folgt man einer Untersuchung von Pauen (2000), in noch viel höherem Maße restriktiv. Pauen kommt zu dem Ergebnis:

1. da *M* superveniert global über *P* ↔, wenn gilt: Alle Welten *wi,, wj* in denen die *P*-Eigenschaften in gleicher Weise verteilt sind, unterscheiden sich nicht in der Verteilung der *M*-Eigenschaften.
2. Wenn sich also irgendein Objekt in zwei möglichen Welten *wi„ wj*, in seinen *M*-Eigenschaften unterscheiden, so dann unterscheidet sich auch irgendein Objekt (bzw. unterscheiden sich irgendwelche Objekte) in seinen (ihren) *P*-Eigenschaften.

3. Angenommene Regularitäten jeder Art mit mentalen Termen, also auch Supervenienzgesetze, unter der Voraussetzung von *KG* und nicht zu reduzierenden mentalen Eigenschaften, sind nicht falsifizierbar. Sie können deshalb nicht als empirische Gesetze gelten.

Der Kern von Pauens Argument besagt, dass empirische Überprüfungen auf Fakten, insbesondere sprachliche und andere Verhaltensweisen rekurrieren müssen, die durch neuronale Prozesse verursacht sind. Diese können aber laut Voraussetzung keine mentalen Ursachen haben und deshalb bei bestätigenden wie falsifizierenden mentalen Zuständen oder deren völliger Abwesenheit in gleicher Weise ablaufen. Selbst eine subjektive Überprüfung ist nicht möglich, wenn das Kurzzeit- und das Langzeitgedächtnis sowie kognitive Prozesse als notwendige Voraussetzungen der Identifikation mentaler Phänomene auf rein neuronalen Prozessen beruhen.

Überlegungen dieser Art haben im Prinzip dieselbe logische Struktur wie bestimmte Gedankenexperimente mit umgekehrten Spektren oder Absent-Qualia-Argumente. Pauen erwägt drei Auswege:

1. den dualistischen Interaktionismus,
2. die Identifikation psychischer und physikalischer Eigenschaften sowie
3. die Ausschließung obiger Möglichkeiten per fiat.

Pauen favorisiert als Physikalist die zweite Alternative. Den dritten Ausweg lehnt er ab, da sie die anerkannten Grundregeln der empirischen Hypothesenüberprüfung verletzt. Es ist jedoch zu bedenken, dass alle empirischen Tests konventionelle Festlegungen voraussetzen, z. B. über die Normalität des letzten Beobachters. Dies wurde bereits in der Basissatzdiskussion im Wiener Kreis erkannt. So gesehen sind bestimmte Konventionen über Zusammenhänge von mentalen und neuronalen Phänomenen, z. B. Aktivitäten in den Spracharealen, nicht so befremdlich, wie es auf den ersten Blick erscheinen mag, zumal bei ihrer Voraussetzung andere psycho-physische Regularitäten empirisch überprüft werden können. Wir können das auch so formulieren: Die Messverfahren und Bestätigungsverfahren der empirischen Wissenschaften verfahren immer unter bestimmten Voraussetzungen, die wir ihren Ergebnissen selbst nicht entnehmen können.

Von Kutschera hat hervorgehoben, dass z. B. aus den vorliegenden Analysen zur Supervenienz nur eine analytische und nomologische Supervenienz einen Physikalismus begründet. Eine nomologische Supervenienz ist auch mit einem Dualismus verträglich. Seine Behauptung ist schwer zu entkräften, dass analytische Beziehungen zwischen reinen psychischen und reinen physischen Begriffen nicht nachzuweisen sind und aus reinen physischen Eigenschaften keine reinen psychischen Eigenschaften folgen. (von Kutschera 2009, 163) Die physischen Eigenschaften sind (nur) notwendige Bedingungen des Mentalen. Insgesamt darf die Erklärungsrelevanz von Supervenienzbegriffen nicht überschätzt werden. Es wird nicht bestritten, dass sie mit unterschiedlichen Lösungsvorschlägen des Körper-Geist-Problems zu vereinen ist, wie z.B. der Identitätstheorie, des Epiphänomenalismus, des Parallelismus, selbst mit den emergentistischen Theorien, in denen mentale Einwirkungen auf das Gehirn durch das Mentale angenommen werden (Interaktionismus).

5. Kausalität nach unten. Die Realisierung (Instanziierung, Implementierung) eines mentalen Zustand durch einen physischen Zustand ist das Grundproblem der Supervenienzannahme. Es wurde bereits erwähnt, dass Realisiernug ein Grundbegriff des Funktionalismus ist. Die Realisierung mentaler durch physische Ereignisse (Zustände) bringt die Supervenienz des Mentalen über dem Physischen ins Schwanken. Realisierung besagt, dass „ein *P* sein realisiert ein *M* sein ↔ *M* mit nomologischer Notwendigkeit gilt und *P* ein *M* erklärt“. Dieser Erklärungsanspruch ist stärker als eine nomologische Notwendigkeit. Nach Kim impliziert die physikalische Realisation eine starke Supervenienz. Nach ihm sollte die Relation zwischen *P* und *M* als objektive metaphysische Relation gefasst werden und nicht bloß als eine epistemische Relation. Die Schlüsselbegriffe der Realisierung sollten kausale Mechanismen und die jeweilige Mikrostruktur der in Frage stehenden Entität sein. Die Anforderung an *P* ist es, dass es eine mikrostrukturale Eigenschaft hat, die einen kausalen Mechanismus zur Implementierung von M enthält. P hat ferner zu einer Familie von physischen Eigenschaften zu gehören, die ein Netzwerk von miteinander nomologisch verbundenen mikrostrukturalen Zuständen bestimmen. Dieses Netzwerk ergibt einen mikrokausalen Mechanismus. Er liegt nomologischen Relationen für ein umfangreiches System mentaler Eigenschaften zu Grunde. Die Mikrozustände sind die Erklärungsbasis für höhere Zustände und die gesetzlichen Beziehungen zwischen ihnen. Aber die Realisierungsrelation muss von der Erklärungsrelation unterschieden werden. Nach Lepore und Lower ist die Erklärungsrelation dagegen ein konstitutiver Bestandteil der Realisierungsrelation. (Kim 1993a: 344) Alexander und Kim gehen davon aus, dass „real sein = kausale Kräfte zu besitzen“. Die Emergentisten betonen die kausale Rolle der emergenten Eigenschaften im Sinne der Kausalität „nach unten“. Das ist ähnlich wie bei den typischen Vertretern des nicht-reduktiven Physikalismus. Kims Argument ist es, dass dass die „Kausalität nach unten“ für beide Positionen wesentlich und im Hinblick auf grundlegende Annahmen problematisch ist. (Kim 1993a: 348-350) Nach den Emergentisten, z.B. Alexander, sind die neuen Eigenschaften real („wirklich ist das, was wirkt") und Träger neuer irreduzibler Kräfte. Realisierung ist eine funktionalistische Auffassung von Mentalem. Das würden Emergentisten so nicht anerkennen. Sie betonen, dass alle höheren Eigenschaften niederstufige Korrelate haben, von denen sie abhängen, aber die höherstufigen Eigenschaften sind eigenständige Eigenschaften mit einem eigenen intrinsischen Charakter. Die Instanziierung einer mentalen Eigenschaft ist aus dieser Sicht gerade keine Realisierung einer niederstufigen Eigenschaft, so wie die Funktionalisten annehmen. Das betrifft das Absent-Qualia-Argument gegen den Funktionalismus.

7. Ontologie mentaler Eigenschaften

Inhalt: *(a) Sind mentale Eigenschaften real oder fiktiv? 1. Eigenschaftsepiphänomenalismus, 2. Linguistischer Physikalismus, (b) Realität des Mentalen, 1. Mentales in der Gesamtheorie Davidsons, 2. Psycho-physischer Eigenschaftsdualismus*

(a) Sind mentale Eigenschaften real oder fiktiv?

1. Eigenschaftsepiphänomenalismus. Die bisherige Voraussetzung der Realität mentaler Eigenschaften könnte als fraglich erscheinen, da z. B. Davidson (1993: 4, Fn. 4) Begriffe nicht von Eigenschaften und Prädikaten unterscheidet. Er kreiert jedoch keine neue Lösung des Universalienproblems jenseits der bekannten Lehrmeinungen. Eher handelt es sich um eine Scheinnivellierung, die eine realistische oder nominalistische bzw. konzeptualistische Deutung von Prädikaten herausfordert. Dies hat entscheidende Konsequenzen für das Problem der mentalen Kausalität, weil es sich in der zweiten Alternative gar nicht stellt. Nicht zuletzt soll Davidsons changierende Ausdrucksweise – allerdings nur scheinbare – argumentative Vorteile gewähren. Von Eigenschaften ist vornehmlich die Rede, wo es plausibel ist, insbesondere bei dem Begründungsversuch der mentalen Kausalität. Der Einwand des Eigenschaftsepiphänomenalismus lässt sich leicht zurückweisen, wenn er mit Hilfe der Ausdrücke „Begriff" und „Beschreibung" umformuliert wird. Er besagt dann, dass Ereignisse, nur sofern sie mit physikalischen Begriffen beschrieben sind, in Kausalbeziehungen stehen. Deren linguistische Erzeugung ist selbstredend mit Davidsons ontologischem Kausalverständnis nicht zu vereinbaren. Aber die Neuformulierung ist ein gründliches Missverständnis jenes Einwandes. In ihm ist von Eigenschaften, die es in der Welt unabhängig von Denken und Erkennen gibt, und nicht von uns gebildeten Begriffen oder Prädikaten die Rede. Beides wird von Kim (1998: 103 ff.) klar unterschieden.

Der Einwand des Eigenschaftsepiphänomenalismus wäre natürlich gegenstandslos, wenn es nach Davidson keine Eigenschaften (Universalien oder Tropen) und Klassen gäbe. Mit anderen Worten, wenn seine Ontologie als nominalistisch oder konzeptualistisch (in der Terminologie Armstrongs (1978: 12-15, 25-28) als Prädikat- oder Begriffsnominalismus) einzustufen wäre. Dies wird von manchen Autoren erwogen oder angenommen. Auch bestimmte Äußerungen Davidsons scheinen diese Deutung zu begünstigen. Seine Ansicht über den ontologischen Status von Eigenschaften hält McLaughlin (1989: 122) „far from certain". Sosa (1993: 48-9) erwägt eine realistische und nominalistische Deutung. Neale (1999: 84) unterstellt Davidson eine sparsame Ontologie von Objekten und Ereignissen ohne Eigenschaften und Sachverhalte, da sie für die Konstruktion einer interpretativen Wahrheitstheorie ausreicht. Davidson selbst (1994: 231) charakterisiert *AM + P* als „ontological monism coupled with conceptual dualism" und schreibt an einer anderen Stelle dazu:

> The mental and the physical share *ontologies*, but not, if I am right, classificatory *concepts*. (1990: 18)

Dieselben Ereignisse scheinen demnach nur deshalb physikalisch oder mental zu sein, weil sie in verschiedener Weise mit physikalischen und mentalen Begriffen klassifiziert und beschrieben werden. Ihre korrekte Anwendung gründet nicht in einem ontologischen Eigenschaftsdualismus. Sie wird vielmehr – so interpretiert Melchert (1986: 271) Davidson – durch eine Spezifikation der apriorischen Prinzipien des physikalischen und mentalen Beschreibungssystems geregelt. Sie bestimmen auch, was als „real" in beiden Systemen gilt. „... if by ‚*really*' you mean ‚apart from all descriptions', there is not and cannot be any answer ...". (Melchert 1986: 271)

Diese Interpretation erinnert an die von Carnap (1950) konzipierte Verankerung verschiedener Ontologien in linguistischen Rahmenwerken. Nur in ihnen kann der „Inhalt unserer Erfahrungen" (Carnap 1950: 261) thematisiert werden. Und nur in ihnen kann man theoretische Wirklichkeitsfragen, wie in Melcherts Beschreibungssystemen, stellen. Rahmenwerke sind durch den Erfahrungsinhalt unterbestimmt. Deshalb lässt sich derselbe Inhalt durch verschiedene Rahmenwerke interpretieren. Ihre Wahl ist auch maßgeblich durch die pragmatischen Gesichtspunkte der Einfachheit, Brauchbarkeit und Fruchtbarkeit für die Realisierung von Zwecken bestimmt. Verschiedene Zwecke können verschiedene Rahmenwerke erfordern. Deshalb schließen verschiedene Ontologien, wie verschiedene Beschreibungssysteme bei Davidson und Melchert, einander nicht aus.

2. Linguistischer Physikalismus. Carnap (1963: 885-86) beansprucht die Option der verschiedenen Beschreibungssysteme auch für die Erörterung und Lösung des Leib-Seele-Problems heranzuziehen. Die von ihm bevorzugte Lösung ist eine physikalistische Sprache/Ontologie. Damit wird eine dualistische Sprache/Ontologie nicht ausgeschlossen. Sie erfüllt vermutlich die erwähnten Kriterien für die Zwecke der Kommunikation im Alltag am besten. Im ontologischen, nicht-reduktiven Physikalismus ist das Problem der psycho-physischen Kausalität als „Kausalität nach unten" nicht zu lösen, und zwar wegen ihrer Unvereinbarkeit mit *KG*. Diese Schwierigkeit lässt sich mit Carnaps linguistischen Rahmenwerken auf elegante Weise beseitigen. Im linguistischen Physikalismus kann sie wegen der Identifikation von mentalen und physikalischen Eigenschaften aufgrund empirischer Korrelationen nicht entstehen. In einer dualistischen Ontologie könnte man beim gleichen Erfahrungsinhalt die Möglichkeit psycho-physischer Interaktion in den Prinzipien des zugrunde liegenden Rahmenwerks verankern. *KG* dürfte dann nur als eine Idealisierung, wie z. B. der Begriff des Massenpunktes, angesehen werden, die allenfalls annähernd realisierbar ist.

Eine solche linguistisch-pluralistische Lösung des psycho-physischen Problems und des Problems der mentalen Kausalität würde aber nicht in den Gesamtkontext von Davidsons Philosophie passen. Sie steht einmal im Konflikt mit seiner Kritik des Dualismus von Begriffsschema und empirischem Inhalt (Davidson 1974a). Zum anderen betrachtet er die Beziehungen Kausalität und Identität als beschreibungsunabhängige, d. h. zur Welt an sich gehörende Entitäten (Davidson 1970: 302, 1974: 340). Dasselbe gilt auch für physikalische Raum-Zeit-Bestimmungen. Wären alle anderen physikalischen Begriffe bloße Interpretationsprodukte ohne ein fundamentum in re, dann könnte man mit Skillen (1984: 523) Davidsons Ereignisbegriff als „hopelessly minimal" charakterisieren. Auch das stünde noch im Gegensatz zur Kritik des Schema-Inhalt-Dualismus. Der Unterschied zu Carnap bestünde bloß darin, dass an die Stelle des uninterpretierten Wahrnehmungsinhalts die direkt wahrzunehmenden Dinge und Ereignisse träten, die in Kausalbeziehungen stehen. Diese Ansicht wäre mit Davidsons realistischer Auffassung der Physik schwer vereinbar. Man könnte nicht wie er sagen, „that things in themselves are physical" (Davidson 1974: 340). Gegenüber Neales nominalistischer Deutung seiner Ontologie macht Davidson dann auch geltend, dass er wohl die Interpretation aller Prädikate durch Eigenschaften ablehne, jedoch keine Einwände gegen Eigenschaften in dem Sinne habe, dass

> ... if they turn out to be needed to explain such sentences as „This is the same colour as that. (Davidson 1999: 88-89)

Er hat ferner keine Bedenken gegenüber abstrakten Gegenständen, sofern sie für Problemlösungen nützlich sind. Davidson (1997: 31) weist z. B. auch den Nominalismus zurück. Der Problembezug bei diesen Darlegungen ist, dass er nicht viel über den Status von abstrakten Gegenständen sagt, wenn er davon ausgeht, dass er im Hinblick auf sie kein apodiktischer Realist (Gödel) und kein apodiktischer Nominalist ist. Eine alternative Option könnte ein hypothetischer Platonismus und Suppositionalismus in der Erkenntnistheorie und Metaphysik sein (Essler 2000: 191-215, 2001).

Wäre es dann nicht angebracht, in Davidsons Ontologie neben Objekten und Ereignissen physikalische und mathematische abstrakte Gegenstände anzunehmen, mentale Eigenschaften und Klassen jedoch weiterhin auszuschließen? Wie in einer nominalistischen Ontologie neutraler konkreter Gegenstände wäre die mentale Kausalität mit ihren Schwierigkeiten beseitigt. Man könnte auch an der Charakterisierung „ontologischer Monismus plus begrifflicher Dualismus“ festhalten. Nur hätten gewisse physikalische, aber keine mentalen Prädikate oder Begriffe eine ontologische Grundlage. Sie besteht aber nicht darin, dass z. B. bestimmten Eigenschaften und Klassen jenen eindeutig zugeordnet werden können. Dies stünde im Widerspruch zu der von Davidson (1979) im Anschluss an Quine behaupteten Unerforschlichkeit der Referenz. Sie besagt, dass unbeschadet des Wahrheitswertes von Sätzen und deren logischen Beziehungen zueinander ihre deskriptiven Terme immer auf vielerlei Weise interpretierbar sind, mit anderen Worten jede Menge wahrer Sätze viele Modelle hat. Dies stellt den Wirklichkeitsbezug von Erkenntnis nach Davidson (1983: 430-1, 1991: 161, 1997: 27-30) nicht in Frage. Er analogisiert die Unbestimmtheit der Referenz mit Messungen physikalischer Größen durch verschiedene Skalen. Dabei bleiben die Proportionen zwischen den Messwerten erhalten und sie sind nur unterschiedlich ausgedrückt, z. B. die Messung von Temperatur in Celsius- oder Fahrenheit-Maßeinheiten. Das invariante Gegenstück der verschiedenen Modelle einer Menge wahrer Sätze, „the fact of matter“, ist eine bestimmte Struktur. Entsprechend heißt es bei Quine ([1981] 1985: 34): „Die Struktur ist es, die für die Theorie von Bedeutung ist, und nicht die Wahl der Gegenstände.“ Deshalb können ihre deskriptiven Terme, trotz der Unbestimmtheit der Bezugnahme, nicht willkürlich interpretiert werden, sondern deren Referenten müssen in den Beziehungen stehen, die eine Struktur bestimmen.

3. Physikalistische Ontologie. Die zur Diskussion stehende physikalistische Ontologie wird von bestimmten Äußerungen Davidsons nahegelegt. So sagt er z. B., dass in seiner Sicht „the mental is not an ontological but a conceptual category“ (1987: 46). Und diese, d. h. die intentionale Begrifflichkeit, ist als bloßes Menschenwerk ohne objektives Fundament gedacht. Denn sonst könnte Davidson (1974: 335) nicht behaupten:

> Die den Sozialwissenschaften gesetzte Grenze ist also nicht naturgegeben, sondern stammt von uns, sobald wir entscheiden, die Menschen als rationale handelnde Wesen mit Zielen und Zwecken zu sehen, als Wesen, die auch einer moralischen Bewertung unterliegen.

Hingegen beziehen sich physikalische Prädikate auf Eigenschaften, Relationen oder Klassen.

Einige Interpreten Davidsons favorisieren auch eine von aller Mentalität gereinigte physikalistische Ontologie. Im Fortgang seiner Ausführungen spricht Melchert (1986: 272-275) nur noch von der Irrealität mentaler Eigenschaften.

> So also one event can be a thought and a brain process, without supposing that there is ‚really' a thought-property distinct from a brain-process-property, each of them properties of some third (what?) thing. There are no mental properties in the world distinct from the physical properties there (Melchert 1986: 273).

Skillen (1984: 523-525) ist durch Davidsons (1970: 291-2, 317) Sympathie mit Kants doppelter Betrachtungsweise menschlicher Handlungen als determinierte Naturprozesse und freie Akte motiviert. Er deutet die mentalen Phänomene in $AM + P$ als eine teleologische Konstruktion, die wir über einem physikalischen Unterbau errichten. In ihr werden Menschen nicht als deterministische oder probabilistische Automaten angesehen, sondern als Personen, die Zwecke verfolgen und deren Handlungen nach rationalen und moralischen Kriterien zu beurteilen sind. Dabei wird Kants Unterscheidung von Ding(en) an sich und Erscheinungen auf den Kopf gestellt, da Skillen die Philosophie Davidsons als einen empirischen Idealismus und einen transzendentalen Physikalismus einstuft.Der Status der mentalen und moralischen „Erscheinungen" als bloßer Interpretationsüberbau kommt ihrer ontologischen Abwertung zu einer Art von Fiktionen gleich, denn die Erkenntnis der Wirklichkeit ist ausschließlich Aufgabe der exakten Naturwissenschaften. Man könnte diese Auffassung einen gemäßigten ontologischen Eliminativismus des Mentalen nennen. Diese Version des „Eliminativismus" ist deshalb „gemäßigt", da er die psychischen Phänomene nicht schlechthin, wie z. B. die Wirklichkeit von Phlogiston oder Dämonen leugnet, sondern als Interpretationsprodukte ohne Wert für die theoretische Erkenntnis von Handlungen begreift.

Vereinbar ist damit die Nichteliminierbarkeit des mentalen und moralischen Denkens im praktischen Leben. Sie wird nach Yalowitz (1998: 212), ohne dies zu erläutern, durch Davidsons Rationalitätsprinzipien des Prinzips der Nachsicht nahegelegt. Aber diese bestimmen nur die spezifischen Strukturen der Ganzheiten, in denen mentale Ereignisse stehen. In physikalistischer Sicht dürfte eine kausale Erklärung des mentalen und moralischen Überbaus und seiner Lebensnotwendigkeit allenfalls evolutionstheorisch möglich sein.

(b) Realität des Mentalen

1. Mentales in der Gesamtheorie Davidsons. Die eliminativistische oder fiktionalistische Deutung des Mentalen ist jedoch mit Teilen von Davidsons Gesamttheorie nicht verträglich. Das sei im Folgenden verdeutlicht.

1. *Strikte Eliminierung des Mentalen.* Ein strikter eliminativer Physikalist widerspräche sich selbst, wenn er das Denken seiner eigenen These „Es gibt keine mentalen Entitäten“ bestreiten würde. Er müsste aber behaupten, dass dieses Denken nichts anderes als ein so-und-so bestimmter Gehirnprozess sei. Dann müsste er auch die mentale Eigenschaft „die These des eliminativen Physikalismus denken“ mit einer vermutlich sehr komplexen physikalischen Eigenschaft (lokal) identifizieren. Er wäre also, vermutlich entgegen seinen Intentionen, ein partieller Typ-Typ-Identitätstheoretiker. Dieser Ausweg stünde dem anomalen Monisten nicht offen. Folglich dürfte er eine strikte Eliminierung des Mentalen nicht akzeptieren.
2. *Intentionale Zustände.* Davidson (1997: 20-23) teilt zwar mit Quine die These der Unbestimmtheit der Übersetzung bzw. Interpretation. Er wendet sich aber gegen Philosophen, wie Dennett, Fodor und vielleicht Quine selbst, die deswegen, d. h., weil es keine eindeutigen empirischen Belege für propositionale Einstellungen gibt, glauben, dass jene These deren Wirklichkeit untergräbt. Dies wird auch gegen Dennetts Identifikation von intentionalen Zuständen und abstrakten Verhaltensmustern geltend gemacht, welche die sehr komplexe physikalische Situation auf eine erfassbare Menge von Merkmalen reduzieren. Abstracta, so Davidson, stehen in keinen Kausalbeziehungen; das ist jedoch bei mentalen Zuständen, z. B. Überzeugungen und Wünschen, der Fall. Dennett beklagt die volle Wirklichkeit der intentionalen Zustände bei Davidson, das findet dieser jedoch erfreulich (Davidson 1997: 29-32).
3. *Handlungstheorie.* Erwähnt sei in diesem Zusammenhang nochmals Davidsons Handlungstheorie, nach der Primärgründe eigene kausale Kräfte besitzen und Handlungen verursachen. Zweifellos ist damit gemeint, dass es

sich wirklich so verhält und es sich dabei nicht um Fiktionen handelt. Die mentalen Eigenschaften der primären Gründe müssen dann zu dieser Wirklichkeit gehören und dürfen nicht als irreal eliminiert bzw. in einem Überbau fiktiver Konstrukte lokalisiert werden. Dies ist offenbar gemeint, wenn in *AM* „mentale Ereignisse … ebenso wirklich wie physische Ereignisse" (Davidson 1997: 22) sein sollen. Nach einer fiktionalistischen Auffassung dagegen wäre auch Davidsons Handlungstheorie eine Fiktion des Alltagsbewusstsein ohne jeden Wahrheitsgehalt. An die Stelle des Problems der psycho-physischen Kausalität würden dann andere Probleme treten, z. B. die Erklärung mentaler Fiktionen und ihrer illusionären realistischen Umdeutung im Weltbild des Alltagsbewusstseins.

4. *Zuschreibung von Einstellungen und Triangulation.* Als weiteren Beleg für die Annahme realer mentaler Eigenschaften sei auf Davidsons (1991) Analyse des Fremd- und Selbstwissens sowie die Triangulation beider mit dem Wissen gemeinsam erfahrener Situationen in der Außenwelt hingewiesen. Die Zuschreibung von propositionalen Einstellungen zu einer anderen Person aufgrund empirischer Befunde wird nicht als Projektion von Fiktionen auf sie, die sie erst als ein intentionales Wesen konstituiert, dargestellt. Vielmehr wird vorausgesetzt, dass die andere Person schon bestimmte Einstellungen besitzt. Weil sie mit meinen Zuschreibungen meistens übereinstimmen, sind diese auch meistens wahr (Davidson 1997: 30). Selbstzuschreibung bedarf in der Regel keiner Belege. Sie ist aber kein Ursprung fiktiver Intentionalität und Autorität, sondern ich weiß meine Überzeugungen, weil ich sie tatsächlich habe. Mentale Eigenschaften sind nicht weniger real als physikalische und deshalb nicht Elemente eines fiktiven Überbaus. Das findet seinen Ausdruck darin, dass

> all three varieties of knowledge are concerned with aspects of the same reality … (Davidson 1991: 153).

Diese Wissensformen sind aufeinander nicht reduzibel, bedingen jedoch einander wechselseitig. Da Selbstwissen und das Wissen vom anderen die Realität mentaler Eigenschaften voraussetzen, käme deren Leugnung der Negierung alles Wissens und aller Kommunikation gleich. Nach Davidsons Ansicht (1993b: 107) bleibt von der klassischen Subjektivitätskonzeption die Privatheit der Gedanken und die Autorität der ersten Person erhalten. Diese kann aber gelegentliche Täuschungen über die eigene psychische Verfassung nicht verhindern. Das Haben und die Zuschreibung propositionaler Einstellungen versteht Davidson (1989: 28-31) nicht so, dass ihre Inhalte selbstständige Entitäten sind, zu denen eine Person in eine bestimmte intentionale

Beziehung tritt. Er vertritt dagegen die attributive Auffassung, nach der eine Person sich in bestimmten intentionalen Zuständen befindet.

2. Psycho-physischer Eigenschaftsdualismus. Es sprechen somit triftige Gründe für die Akzeptanz mentaler Eigenschaften in Davidsons Theorie des Mentalen. Sie sind aus seiner Sicht gerade keine Fiktionen. Ihre übliche Charakterisierung als ontologischer Monismus plus konzeptueller (ideologischer) Dualismus ist deshalb zumindest irreführend. Statt dessen müsste man sie ontologisch als Ereignismonismus und psycho-physischen Eigenschaftsdualismus kennzeichnen, dem epistemisch ein Begriffs- und Beschreibungsdualismus entspricht. Damit ist sie mit dem Problem der mentalen Kausalität konfrontiert. Für *AM + P* scheinen sich nur zwei konsistente Lösungsmöglichkeiten anzubieten. Man kann zum einen am Physikalismus und damit an *KG* festhalten, womit aber die psycho-physische Kausalität „nach unten" nicht verträglich ist. Dies schließt nicht aus, dass mentale Eigenschaften bei Annahme bestimmter Supervenienzgesetze erklärungsrelevant sein können. Die zweite Option wäre die Akzeptanz jener psycho-physischen Kausalität. Sie erforderte aber eine Revision anderer Thesen, z. B. eine Abschwächung von *NK*. Davidsons Philosophie des Mentalen würde dann eine zeitgenössische Spielart des Emergentismus darstellen.

Fassen wir noch einmal zusammen: Das nicht befriedigend gelöste Konstruktionsproblem von Davidsons Philosophie des Mentalen besteht in einer angestrebten *Synthese* zwischen einem hinreichend starken Physikalismus und dem Anspruch, die Autonomie des Mentalen zu bewahren. Insgesamt fällt es schwer, die Einwände gegen die Beweisstrategien für den *MA* zu entkräften. Davidsons Philosophie des Mentalen und seine Begründung haben seit den 1970er Jahren relevante Diskussionen zur Philosophie des Mentalen und der Sprachphilosophie ausgelöst und die Gemüter der Philosophen irritiert. Der Ansatz ist aber letztlich doch nicht mehr zu innovieren.

8. Desaster der Triangulation

Inhalt: *(a) Distale Bedeutungstheorie, 1. Distale Ursachen, 2. Zweifacher Holismus, (b) Perspektiven der Triangulation 1. Bedeutung und Überzeugung, 2. Basislinie, (i) Erste Perspektive, 1. Gemeinsame Reaktion, 2. Inhalt der propositionalen Einstellungen, (ii) Zweite Perspektive, 1. Reziproke Interpretation, 2. Möglichkeit der RI und Projektionsproblem, (iii) 1. Kommunikation und Dritte-Person-Perspektive, 2. Direkte Gegebenheit der Wahrnehmungsgegenstände, (iv) Perspektive, 1. Kausale Kette, 2. Relatives Apriori, (c) Desaster, 1. Erkenntnistheoretische Offensichtlichkeit, 2. Ersatz für die epistemische Qualifikation, 3. Nicht-semantische Limitationalität*

(a) Distale Bedeutungstheorie

1. Distale Ursachen. Eine Wahrheitstheorie als Semantik natürlicher Sprachen resp. des Sprachverhaltens ist keine Theorie über die Welt, z. B. im Sinne eines metaphysischen Realismus (Putnam) oder eines modalen Realismus (Lewis), sondern die Basis der Einstellungszuschreibung im Zuge von *RI* sind die *distalen* Ursachen:

> I make *shared* (‚distal') causes the basis of interpretation, thus moving the relevant stimuli from the private world to the public. To vastly simplify the details, and to stick to the most primitive, but basic, cases: I ask myself what sentence of mine I am stimulated to assent to whenever you are stimulated to assent to a particular sentence of yours, and I use my sentence to give the truth conditions of yours. This is, of course, just a first, tentative step in interpreting a speaker, to be adjusted and corrected as further evidence accumulates. (Davidson 1993a: 39)

(Vgl. dazu auch mit Bezugnahme auf McDowells, Rorty, Field, Dummett, Etchemendy, Putnam und Soames im Zusammenhang des Problems, inwieweit Tarskis Ansatz eine deflatorische oder minimalistische Wahrheitstheorie nahelegt: Davidson 1990b, 1992, zur Kritik an Davidson von Manning 1998. Davidson sympathisiert zwar mit einer deflatorischen Wahrheitstheorie, er lehnt aber die Folgerung ab, dass der Wahrheitsbegriff keine Verbindung zu anderen Begriffen hat, wie z. B. dem Begriff der Bedeutung. Zu Davidsons Erörterung des deflatorischen Ansatzes siehe Horwich 1999; Davidson 1993a). Die Ontologie der distalen Theorie der Bedeutung beansprucht, dass sie uns zu einer endgültigen Ontologie führt und wir nicht mehr über Ontologie wissen können. Das heißt aber, und das ist die Hintergrundannahme von

Davidsons Sprachphilosophie („*Theorie* der Wahrheit"), dass sich die Ontologie der Metasprache nicht von der Ontologie der Objektsprache unterscheidet und „... die Erweiterung der Ideologie (in der Metasprache, d.V.) sich auf die semantischen Begriffe beschränken (lässt)" (Davidson 1973a: 116). Das ist das Anliegen seines Realismus von Dingen (die einen Raum ausfüllen), Ereignissen und Zeitpunkten und der Relativierung der Wahrheitstheorie auf die gesprochene Sprache einer Person oder Gruppe. Sofern wir aber davon ausgehen, dass es sich dabei um eine endgültige Ontologie handelt, so gerät aus dem Blick, dass sich die sprachliche und epistemische Konstitution der Erfahrung nicht in der Ontologie der Objektsprache, in der wir Aussagen feststellen, Konstatierungen äußern, Einstellungen zuschreiben und Messungen vornehmen, erschöpft.

Die *RI* von Sprechern als Sprecher ist ein Ergebnis seiner Wiedergabe, die ihrerseits die Annahme der Widerspruchsfreiheit, Kohärenz und Wahrheit der propositionalen Einstellungen des Sprechers vorauszusetzen und zu optimieren hat. In diesem Sinne ist für die *RI* Rationalität eine epistemische Norm. *RI* ist aber andererseits nach Davidson nur dann erfolgreich, wenn wir über einen Bezugsrahmen verfügen, der uns die Individuierung der Gegenstände von Überzeugungen offensichtlich macht. Genau dies soll die distale Theorie der Bedeutung (Referenz) und Gedanken, somit einen Triangulationsexternalismus, gewährleisten.

2. Zweifacher Holismus. Davidsons Triangulationsexternalismus beansprucht, die Individuation der Inhalte von propositionalen Einstellungen zu erklären. Er folgt aus seiner Sicht zwangsläufig aus der *RI*, da die Gegenstände der propositionalen Einstellungen zu individuieren sind. Sie führt uns zu *zwei* Holismen: sowohl dem Holismus der Überzeugungen sowie zu dem semantischen (Sprach-)Holismus. Was die Überzeugungen eines Sprechers beinhalten, ist aus der Perspektive des Interpreten nur durch die unbegrenzte Anwendung des Grundsatzes der Nachsicht zu ermitteln. Auf dieser Basis konstruiert Davidson eine Theorie über die Welt des Sprechers. Das Ergebnis von erfolgreicher Interpretation und Kommunikation belegt ihrerseits ein weitgehend zutreffendes Weltbild. Sie legen die Rahmentheorie von *RI* fest. Der Einstellungsholismus wurde von vielen Philosophen und Sprachtheoretikern akzeptiert; er hat aber seine eigene Problematik. Mit einem semantischen Atomismus ist er nicht zu vereinbaren.

Damit kündigt sich bereits ein Desaster des Theorieansatzes an, wenn der Einstellungsholismus auf die Individuierung der Inhalte der Einstellung durch die Triangulation spezifiziert wird und verhaltensmäßige Auslöser als „obvious relations" zwischen den Einstellungsinhalten angenommen werden. Es ist an dieser Stelle auf das grundsätzliche Problem des Einstellungsholismus hinzuweisen. Wenn wir davon ausgehen, dass die Einstellungen zu ihrem Inhalt relationiert sind, so erzwingen sie keine besondere Korrelation des Inhalts zu z.B. besonderen Überzeugungen. Dies wird die zwei holistischen Anforderungen von Einstellungsmengen genannt. Das ist deshalb relevant und signifikant für die *RI*, da die Zuschreibung von Einstellungen in einer logisch (abstrakten) Struktur gerade nicht die empirischen Überzeugungen und die Begriffe der individuellen Sprecher festlegen. Wenn wir von der Annahme ausgehen, dass die mentalen Einstellungen und die mentale Sprache holistisch verfasst sind, so tritt von einem semantischen Standpunkt aus gesehen das Problem der Möglichkeit der Kommunikation ein. Der Überzeugungsholismus besagt, dass Einstellungen immer in einem Einstellungsmuster bewusst werden, z.B. von widerspruchsfreien, wahren Überzeugungen. Gehen wir davon aus, dass die Einstellungen einer Person durch die inferenzielle Rolle in dem Überzeugungssystem einer Person strukturiert ist, dann gibt es keine zwei Personen, die über denselben begrifflichen Inhalt verfügen, da es keine Überzeugung gibt, welche dieselbe inferenzielle Relation in dem ganzen Überzeugungssystem von zwei Personen hat. Die inferenziellen Rollen in dem ganzen Überzeugungssystem würden nur für eine einzige Person gelten. Jede Überzeugung ist in dem Überzeugungssystem einer einzigen Person individuiert. Insofern kann es keine identische Überzeugung von zwei Personen geben. Das mag man für keinen Einwand gegen einen semantischen Holismus halten, aber, wenn wir von dieser Annahme ausgehen, so wäre Kommunikation nicht möglich, da es bei den Teilnehmern keine gemeinsamen identischen Überzeugungen geben würde. Das wird für jede Kommunikation vorausgesetzt, z.B. zwei Personen können nicht gemeinsam zu einer U-Bahnstation, was auch immer, gehen, wenn sie nicht bestimmte identische Überzeugungen teilen würden. Die Kommunikation käme erst gar nicht zustande.

(b) Perspektiven der Triangulation

1. Bedeutung und Überzeugung. Nach Quine haben Bedeutung, Referenz und mentale Repräsentation keinen objektiven Status. Für seine naturalisierte Erkenntnistheorie ist Sprache ein Menge von Dispositionen, die zu der radikalen Übersetzung und ihrer Evidenz der Reizbedeutung zu passen haben. Jede Zuschreibung eines repräsentierenden Gehalt zu einem Sprecher unterliegt der Unbestimmtheit der Übersetzung. Sie ist als stärker anzusetzen als die Unerforschbarkeit der Referenz. Quines Kritik am logischen Empirismus ist es, dass Überzeugung und Bedeutung immer verbunden ist. Dieses Zusammenspiel lässt sich grundsätzlich nicht unterbinden. Daraus folgert er, dass es keine reine sprachliche Bedeutung gibt. Die Reizbedeutung ist als eine Klasse von Sätzen zu fixieren, die keine linguistische oder theoretische Bedeutung hat. Der Zirkel von Überzeugung und Bedeutung ist nur durch die empirische Nettobedeutung der beobachteten Reizbedeutungen zu unterbrechen. Quines Bedeutungsbegriff ist auf die beobachtbaren Umstände des radikalen Übersetzers eingeschränkt.

Davidsons Triangulations des Inhalts von Gedanken ist eine Kritik an der erkenntnistheoretischen Rolle der Reizbedeutung. Sein zentraler Einwand richtet sich gegen Quines Erkenntnistheorie der proximalen Reizungen in der Ontogenese der Referenz als eine Erklärung von Bedeutung und Referenz. Der Anspruch des Triangulationsexternalismus ist es, dass er die begriffliche Verbindung zwischen Mentalem, Sprache, Kommunikation und anderen Gesichtspunkten des Mentalen verbürgt. Insofern rechtfertigt die Triangulation ein realistisches Bild der Welt und der objektiven Wahrheit in der wir Sprecher (Denker und Handelnde) sind. Insofern sind, im Unterschied zu allen interpretationistischen Ansätzen, z. B. Goodman und der radikale Konstruktivismus, die Wahrnehmungen von Objekten keine Interpretationen (Kritik am Dritten Dogma des Empirismus, Schema-Inhalt Beziehung als Basis der Erkenntnistheorie). Die Erkenntnistheorie der Triangulation emergiert nach Davidson in Perspektiven zwischen dem Interpret, dem Sprecher und der äußeren Welt. Sie hat ihre Anwendung unter Tieren, in der Sozialisation des Spracherwerbs und der *RI*.

2. Basislinie. Davidsons Triangulationsargument beansprucht darzulegen, dass der Begriff der objektiven Wahrheit von der Situation abhängt, in der wir mit anderen Personen kommunizieren. Die Triangulation ist eine vorsprachliche, vorkognitive Situation, die für Sprache und Gedanken eine notwendige Bedingung sein soll (sie ist eingeführt in: Davidson 1982: 105, 1992: 117-120 1997: 128). Sie ereignet sich in der Ontogenese und Phylogenese von Gedanken. Die Erstellung des Triangle geht von der Dritten-Person-Einstellung aus. Dieses Triangle emergiert durch eine Durchschnittsmenge von kausalen Ketten. Gleichzeitig ist Triangulation ein Lernmodell. Die Triangulationskette ist die alltägliche Individuation der Inhalte der Gedanken eines Sprechers, wenn er mit anderen über die Inhalte seiner Gedanken kommuniziert. Das gilt für Wahrnehmungsaussagen und ihrem Gehalt. Die Grundannahme des Ansatzes ist es, dass ohne öffentliche Objekte die Kommunikation zwischen zwei und mehreren Personen nicht möglich wäre. Die Basislinie des Triangels erfordert eine Kommunikation, sie bestimmt unser Weltwissen, und gleichzeitig – durch das beobachtbare Verhalten von Anderen – ermöglicht sie die Kenntnis der mentalen Zustände anderer Personen. Das Scharnier der Triangulation sind die öffentlich zugänglichen normalen Objekte als „common causes“ für den gemeinsamen Response zwischen zwei Personen.

Dieser Ansatz stimmt mit Quines Verhaltenswissenschaft als einer Basistheorie in der Sprachwissenschaft überein (Quine 1969, 1968, 1990: 37-38). Im Hinblick auf eine verpflichtende Verhaltenswissenschaft, die Quine im Anschluss an Bloomfield im Hinblick auf die Sprachtheorie vertritt, besteht kein Unterschied zwischen der epistemischen Einstellung und der Individuation des Inhalts von Gedanken durch Reizbedeutung und der distalen Bedeutung, die durch öffentliche Gegenstände verursacht ist. Der Interpret extrahiert von dem beobachteten Verhalten die Theorie der Gedanken und Sprache des Sprechers, d.h. die Dritte-Person-Einstellung ist die interpersonale Einstellung als eine epistemische Fundierung, welche Gedanken ihren Inhalt gibt.

(i) Erste Perspektive

1. Gemeinsame Reaktionen. Die vorausgesetzte Situationsdefinition der Triangulation ist, dass der Interpret und der Sprecher gleichzeitig ähnliche Objekte in ihrer Umwelt wahrnehmen. Die relevanten Stimuli sind die öffentlichen Objekte und Ereignisse, die mit dem Response des Sprechers korreliert sind. Der Interpret überträgt dabei seine eigene Reaktionsweise auf diese Objekte und Ereignisse auf den Sprecher. Es empfiehlt sich, diesen Sachverhalt an einem Zitat zu belegen:

> Ohne diese *Gemeinsamkeit* der Reaktionen auf gemeinsame Reize hätten Denken und Reden keinen *spezifischen Inhalt*, das heißt, sie hätten gar keinen Inhalt. Um der Ursache eines Gedankens einen Ort zuzuschreiben und so seinen Inhalt zu bestimmen, sind *zwei Standpunkte* nötig. Diesen Vorgang können wir uns als eine Art *Triangulation* vorstellen: Jede der beiden Personen reagiert unterschiedlich auf Sinnesreize, die aus einer bestimmten Richtung heranströmen. Projizieren wir die herankommenden Linien nach außen, ist ihr *Schnittpunkt* die *gemeinsame Ursache*. Bemerken die beiden Positionen nun die Reaktionen des jeweils *anderen* (im Fall der Sprache: verbale Reaktionen), kann jeder von ihnen diese *beobachteten* Reaktionen zu den *eigenen*, von der Welt herkommenden Reizen in *Beziehung* setzen. Jetzt kann die gemeinsame Ursache den *Inhalt* einer Äußerung und eines Gedankens bestimmen. Das *Dreieck*, das dem Denken und Sprechen Inhalt verleiht, ist abgeschlossen. Aber um eine Triangulation vorzunehmen, sind *zwei* Personen nötig – zwei oder natürlich auch mehr. (Davidson 1991a: 106-7, hvg. d.V.; siehe auch Davidson 1999a: 12-14)

Die Linie der Triangulation verläuft von

1. dem Sprecher in die Richtung der Objekte und Ereignisse, und diese Richtung wird als ein vergleichbarer Response wahrgenommen, und
2. dem Interpreten in die Richtung der Objekte und Ereignisse, und diese Richtung wird als ein vergleichbarer Response wahrgenommen, zu
3. der Linie, die zwischen Sprecher und Interpret verläuft. Die Durchschnittsmenge der Kausalketten, welche den gemeinsamen Response verursacht gibt dem Gedanken seinen Inhalt.

Dabei ist die gewöhnliche Ursache das *öffentlich wahrnehmbare Objekt oder Ereignis.*

2. Inhalt der propositionalen Einstellungen. Alle Wahrnehmungen (Perzeptionen) sind einfach durch das verursacht, was wir sehen, hören, berühren, schmecken und riechen. Der Inhalt der Beobachtungssätze („perceptual sentences") ist *direkt* mit den Wahrnehmungen verbunden, die den Inhalte unserer Überzeugungen und anderer propositionaler Einstellungen zur Verfügung stellen. Diese Sätze sind durch besondere Umstände verursacht. Daher ist das Haben eines Begriffs nicht von dem Haben eines Gedankens zu unterscheiden. Der distale Stimulus ist dort lokalisiert, wo die Linien von dem Sprecher und dem Interpreten zu den Objekten und Ereignissen übereinkommen. Insofern sind für die Triangulation die Objekte und Ereignisse die robuste (gewöhnliche) Ursache, die Gedanken ihren Inhalt geben. Beide sind öffentlich für Sprecher und Interpreter zugänglich. Der Response ist für beide evident und beide verfügen über diese Begriffe von Objekten und Ereignissen. Ludwig hat den Problembezug zutreffend identifiziert:

> There is even a problem about what to count as the same response to stimuli, as Davidson notes. For what a creature does on different occasions in response to its environment will be similar and different in endless ways. Which of the similarities in response across various occasions in which a creature causally interact with its environment should we treat as the relevant one?
>
> Davidson accepts that if no answer can be given to these question, no sense can be made of the response being an expression of a thought at all. Davidson's general methodolodical stance on thought and meaning requires that the fact about them be recoverable from the third person standpoint. (Ludwig 1993: 81)

Diesbezüglich gibt es keinen Unterschied zu Quine. Das wird von Davidson immer wieder hervorgehoben.

Die Begriffe sind *Begriffe von ...,* d. h. der Sprecher verfügt über die besonderen Objekte und Ereignisse als Objekte seiner Gedanken. Es ist aber offensichtlich, wenn man davon ausgeht, dass ein Objekt die Ursache des Inhalts von Gedanken ist, so stellt sich die Frage, *welche Verbindung verursacht den Inhalt.* Die grundlegende Frage ist, ob wir den Inhalt von Gedanken ohne die Beobachtung von Verhalten kennen?

(ii) Zweite Perspektive

1. Reziproke Interpretation. Der Sprecher, der von einem Interpreten interpretiert wird, interpretiert aber auch den Interpreten. Insofern liegt eine reziproke Interpretation vor. Dabei liegt jedoch eine asymmetrische Relation vor. Aus der Sicht der wahrheitszentrierten Bedeutungstheorie ist ein Linguist ein radikaler Interpret. Die Evidenz der verständlichen Wiedergabe von Handlung wird aus der Dritten-Person-Perspektive gewonnen. Die Evidenz von diesem Standpunkt soll global für jede Interpretation eines Sprechers zur Verfügung stehen. Insofern nimmt Davidson an, dass *RI* für alle Lebewesen möglich ist, die über eine Sprache verfügen. Das begründet den „synchronen Externalismus" vom Standpunkt der *RI*, da die mentalen Inhalte von diesem Standpunkt aus als external verursachte Inhalte zugeschrieben werden. Das betrifft die Platzierung des radikalen Interpreten als Beobachter, da die Zuweisung eines objektiven Inhalts von dem Standpunkt der Beobachtung der Kommunikation von Personen über ihre Umwelt vorgenommen wird.

2. Möglichkeit von RI und Projektionsproblem. Das führt zu dem Problem der Möglichkeit von *RI* zurück. Die Möglichkeit von *RI* wurde von Fodor und Lepore (1993: 57-76) und von Lepore und Ludwig (2005: 166-171) in Frage gestellt. Wir haben uns zu fragen, warum es möglich ist, dass wir die Korrelationen von unseren Gedanken und unseren Handlungen von der Einstellung der Ersten Person aus auf die entsprechenden Korrelationen von anderen Personen projizieren. Davidson ist dazu genötigt, dass die Projektion dieser Korrelation im Allgemeinen vorgenommen werden kann. Das ist aber das große Problem, da, selbst wenn wir einmal die deskriptive Adäquatheit der Projektion unterstellen, damit über die explanatorische Adäquatheit noch nicht etwas gesagt ist, d. h. warum die beiden an der Triangulation beteiligten Person in bestimmten Situation in derselben Weise handeln.

(iii) Dritte Perspektive

1. Kommunikation und Dritte-Person-Einstellung. Die Triangulation hat von der Annahme auszugehen, dass beide, der Sprecher und der Interpret, sich im Vollzug von kommunikativen Akten beobachten und überhaupt kommunizieren können. Das Analysans von Kommunikation ist nach Davidson:

> Communication begins where causes converge: your utterance means what mine does if beliefs in its truth is systematically caused by the same object and event. (Davidson 1983: 151)

Die gewöhnliche (öffentlich zugängliche) Ursache sind von beiden, dem Sprecher und dem Hörer, zu teilen. Diese gemeinsam geteilte Ursache ist das normale Wahrnehmungsobjekt im Gesichtsfeld der an der Triangulation beteiligten Sprecher und Hörer, die den gemeinsamen Response auf der Objektseite gewährleisten. Demach gibt es keine Kommunikation ohne einen Response gegenüber von selektiven, den Inhalt bestimmenden Ursachen. Für diese Voraussetzung der Zuschreibung von Einstellungen ist keine Rechtfertigung erforderlich. Davidson hat hervorgehoben, dass Quine durch die globale Geltung der Dritten-Person-Einstellung unser Verständnis von Kommunikation „revolutionierte". Dem schließt er sich mit der globalen Dritten-Person-Einstellung bei der *RI* und seinem Kommunikationsbegriff an. Kommunikation ist, wie bereits hervorgehoben, durch die Konvergenz der Verursachung von Überzeugungen gewährleistet. Dadurch haben Quine und Davidson Kommunikation zu einem Rätsel gemacht. Das Dogma dieses Ansatzes lautet, dass Kommunikation nur auf Grund der objektiven Fundierung der Dritten-Person-Einstellung möglich ist. Das ist eine abenteuerliche Voraussetzung. Damit wird die Intentionalität von kommunikativen Akten systematisch vernachlässigt.

2. Direkte Gegebenheit der Wahrnehmungsgegenstände. Es drängen sich ohne Umschweife zwei Fragen auf:

1. Was erfordert das Verfügen über den Begriff eines objektiven Gedanken?
2. Wie identifizieren wir ein einmaliges Objekt eines Gedankens?

Es liegt aber ein noch tiefer gehendes Problem vor. Wenn wir davon ausgehen, dass Kommunikation für den Sprecher und den Interpreten die Erkenntnis von raum-zeitlichen Objekten und Ereignissen in einem sprachlichen Bezugsrahmen erfordert und wir diese Entitäten zu identifizieren haben, dann stellt sich das Problem, dass sie uns gerade nicht direkt gegeben sind. Das verweist seinerseits auf das dritte Dogma des Empirismus (Schema-Inhalt-Unterscheidung) und seine Entdramatisierung zurück.

(iv) Vierte Perspektive

1. Kausale Kette. Die Teilnahme an der triangularisierten Kommunikation geht davon aus, sofern *RI* möglich ist, dass sie nicht dieselbe Sprache zu sprechen brauchen. Diese Perspektive unterstellt, dass die Referenz auf die Welt (Wahrnehmungsgegenstände als gewöhnliche Ursache) für die Teilnehmer als Interpreter direkt gegeben ist. Daher ist die Dritte-Person-Einstellung in der Triangulation die Grundlage der sprachlichen Kommunikation, da es keine Anforderung ist, dass der Sprecher und der Interpret als Voraussetzung dieselbe normale Sprache für die Möglichkeit von Kommunikation sprechen. Die wahrgenommene kausale Kette zwischen Sprecher, Interpret und Welt ermöglichen Kommunikation durch den gewöhnlichen Response in den besonderen Umständen in denen sie miteinander interagieren. Die äußeren Bedingungen schließen das Triangel. Insofern ist Davidsons Version von Externalismus ein durch die aufgedeckte *Struktur der Sprache fundierter Externalismus* der Triangulation.

2. Relatives Apriori. Der Triangulationsexternalismus stimmt mit dem Externalimus im Allgemeinen überein, da der Inhalt von Gedanken weit zu individuieren ist, d.h. durch die Ereignisse und Gegenstände in der Umwelt des Denkers (Sprechers). Insofern beansprucht der Ansatz, den Mythos des Subjektiven zu entzaubern, da es keine (idealen) inneren Gegenstände von Gedanken geben soll. Es gibt aus dieser Sicht auch keine private Sprache. Das ist nicht durch das Regelfolgen-Argument begründet (Wittgenstein) – das wird von Davidson zurückgewiesen –, sondern mit dem Argument, dass Sprache für Gedanken notwendig ist, d. h. wir verfügen über einen Begriff der Überzeugung nur durch die Sprachinterpretation von der Dritten-Person-Einstellung der *RI*. Das wird zu einem „relativen Apriori" überhöht, das der Dritte-Person-Standpunkt als eine allgemeine Einstellung von jedermann – von mir und dir – nicht nur eine philosophische Übung ist, sondern Interpretation und Verstehen überhaupt erst möglich machen soll. Damit ist auch Davidsons Philosophiebegriff angesprochen. Er stuft seine Untersuchung zur „Vereinheitlichte Theorie der Gedanken, Bedeutung, Handlung und Bewertung" als eine „begriffliche Übung" ein. (Davidson 1980: 166) Das ist eine A-priori-Analyse, die unsere Intuitionen zu treffen hat. Sie soll exemplifizieren, dass uns unsere „fundamentalen" propositionalen Einstellungen als rationale Einstellungen zugänglich sind. Der Problembezug, der sich dabei aufdrängt, besteht darin, dass sich über die Rationalität von Einstellungen nicht begrifflich entscheiden lässt. Man könnte sich auch fragen, ob diese angenommenen rationalen Intuitionen nicht unsere Einbildungskraft überfordern.

(c) Desaster

1. Erkenntnistheoretische Offensichtlichkeit. Das Desaster des Triangulationsexternalismus tritt dadurch ein, dass die Evidenz für die Interpretation von sprachlichen Handlungen eine Evidenz in der dritten Person ist, die für den radikalen Interpreten global zur Verfügung steht. Die vier Perspektiven führen uns zu der Anforderung von Interpretation zurück, da sie nicht die Relativität und die epistemische Unbestimmtheit der Interpretation beseitigen. Damit ist das Bezugsproblem angesprochen, ob die Öffentlichkeit von beobachtbarem Verhalten ein konstitutiver Gesichtspunkt einer menschlichen Sprache ist. Das ist die Anforderung von *RI* und der Schließung des Triangels. Es wurde immer wieder behauptet, dass die Verhaltensbelege als offensichtliche Gewissheiten für Davidson nicht so grundlegend sind, und es wird demgegenüber z.B. sein Einstellungsholismus hervorgehoben. Das ist aber von der sachlichen Erfassung von Triangulation nicht nachzuvollziehen, da das Triangel durch ein kausal verursachtes Verhalten geschlossen wird und von den Textbelegen nicht zu bestreiten:

> There are obvious relations between holding a sentence true and linguistic (and other) behaviour. (Davidson 1988: 1990)

Gerade das Gegenteil dessen, was einige Interpreten im Hinblick auf die verhaltensmäßige Fundierung von *RI* und Triangulation behaupten, ist der Fall. Die „obvious relations" sind die Evidenzen des Fürwahrhaltens und des Schließens des Triangel. Das Desaster tritt durch die „obvious relations" zu Verhaltensdaten, der kausalen Verhaltensauslösung und der Öffentlichkeitsthese in einem überraschenden strengen Sinn ein. Insofern ist Ludwig zuzustimmen:

> There is nothing in the basic-facts (the common cause, d.V.) to tell us what are the relevant similarities across different occasions. (Ludwig 2013: 94)

Die Öffentlichkeit ist ein Grundsatz der Verifikation von Wissen, aber sie ist keine exklusive epistemologische Voraussetzung von Sprache und der Zuschreibung von mentalen Zuständen. Der Problembezug ist, dass keine Zuschreibung das Bewusstsein anderer Personen erreicht, es nicht in die Umwelt zu verlängern ist, und wir können uns nicht von einem äußeren Standpunkt aus beobachten. Wir sind gerade keine „extended minds" und können es auch nicht sein, da das Bewusstsein nicht in seine Umwelt verlängert werden kann. Es bleibt in sich verschlossen. Das gilt auch für die

Dritte-Person-Einstellung. Es mag durchaus sein, dass es Fälle gibt, die belegen, dass ich mich nicht besser kenne als ein äußerer Beobachter, aber ich bin mit mir in einer anderen Weise vertraut, als es andere Personen mit mir sein können. Wir brauchen auch nicht zu behaupten, dass meine Erste-Person-Autorität absolut ist. Es gibt z. B. Selbsttäuschungen. Meine bewussten Zustände und meine Vertrautheit mit ihnen kann mir jedoch nicht von einer Dritten-Person-Einstellung zugeschrieben werden.

2. Ersatz für die epistemische Qualifikation. Woran wird das Desaster offensichtlich? Die Unterstellung der allgemein geltenden erkenntnistheoretischen Öffentlichkeit ist nur ein *Ersatz* für eine epistemische Qualifikation der Verfahren der Interpretation, und kein Sprecher ist nur deshalb radikal zu interpretieren, weil er ein Sprecher ist. (Lepore, Ludwig 2005: 196-173) Das sollten wir die epistemischen Einschränkungen der Interpretation nennen, die sich auf die *RI* auswirkt. Insofern bedarf es eines Bezugsrahmens für die Wiedergabe von sprachlichen und nicht-sprachlichen Handlungen. Damit geht jedoch einher, dass das von Davidson sogenannte Dritte-Dogma des Empirisms (Schema-Inhalt-Unterscheidung) zu erneuern ist. In dem Bezugsrahmen ist die Verbindung von Wörtern und Welt zu verordnen. Insofern ist der epistemischen Standpunkt der *RI* und die Individuierung der Inhalte von Gedanken in der Triangulation als unser basales Weltwissen nicht dazu in der Lage, das Triangel zu schließen und einem Sprecher mentale Zustände zuzuschreiben. Der epistemische Standpunkt ist eben nicht durch die „obvious relations“ der distalen Ursachen verbürgt. Das Grundproblem der Interpretation und Kommunikation ist eine Art von Paradox. Wir können andere Personen nur dann verstehen, wenn wir Situationen kreuzen können, d. h. an unterschiedlichen Kommunikationssituationen teilnehmen. Das unterstellt eine gemeinsame Situationsdefinition. Die epistemischen Einschränkungen (Kapazitäten) begrenzen aber den Erfolg der Reinterpretation und der Kommunikation. *RI* und Triangulation laufen auf der Klippe auf, dass es eine obere Grenze des Verstehens eines Interpreten von Sprechern und Handelnden gibt. Wir sollten z. B. davon ausgehen, dass kein Mitglied der westlichen Gesellschaft mit ihren typischen Überzeugungen den magischen Trick eines Regentanz verstanden hat. Das gilt auch dann, wenn es ihn als Regentanz zu klassifizieren vermag. Das war z. B. ein Problembezug der Ethnomethologie. Weder die Reizbedeutung (Quine) noch die distale Bedeutung (Davidson) ist dafür eine Hilfestellung.

3. Nichtsemantische Limitationalität. Die Einstellung, die wir als Bedeutung einer Handlung zuschreiben, hat sich weiterhin in das *ganze Bild* der Befindlichkeit des Sprechers einzufügen. Über dieses Bild verfügen wir nur im

Umriss durch die entsprechende Situationsreferenz und ihre Vorgeschichten. Das darf aber nicht als ein semantischer Relativismus interpretiert werden. Wir erfassen es nur mit Hilfe von Annahmen über die Struktur des Sprechers und seiner Umwelt. Es wird in den meisten Fällen hypothetisch bleiben. Die Gewinnung dieser erforderlichen Informationen führt uns zu einem erweiterten Bezugsrahmen der Zuschreibung von Einstellungen. Nur so können wir Rationalität, epistemische Angemessenheit und Plausibilität miteinander auszugleichen versuchen. Zu den Anforderungen von *RI* gehört daher nicht nur das Problem des Verstehens der *un*interpretierten Äußerungen eines individuellen Sprechers in der Triangulation, sondern auch seines sozialen Rahmens, seiner Kultur, gegebenenfalls auch seiner Geschichte und die kausale Vorgeschichte der Äußerung selbst. Wie diese Faktoren im Einzelnen zu gewichten sind, lässt sich nicht theoretisch festlegen, sondern ist eine Frage des jeweiligen Einzelfalls und des interpretativen Interesses. Damit sind die Instanzen für die Bestätigung von *RI* in einem erweiterten Rahmen benannt. Die Limitation von Situationsreferenzen ist auch immer eine Sache der zutreffenden Auswahl der dafür erforderlichen Informationen. Für die Wahl des Bezugsrahmens von Interpretation und die Rolle, die Rationalitätsannahmen dabei spielen, werden wir davon ausgehen, dass Rationalität nur möglich ist, sofern sie durch die klassische Logik, die unterschiedlichen Gesichtspunkte von Situationen und die Limitierung von Informationen eingeschränkt ist. Die Rede von Rationalität ist immer auch eine Sache ihrer Definition. Sofern wir davon ausgehen, dass Rationalität von Situationsdefinitionen abhängt, so handelt es sich um eine okkasionelle Rationalität (Spinner 1994). Vor allem sollten wir nicht davon ausgehen, dass Rationalität für Kommunikation konstitutiv ist. Kommunikation kann sich nur unter der Bedingung prozessualisieren, die sie selbst begrenzt, da Kommunikation als ein Ereignis mit ihrem Eintreten zugleich vergeht. Dies ist der Grund dafür, dass sich Kommunikation nur durch Rück- und Vorverweise kontinuieren kann.

Wir kommen nicht umhin anzuerkennen, dass die Fähigkeit, bei der Interpretation von Sprechakten und nichtsprachlichen Handlungen die entsprechenden Grenzen zu ziehen, ein basaler Gesichtspunkt von Plausibilität der Handlungen und der Systemrationalität der Mitglieder sozialer Systeme ist. Sie setzt bei jedem Interpreten nicht nur Urteilskraft und die Einübung in die Interpretationspraxis als knowing how voraus, sondern auch die wörtliche Bedeutung des Gesagten. Wir wissen nicht mehr über Bedeutung und Rationalität. Was besagt das aber für den Gesamtansatz von Davidsons Philosophie? Eine modifizierte interpretative Theorie der Wahrheit und ihre problematischen Anforderungen mag eine Option in der Sprachtheorie sein, ansonsten ist der ganze Ansatz nicht zu innovieren. Eine Modelltheorie wäre eine andere Option. Das gilt auch dann, wenn Davidson Modelltheorien in der Sprachtheorie äußerst distanzierend gegenübersteht. Wir sollten die Folgerung ziehen, dass die gegenseitige Stützung von *RI*, dem Grundsatz der Nachsicht und des Triangulationsexternalismus der Individuierung der Gegenstände der propositionalen Einstellungen in sich zusammenbricht. Insofern ist Ludwig zuzustimmen:

> The difficulties that arise rather suggest that there is not (adequate grounds from the third person standpoint to determine an adequate interpretation theory for another), and that it is therefore a mistake to attempt to understand psychological and semantic categories from a purely third person standpoint. (Ludwig 2013: 94)

Unsere Aufdeckung des Desasters der Semantik der *RI* und ihrer Stützung durch den erkenntnistheoretischen Triangulationsexternalismus kommt dennoch zu einem positiven Ergebnis, da wir dadurch mehr über die Anforderungen der Interpretation in Erfahrung gebracht haben. Wir wissen dadurch etwas darüber, welche Interpretationstheorie nicht erfolgreich sein kann und warum sie auf Grund der von ihr gewählten Voraussetzungen scheitert. Daran können wir etwas Allgemeines lernen.

Teil II
Multipler Typen-Physikalismus
Gebrechen des nicht-reduktiven Physikalismus

Einleitung

Inhalt: *1. Ausgangssituation, 2. Kims Problembezug*

1. Ausgangssituation. Der Reduktionismus in der Philosophie des Mentalen war seit Anfang der 1970er Jahre nicht mehr attraktiv und er wurde erst durch den „Neue Welle"-Physikalismus seit Anfang der 1990er Jahre wieder rehabilitiert. Die Aufgabe der Typen-Identitätstheorie der 1950er Jahre führte aber nicht zu einem neuen Dualismus in der Philosophie des Mentalen, sondern der Physikalismus sollte beibehalten werden. Das gilt für den Funktionalismus und für den anomalen Monismus von Davidson. Insofern wurde ein Ansatz erdacht, der sowohl einen Physikalismus und einen nicht-reduktiven Physikalismus für vereinbar hält. Die ontologische Grundannahme ist ein physikalistischer Monismus, d.h., dasjenige, das in Raum und Zeit besteht, ist physikalisch, z.B. van Gulick, aber auch Davidson. Es wird aber ein Eigenschaftsdualismus von mentalen und physischen Eigenschaften behauptet. Die mentalen Eigenschaften sind auf physische Eigenschaften nicht zurückzuführen, z.B. durch Brückengesetze oder eine analytische und nomologische Supervenienz.

Die Ablehnung eines reduktionistischen Theorieansatzes datiert auf die zweite Sequenz der Problemsituation in den späten 1960er Jahren. Die Initiatoren waren Putnams Kritik des Physikalismus von Smart und Feigl, der Anomalismus des Mentalen (Davidson: anomaler Monismus) und Fodors Weiterführung, die besagt, dass spezielle Wissenschaften, z.B. Psychologie, Soziologie und Ökonomie, nicht auf die Physik zu reduzieren sind. Die früheren Physikalisten hätten daraus eliminativistische Folgerungen gezogen, z.B. Quines Verwerfung der Intentionalität als ein wissenschaftlicher Forschungsgegenstand. Darin unterscheiden sich die nicht-reduktiven Physikalisten, da sie die Autonomie der speziellen Wissenschaften anerkennen. Nach Davidson ist aber das Mentale kausal nicht wichtig. Das hat eine Nähe zum Eliminativismus und unterscheidet sich vom Epiphänomenalismus. An dieser kurzen Skizze erkennen wir die Relevanz von Eigenschaften.

Rufen wir uns nocheinmal die Annahmen des nicht-reduktiven Physikalismus als Emergentismus in Erinnerung, um den Problembezug von Kim deutlich genug im Blick zu haben. Er ist 1. ein physikalischer Monismus, d.h., alle konkreten Einzeldinge sind physikalisch, 2. ein Antireduktionismus, d. h., mentale Eigenschaften sind nicht auf physische Eigenschaften zu reduzieren, und 3. geht er von der physikalischen Realisierung aus, d. h., mentale Eigenschaften sind physikalisch realisiert, d. h., wenn ein Organismus oder ein System eine mentale Eigenschaft M instanziiert, so hat eine physische Eigenschaft P die Realisierung von M zu sein. „1.", „2." und „3" implizieren 4. einen mentalen Realismus, d. h., die mentalen Eigenschaften sind reale Eigenschaften von Objekten und Ereignissen und keine bloßen nützlichen Fiktionen. Kim hebt hervor, dass der nicht-reduktive Physikalismus dem britischen Emergentismus (Morgan, Alexander) ähnelt. Die Emergenztheoretiker behaupten, dass die Basisbedingungen die emergenten Eigenschaften nicht erklären können. Nach Kim (1993: 347, Fn 21) liegen dabei unterschiedliche Begriffe von Reduktion und Erklärung vor. Die physikalistische Basis ist dabei eine hinreichende Bedingung für die Eigenschaften auf der höheren Stufe. Nach Morgen ist sie aber auch eine notwendige Bedingung, da für ihn gilt, dass kein C ohne B und kein B ohne A (Kein Geist ohne Leben, kein Leben ohne physische Basis). Das leitet zu Kims Problembezug über.

2. Kims Problembezug. Kim erörtert die Frage „Ob ein Physikalist widerspruchsfrei den Physikalismus ablehnen kann?". Damit geht Kims Rede von einem „Mythos des nicht-reduktiven Physikalismus" einher, der als ein Mythos zu durchschauen ist. (Kim 1989a: 265-284, 1995: 226-284, 336-357, zu Kims Beziehung zum Materialismus: David 1997) Aus Kims Sicht ist das für einen Physikalisten in seiner Theoriekonstruktion gerade kein begehbare Weg. Der Physikalist hat zwei theoretische Optionen, er kann einen Physikalismus oder einen Eliminativismus vertreten. Wenn die Reduktion des Mentalen auf das Physikalische nicht erfolgreich ist, dann gehört das Mentale nicht in den Bereich einer anzuerkennenden physikalischen Ontologie. Wenn man auch den Eliminitavismus für nicht überzeugend hält, dann verbleibt nur die Option für eine Version des Dualismus. Insofern bestehen die Optionen des „Dualismus", „Physikalismus" und „Eliminitavismus". Es empfiehlt sich, Kims Darstellung und seinen Argumenten nachzugehen, um sich eines grundsätzlichen Problembezugs in der Philosophie des Mentalen seit den 1970er Jahren zu vergewissern.

Teil II soll den Leser im Hinblick auf das grundlegende Problem des „Mythos des nicht-reduktiven Physikalismus" orientieren. Wenn er das erkannt hat, so sollte er immun gegenüber falschen Theorieentscheidungen sein. Der Leser wird zu Kims Argumenten und seinem Lösungsvorschlag im Einzelnen hingeführt. Das leitet zu Kims Funktionalismus und seinen drei Forschungsprogrammen über.

Von besonderem Interesse ist der Anspruch von Marras, den Physikalismus ohne Einschränkung zu retten. Das soll dadurch gelingen, dass das Argument der Multirealisierung ausgeräumt wird (Kim: lokale Reduktion). Marras wissenschaftstheoretische Strategie ist die Rettung des Physikalismus durch die Erklärung ohne Brückengesetze. Marras wendet sich z.B. auch gegen Jackson und Chalmers. Der Problembezug ist, ob mit der Problemlösungsstrategie der Physikalismus gerettet ist.

Der Schlussschritt ist die Erörterung von Kims Rettung der supervenienten Kausalität und seines Ansatzes des multiplen Typen-Physikalismus und die Folgerungen für die Annahme des phänomentalen Bewusstseins und der mentalen Kausalität. Das führt uns zu dem Problembezug:

> Physicalism is not the whole truth, but it is the truth near enough, and near enough should be good enough (Kim 2005: 174)

und ob damit die Frage nach dem phänomenalen Bewusstsein und seiner Ontologie wirklich richtig gestellt ist.

1. Der Mythos des nicht-reduktiven Physikalismus

Inhalt: *(a) Optionen des Physikalismus und Multirealisierung 1. Theoretische Optionen, 2. Supervenienz und nicht-reduktiver Physikalismus, (b) Direktes Argument gegen den nicht-reduktiven Physikalismus, 1. Mentales als anerkannte Entität, 2. Interpretation der Ursachen, 3. Alternative Lösungsstrategien, (c) Kims Argument, 1. Fälle der kausalen Instanziierung mentaler Eigenschaften, 2. Kausale Realisierung, 3. Kritik an der Kausalität nach unten, 4. Kims Lösung*

(a) Optionen des Physikalismus und Multirealisierung

1. Theoretische Optionen. Nach Putnam kann jeder psychologische und funktionale Ereignistyp mehrfach physisch realisiert, instanziiert und implementiert werden. Die Realisierung hängt von der physisch-biologischen Natur des Organismus ab. Die Eins-zu-Eins-Zuordnungen zwischen mentalen und physischen Typen sind höchst unwahrscheinlich. Fodors allgemeines anti-reduktionistisches Argument besagt, dass Reduktion die Ableitung der Gesetze der reduzierten Theorie aus der Basistheorie mittels entsprechender Brückengesetze als Äquivalenzen (Bi-Konditionale) annimmt. In diesem Fall ist das Vokabular der reduzierten Theorie „strongly connected" mit dem der reduzierenden Theorie als Basistheorie. Die beiden theoretischen Optionen sind:

1. Entweder sind die Gesetze der reduzierten Theorie aus der Basistheorie ableitbar oder 2., sie können im Vokabular der Basistheorie dieser als Basisgesetze hinzugefügt werden. In diesem Fall wird die Basistheorie erweitert. Insofern liegt die Alternative vor:
2. Entweder wird eine Gesetzesreduktion und eine Begriffsreduktion durchgeführt oder 2. eine bloße Begriffsreduktion. Letztere ist für einen Physikalismus im Sinne Carnaps erforderlich.

Die Antireduktionisten bezweifeln die „strong connectibility" von mentalen und neuronalen Prädikaten. Ist die Disjunktion bestimmter physischer Prädikate mit einem mentalen Prädikat extensionsgleich? Darauf geht Putnam (1967) nicht ernsthaft ein. Er scheint aber folgendes anzunehmen: Ein realisierbarer physischer Zustand ist wenigstens nomologisch hinreichend für den realisierten mentalen Zustand. Ohne diese Voraussetzung ist auch die „disjunktive Lösung" nicht möglich. Das wären Gesetze der Form „$P_i \rightarrow M$". Putnams Ausführungen legen es nahe, dass die Bikonditionale relativ auf eine Spezies oder Strukturen sind. Somit gilt „$S_i \rightarrow (M \leftrightarrow P_i)$". S_i spezifiziert einen physischen Zustand P_i, der notwendig und hinreichend für M ist. Das gilt auch bei einer zeitlichen Relativierung. Insofern gilt: „Jeder Organismus der und der Art oder Struktur hat zur Zeit *t* eine bestimmte mentale Eigenschaft $\leftrightarrow$ die sich in einem bestimmten physischen Zustand befindet". Das sind Spezies spezifische bikonditionale Gesetze. Die Relativierung auf biologische Arten kann sich aber als zu weit erweisen. Insofern ist die Geltung der Aussage auf die Relativierung auf spezifischere Gruppen (Strukturen) und Zeiten zu beschränken. Grundlegend ist jedoch, dass es für jeden mentalen Zustand ein Bikonditional dieser Art gibt. Diese Annahme berücksichtigen vermutlich die meisten Philosophen, welche die Multirealisierungsthese vertreten. Sie ist wesentlich für den Begriff der physikalischen Realisierung.

Die spezies-spezifische Konditionalgesetze sind zwar reduktionistisch, aber sie erlauben keine uniforme oder globale Reduktion der Psychologie, sondern nur lokale oder spezies-spezifische Reduktionen, z. B. der Humanpsychologie. Trotzdem handelt es sich um eine Reduktion „in a full-blown sense". Die lokalen Reduktionen sind nach Kim für alle Wissenschaften typisch. Sie geben auch ein plausibles Bild für das, was tatsächlich in der Neurobiologie, der physischen Psychologie und den kognitiven Neurowissenschaften geschieht. Multirealisierung des Mentalen hat keine antireduktionistischen Folgen von großer Bedeutung. Sie unterscheidet sich lediglich von einer globalen lokalen Reduktion. Die Identifikation mentaler und physischer Eigenschaften ist der harte Kern des reduktionistischen Typ-Physikalismus. Diese Identitäten werden durch Brückengesetze ausgesagt.

2. Supervenienz und nicht-reduktiver Realismus. Es ist unter einigen Autoren die Überzeugung verbreitet, dass die Supervenienzannahme eine Formulierung eines nicht-reduktiven Physikalismus ist. Es wird angenommen, dass die supervenienten Eigenschaften abhängig von oder durch die Basiseigenschaften bestimmt sind. Das gilt z.B. für Davidson, obwohl er psycho-physische Gesetze ablehnt. Supervenienz soll Nichtreduzierbarkeit und Dependenz ausdrücken. Das gilt vor allem für eine globale Supervenienz. Gehen wir davon aus, dass für die Welten, die physisch nicht unterscheidbar sind, auch gilt, dass diese Welten auch mental nicht unterscheidbar sind. Das heißt, dass ein und derselben Welt, wenn wir sie bezüglich ihrer Gleichheit oder Ungleichheit vergleichen, auch Welten und nicht Individuen innerhalb von Welten zuordnen. Die gleichen Individuen existieren somit in allen Welten. Zwei Welten sind dann nicht bezüglich einer Menge von Eigenschaften zu unterscheiden, wenn diese Eigenschaften von gleicher Weise den Individuen der beiden Welten zukommen.

Die globale Supervenienz etabliert keine psycho-physischen Gesetze. Sie ist mit der nomologischen Irreduzibilität des Mentalen auf das Physikalische verträglich. Die globale Supervenienz erlaubt auch, dass sich Welt_1 von Welt_2 in physischer Hinsicht nur minimal unterscheiden, aber Welt_2 kann sich in mentaler Hinsicht weitgehend von Welt_1 unterscheiden. Diese Schwierigkeit kann dadurch beseitigt werden, wenn man globale Supervenienz durch die Ähnlichkeit zwischen Welten anstatt von Ununterschiedenheit annimmt.

Die Annahme von einer globalen Supervenienz erlaubt es, dass in der aktuellen Welt zwei physisch nicht unterscheidbare Organismen in mentaler Hinsicht völlig verschieden sind. Das zeigt auch, dass globale Supervenienz gerade keine Dependenzrelation ist. Wenn wir globale Supervenienz nicht als lokale Dependenzrelationen annehmen, so hat sie wenig empirischen Gehalt. Es ist schwierig, für sie allein empirische Belege zu finden. Die lokalen Dependenzen und Korrelationen können eine globale Supervenienz erklären. Wäre das nicht der Fall, so ist sie ein unerklärbares metaphysischen Faktum. Die Dependenzen erfordern psycho-physische Gesetze „$S_i \rightarrow (M \leftrightarrow P_i)$“. Das führt wiederum die Gefahr des unerwünschten Reduktionismus mit sich.

(b) Direktes Argument gegen den nicht-reduktiven Physikalismus

1. Mentales als anerkannte Entität. Der nicht-reduktive Physikalismus ist keine Version des Eliminitavismus. Das Mentale ist ein anerkannter Bereich von Entitäten. Die Frage ist aber, um welche Entitäten es sich dabei handelt.

1. Gehen wir von der Annahme aus, dass Ereignisse als grobkörnig interpretiert werden (Quine, Davidson), so hat der nicht-reduktive Physikalis-

mus anzunehmen: Es gibt Ereignisse mit mentalen Eigenschaften, z.B. Schmerzen haben. Ist aber der mentale Nichteliminativismus mehr als eine belanglose Einräumung, so sind den mentalen Eigenschaften kausale Kräfte zuzuschreiben, und mentale Eigenschaften wären kausal wirksame Eigenschaften.
2. Gehen wir von der Annahme aus, dass mentale Ereignisse die physischen Ereignisse verursachen, so haben alle Ereignisse entsprechende physische Eigenschaften. Damit ist aber naheliegenderweise etwas Stärkeres behauptet: Ereignis a verursacht wegen seiner mentalen Eigenschaft das Ereignis b.
3. Die weitere Annahme ist, die jeder Physikalist anerkennt, dass die kausale Geschlossenheit der physischen Welt vorauszusetzen ist. Wenn das nicht der Fall wäre, so gibt es vom Grundsätzlichen her gesehen keine vollständige physikalische Theorie des physikalischen Bereichs. (In der Quantenphysik kann diese Annahme nicht mehr vorausgesetzt werden. Wenn wir davon ausgehen, so hat das weitgehende Folgen für die physikalische Rahmentheorie.)
Die Folgerungen aus diesen Annahmen sind, dass ein Ereignis a hinsichtlich seiner mentalen Eigenschaft das physische Ereignis *b* verursacht. Nach „3." muss *b* eine physische Ursache *c* haben. Die Frage ist somit: „Was ist die Beziehung zwischen den beiden Ursachen, der mentalen und der physischen Ursache?

2. Interpretationen der Ursachen. Folgende Interpretationen sind zu unterscheiden:

1. Beide Ursachen *a* und *c* sind partielle Ursachen. Zusammen sind sie die hinreichende Ursache für *b*. Das ist mit „3." (kausale Geschlossenheit der physischen Welt) nicht zu vereinbaren, da *a* eine notwendiger Teil der vollständigen (hinreichenden) Ursache ist.
2. *a* und *c* sind hinreichende Ursachen für c. Damit liegt eine Überdetermination vor. *a* konnte *b* bei Abwesenheit von *c* verursachen. Nach Kim ist das eine absurde Annahme. Mit diesem Fall wäre ebenfalls „3." (kausale Geschlossenheit der physischen Welt) verletzt.

Es stellt sich das Problem der „causal explanatory exclusion", d.h., gehen wir davon aus, dass „3." (kausale Geschlossenheit der physischen Welt) gegeben ist, wie sind trotzdem mentale Ursachen ebenfalls möglich? Eine hinreichende Ursache scheint – bei ein und derselben Erklärung – andere hinreichende Ursachen auszuschließen. Eine weitere Frage drängt sich auf, „Warum ist das nicht der Fall?". Ist eine „mentale Ursache = physische Ursache"? Diese Identifikation vereinfacht unsere Ontologie und beseitigt das obige Problem. Ein analoges Beispiel ist „Wasser = H_2O". Das beseitigt rätselhafte Fragen. Bei „Scherz = neuronaler Zustand“ als ein Zustandstyp verhält es sich in vergleichbarer Weise. Insofern könnte man daraus die Identifikation von Eigenschaften folgern. Diese theoretische Option ist aber dem nicht-reduktiven Physikalismus versperrt. Die Identifikation von Eigenschaften ist der harte Kern des reduktionistischen Typen-Physikalismus. Die Eigenschaftsidentitäten wären Brückengesetze par excellence. Sie wären gültig für logisch-analytische, metaphysische und naturgesetzliche mögliche Welten. Das würde je nach der Interpretation von notwenig in „$N\forall x\ (S_i x \rightarrow (Mx \leftrightarrow P_i x)$“ gelten. Diese Option schließt Davidson mit seinem mentalen Anomalismus und Putnam mit der Multirealisierung aus. Nach Kim ist die einzige Möglichkeit, außer der Identitätslösung, die Kausalrelation mit Makroereignissen als „superveniente Kausalrelation“ auf subvenienten kausalen Mikroprozessen, z. B.

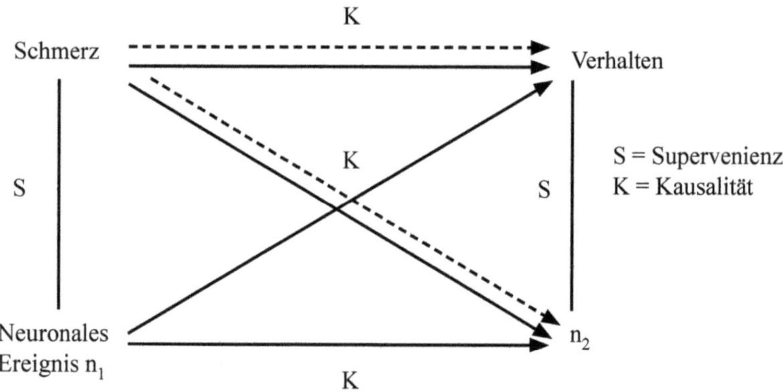

Allgemein dargestellt:

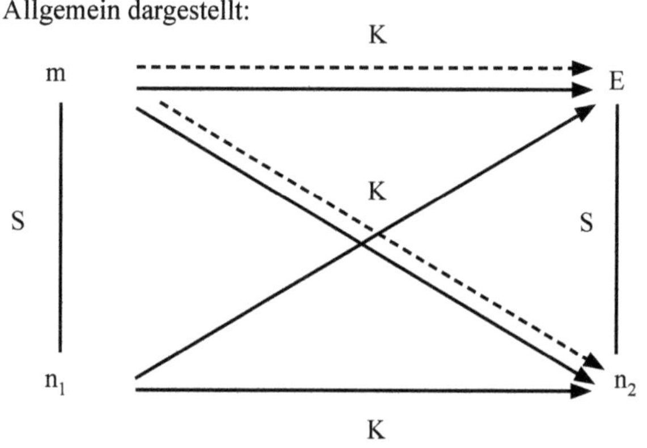

3. Alternative Lösungsstrategien. Die Lösungsstrategie Kims besagt, dass mentale Ereignisse hinsichtlich ihres kausalen Potenzials von physischen Eigenschaften abhängen, auf denen sie supervenieren. Welche Version von Supervenienz ist dafür erforderlich? Wenn wir davon ausgehen, dass die Verursachung von mentalen Ereignissen von physischen Eigenschaften abhängt, so ist eine starke Supervenienz erforderlich und damit einhergehend sind psycho-physische Gesetze anzunehmen. Das gilt für die Reduktion von zumindest strukturrelativen (lokalen) Reduktionen. Kim ist sich nicht ganz sicher, ob superveniente Kausalität des Mentalen eine akzeptable Option ist. Wenn der nicht-reduktive Physikalist „3." (die kausale Geschlossenheit der physischen Welt) anerkennt, dann hat er entweder seinen Antireduktionismus aufzugeben oder die psycho-physische Kausalbeziehung zu verwerfen.

Die beiden Optionen sind in der Philosophie des Mentalen der Eliminativismus und der Dualismus mit der Annahmen von zwei kausal autonomen Bereichen des Mentalen und des Physischen. Für den Physikalismus ist die Verwerfung von „3." (kausale Geschlossenheit der physischen Welt) keine Option. Das wäre der Ansatz des cartesianischen Interaktionismus. Kim zieht die Folgerung, dass der nicht-reduktive Physikalismus keine widerspruchsfreie Position ist. Insofern hat man nur die Option für einen Eliminativismus und die Versionen des Dualismus in der Philosophie des Mentalen.

Wir können den Problembezug noch einmal zuspitzen:

1. Wir kennen den Realisierungsgrundsatz und damit die Zulassung von mentaler Kausalität oder
2. wir bestehen auf dem eigenen Status der mentalen Phänomene, z.B. vor allem der Qualia, und geben die kausalen Kräfte preis.

Könnte das aber ein Scheingegensatz sein? Was nützt uns die Rettung der mentalen Kausalität, wenn dabei das Mentale verloren geht? (Kim 1993a, 362)

Es ist aus der Sicht der Problemsituation der Philosophie des Mentalen nicht zu bestreiten, dass der Physikalismus mit dem Problem der mentalen Kausalität in der physischen Welt und des phänomenalen Bewusstseins, das nicht auf physische Zustände zu reduzieren ist, konfrontiert ist. Die phänomenalen Erlebnisse verlassen nicht ihren eigenen Bereich. Kims Supervenienz/Exklusions-Argument besagt, dass in einer physischen Welt eine mentale Kausalität nur anzunehmen ist, wenn mentale Zustände auf physische Zustände zu reduzieren sind. Das Bezugsproblem ist, ob diese Reduktion wirklich gelungen ist. Das betrifft die Grenzziehung zwischen dem Subjektiven und dem Objektivem und ihre Ontologie und das Problem des Dualismus zwischen einem nichtphysischen mentalen und einem physischen Bereich. Dieser Dualismus ist in der wissenschaftlichen Philosophie nicht mehr akzeptiert worden, da nichtphysisches Mentales in der physische Welt keine Wirkungen verursachen kann. Insofern ist für die meisten Autoren ein ontologischer Physikalismus nicht mehr zu bestreiten. Es ist Kims besonderes Verdienst, diese beiden Bezugsprobleme der reduktiven Erklärungen noch einmal auf ihre Folgeprobleme hin analysiert zu haben, z.B. Kim (2005).

Kim nimmt eine weitere Bewertung der drei Versionen der reduktiven Erklärung von mentalen Zuständen durch physisch-neuronale Zustände vor:

1. Es gibt psychologisch-neutrale Korrelationen als Hilfsprämissen (E. Nagel: Brückengesetzreduktion) für die Ableitung des Mentalen aus dem Physischen.
2. Es besteht eine begriffliche Verbindung zwischen mentalen und physisch/verhaltensmäßigen Eigenschaften i.S. einer funktionalen Reduktion/Definition von mentalen Eigenschaften in physischen Termen.
3. Es lassen sich a aposteriorische notwendige psycho-neutronale Identitäten als zusätzliche Prämissen für die Identitätsreduktion von Mentalem auf Physisches angeben.

Der Problembezug ist, ob „1.“ eine reduktive Erklärung in Kraft setzt und ob „2.“ und „3.“ eine reduktive Erklärung erlauben, welche die „explanatorische Lücke“ (Levine, Chalmers) schließt. Kims Argument ist, dass wir die Verhaltensindikatoren von phänomenalen Zuständen nicht bestreiten, z.B. lächeln, zucken, sich schütteln und das Gesicht verziehen, die intrinsischen Qualitäten sind aber nicht ein Objekt in der physischen Welt. Das ist aber für ihn kein „großer Verlust“. Seine Folgerung ist, dass „Physcalism is not the whole truth, but it is the truth near enough“. (Kim 2005, 161-174) Darauf ist noch am Ende dieses Teils einzugehen.

(c) Kims Argument

1. Fälle der kausalen Instanziierung mentaler Eigenschaften. Kim geht von einem nomologischen Begriff der Kausalität aus. Er besagt, dass „eine Instanz einer mentalen Eigenschaft M eine Instanz N verursacht $\leftrightarrow$ es gibt ein Kausalgesetz, nachdem die Instanziierung von M eine hinreichende Bedingung für die Instanziierung von N ist“. Er unterscheidet drei Fälle der Instanziierung:

1. *N* ist eine mentale Eigenschaft (Kausalität auf der gleichen Ebene),
2. *N* ist eine physische Eigenschaft (Kausalität nach unten), und
3. *N* ist eine höherstufige, z.B. eine soziale Eigenschaft (Kausalität nach oben).

Kim beansprucht zu zeigen, dass „1." nur möglich ist, wenn „2." möglich ist. Dasselbe Argument impliziert, dass „3." den Fall „2." voraussetzt. Gehen wir von der Annahme „$M_k \rightarrow M^*$" aus, dann ist M^* physikalisch realisiert und P^* ist die Realisierungsbasis von M^*. (Kim 1993: 351) Warum ist M^* präsent? Es gibt zwei voneinander unabhängige Antworten darauf:

1. M^* ist präsent, da M^* von M verursacht ist.
2. M^* ist präsent, da P^* ein M^* physisch realisiert und P^* präsent ist.

Der Gegensatz zwischen „1." und „2." ist jedoch zu beseitigen. Es ist derselbe Gegensatz wie jener, dass zwei voneinander unabhängige Ursachen beide die hinreichende Ursache eines Ereignisses zu sein beanspruchen. Drei Fälle sind auszuscheiden, da sie nicht möglich sind:

1. M und P^* sind gemeinsam die hinreichende Bedingung für M^*. Das ist ein Widerspruch zu „M^* ist durch P^* realisiert". Somit wäre P^* allein hinreichend für M^*.
2. M ist allein hinreichend für M^* und
3. M^* ist durch M und P^* überdeterminiert. Damit würde ein Widerspruch zu „wenn nicht P^* wäre, so könnte M^* nicht sein". Damit ist „$M_k \rightarrow M^*$" in Frage gestellt. (Kim 1993: 359)

Die einzig mögliche Beseitigung dieser Widersprüche ist nach Kim – bei der Annahme „$M_k \rightarrow M^*$" –, dass „$M_k \rightarrow M^*$" vorliegt, indem „$M_k \rightarrow P^*$" vorliegt. Das gilt für den Emergentismus als auch für den nicht-reduktiven Physikalismus. Beide sind dem „kausalen Realisierungsgrundsatz" verpflichtet.

2. Kausale Realisierung. Kim geht von dem *kausalen Realisierungsgrundsatz* aus.

Kausaler Realisierungsgrundsatz
* „Wenn eine Instanz von *S* durch *Q* realisiert wird, dann muss jede Ursache einer Instanz von *S* auch Ursache einer Instanz von *Q* sein". (Kim 1993: 352)

Dieser Grundsatz wird ständig im Alltag angewandt, z.B. bei der Erklärung von Kommunikation und Telepathie. Eine direkte Kausalität „$M_k \rightarrow M^*$" gilt somit als unwissenschaftlich. Insofern haben die Emergentisten und nicht-reduktive Physikalisten die Kausalität nach unten „$M_k \rightarrow P^*$" anzuerkennen. Eine Option der Vermeidung wäre, dass M physisch durch „P, $P_k \rightarrow P^*$" als eine grundlegende Relation realisiert ist. „$M_k \rightarrow M^*$" ist durch die genannte Kausalrelation „$M_k \rightarrow P^*$" begründet. Das ist mit der supervenienten Kausalität zu vergleichen, der Kim zustimmt. Diese Option steht aber den Emergenzphilosophen und vielen nicht-reduktive Physikalisten nicht zur Verfügung. Sie reduziert die kausalen Kräfte von M auf die der Realisierungsbasis P. P verursachtet alle sozusagen kausale Arbeit. „$M_k \rightarrow P^*$" und „$M_k \rightarrow M^*$" sind nur als derivativ einzustufen. M hat keine eigenen irreduziblen kausale Kräfte. Das steht im Widerspruch zu der These, dass M eine irreduzible Eigenschaft hat. Insofern ist davon auszugehen, dass Emergentisten und nicht-reduktive Physikalisten eine Kausalität nach unten anzunehmen haben, und Kausalität auf dergleichen Ebene ist (in vielen Fällen) nur bei „cross-level"-Kausalität möglich.

3. Kritik an der Kausalität nach unten. Der nicht-reduktive Physikalismus beansprucht beides:

1. Mentales ist durch Physisches bestimmt und
2. mentale Eigenschaften haben neue kausale Kräfte, die auf die physiologisch-biologische Basis in einer neuartigen Weise einwirken.

Sie gehen von der Annahme aus, dass „$M_k \rightarrow$ P*", d. h. eine Instanz von M ist die Ursache einer Instanz von P^*. Es gilt damit die These von der physikalischen Realisierung derart, dass M durch P realisiert ist (Realisierungsbasis und P ist für M hinreichend. Da M hinreichend für P^* ist, so ist auch P hinreichend für P^*.

Was gibt es für einen Grund, dass „$P_k \rightarrow P^*$" und „M ist ein Epiphänomen" nicht gilt? Nach Kim gibt es dafür keinen Grund, da P und M gleichzeitig sind und P^* später, so folgt daraus, dass es ein Gesetz „$P_k \rightarrow P^*$" gibt. M kann wegen der Gleichzeitigkeit mit P in „$P_k \rightarrow P^*$" kein kausales Zwischenglied sein. Nach Kim kann man M deshalb keine selbstständige Rolle zuerkennen:

1. Es ist der Grundsatz der Einfachheit anzunehmen. Wenn P ein P^* verursacht, warum nicht auch noch außerdem M?
2. Das Problem der „kausal-erklärenden Exklusion" führt zu der Frage „Wenn P eine hinreichende physische Ursache von P^* ist, wie könnte dann M ebenfalls eine hinreichende Ursache von P^* sein?". Das betrifft den Problembezug der kausalen Überdetermination.

Dieses Problem ist im nicht reduktiven Physikalismus nicht zu lösen.

4. Kims Lösung. Kim geht davon aus, dass alle Kausalbeziehungen in der physikalischen Stufe implementiert sind. Die höherstufigen Kausalrelationen sind derivativ und d. h. sie sind fiktiv. Das ist nur wenig mehr als die Supervenienzthese, die der nicht-reduktive Physikalismus akzeptiert. (Kim 1993: 355) Der Problembezug, der die Analyse zuspitzt, ist der *kausale Inhärenzgrundsatz*. Er besagt:

Kausaler Inhärenzgrundsatz
* Wenn *M* auf Grund der Realisierung durch *P* instanziiert ist, dann gilt „die kausalen Kräfte der Instanz von *M* = die kausalen Kräfte von *P* oder einer Teilmenge von *P*".

Der nicht-reduktive Physikalismus hat diesen Grundsatz abzulehnen. Er behauptet, dass die höherstufigen Kausalkräfte determiniert sind, aber nicht identisch mit oder reduziert auf niederstufige Kausalkräfte. Kim hebt hervor, dass die nicht-reduktiven Physikalisten einen anderen Grundsatz angeben sollten, welcher die Kausalität nach unten erklärt oder, wenn sie keinen finden, so sollten sie die Redeweise von Realisierung über das von ihnen Gesagte hinaus verdeutlichen.

Kim zieht die Folgerung, dass der nicht-reduktive Physikalismus, so wie der cartesische Dualismus, den Grundsatz der Geschlossenheit der physischen Welt verletzt. Die meisten Emergentisten würden das anerkennen, aber die nicht-reduktiven Physikalisten können das nicht hinnehmen. Das würde gegen ihren Physikalismus verstoßen, da daraus folgen würde, dass eine vollständige Theorie der Welt nicht die anerkannte Physik sein könnte, da man irreduzible kausale Kräfte zulassen müsste (Vitalismus, Entelechien). Die grundlegende Theorie wäre so, wie im Cartesianismus ein psycho-physische Theorie. Es ist deshalb naheliegend, dass die einzige Lösung des Exklusionsproblems und des Problems der kausalen Geschlossenheit eine Version des Reduktionismus ist, der die Eliminierung eigenständiger mentaler kausaler Kräfte durch die Kräfte der physischen Basis erlaubt. Das ist aber die Ablehnung des autonomen Status der mentalen Phänomene. Ist der Fluchtpunkt somit die Multirealisierung und ein Nichtreduktionismus? Kim antwortet darauf mit „Nein", sondern die Antwort ist die lokale Reduktion im Sinne der multiplen Realisierung und eine Metaphysik der Reduktion.

(d) Kims Funktionalismus

Inhalt: *1. Reinterpretation, 2. Kims drei Forschungsprogramme, 3. Homogenität der Strukturen*

1. Reinterpretation. Kims Ansatz Ansatz ist mittlerweile gut erforscht. Der Funktionalismus ist nicht dem Physikalismus verpflichtet. Das gilt aber nicht für den harten Funktionalismus (hard core funktionalism). Der harte Funktionalismus geht davon aus:

1. „Mentale Zustände = funktionale Zustände" (Identität des Mentalen und Physischen).
2. Mentale Zustände sind durch physische Zustände realisiert.
3. Er vertritt keinen strikten Physikalismus, sondern spricht von Physischem in einem weiten Sinn. (David 1996: 136)

Kim wendet sich gegen alle drei Punkte:

Zu „1": Er bestreitet solche mentalen Zustände, die der harte Funktionalismus mit den funktionalen Zuständen identifiziert.
Zu „2": Die mentalen Zustände, die Kim anerkennt sind mit physischen Zuständen identisch: „Mentale Zustände = physische Zustände erster Ordnung" (Identität von Mentalem und Physischem).
Zu „3": Kim vertritt einen Funktionalismus in einer strengen Version für mentale Zustände, die er jedoch anerkennt. Kim vertritt eine physikalistischen Funktionalismus, der die Existenz von mentalen funktionalen Zuständen verwirft. Es gibt aus seiner Sicht keine funktionalen Zustände, sondern nur funktionale Begriffe. (David 1997: 136)

David (1997: 137) hebt hervor, dass Kim die mentalen Zustände eliminiert, die der strenge Funktionalismus beansprucht, mit funktionalen Zuständen zu identifizieren. Die allgemeinen Begriffe, z.B. von Schmerz und von Überzeugungen sind nur unsere Begriffe. Sie spiegeln somit keine Eigenschaften (Zustände) in der Natur, aber sie sind jedoch auf Typen von Organismen beschränkt, z.B. auf eine Spezies. Die genaue Bestimmung dieser Beschränkungen ist die Aufgabe der Wissenschaft. Die spezies-(struktur-)spezifischen Zustände, z.B. Schmerz bei Menschen und Affen, sind mit den physischen Zuständen erster Ordnung identisch. Insofern sind die spezies-spezifischen mentalen Zustände nicht vielfach realisiert. Jeder spezies-spezifische mentale Zustand realisiert einen unbeschränkten mentalen Zustandsbegriff. Auf Grund der spezies-spezifischen Identität ist ein physischer Zustand erster

Ordnung ein uneingeschränkter Begriff, z.B. „menschlicher Schmerz = Gehirnzustand“ realisiert den Begriff Schmerz. Die mentalen Zustandsbegriffe sind selbst multirealisiert. Statt einer globalen Reduktion von „Schmerz haben“ gibt es viele lokale Reduktionen von spezies-spezifischen Schmerzzuständen.

Kim kennt uneingeschränkte mentale Begriffe an. Sie haben aber nicht denselben Status, so wie die auf eine Art spezifizierten eingeschränkten mentalen Zustände. Diese sind natürliche Arten, und sie sind auch objektive Zustände (out there). Jene sind subjektive Verallgemeinerungen, Eigenschaften, Zustände und Arten. Kim vertritt einen „epistemic interest approach“ für Begriffe. Es ist eine normale Erfahrung, dass Begriffe oft die Zustände und Eigenschaften verfehlen, die sie zu klassifizieren beanspruchen. Insofern sind wir mit einem allgemeinen Zweifel bzw. der objektiven Erkenntnis und Begriffsbildung vertraut. Es besteht aber auch die Anforderung, den objektiven Anteil von Begriffen von der subjektiven Konstruktion zu trennen. Die unbeschränkten mentalen Begriffe sind eher durch subjektive Bestandteile bestimmt. Die spezies-spezifischen Begriffe sind im Unterschied dazu eher objektiv. Sie referieren (stehen für) natürliche Arten.

2. Kims drei Forschungsprogramme. David (1996: 139, 140) unterscheidet drei Forschungsprogramme von Kims Funktionalismus.

1. Die ersten Funktionalisten haben die multiple Realisierung falsch interpretiert. Ihre Argumente sind zu reinterpretieren. Die multiple Realisierung gilt für mentale Begriffe und nicht für mentale Zustände.
2. Kim charakterisiert die Äquivalenzrelation zwischen nicht-eingeschränkten mentalen Begriffen und den sie definierenden funktionalen Begriffen nicht näher. Bei der Identitätsbehauptung zwischen „der Begriff M“ und „der Begriff, eine Eigenschaft erster Ordnung zu haben“ lässt es David offen, ob Kim eine strenge Identität annimmt. Es ist auch unklar, was nach Kim Begriffe sind, z.B. Bedeutungen, Ideen, Frege-Sinne und Synonymieklassen von Prädikaten? Synonymie wäre eine zu starke Annahme.

Es ist dabei auf ein Problem hinzuweisen. Der uneingeschränkte Term, z.B. „Schmerz“, kann verschiedene Referenzen haben, ohne dabei mehrdeutig zu sein. Es stellt sich aber die Frage, ob der Term „Schmerz“ auf etwas referiert und der Begriff „Schmerz“ die Klasse aller Zustände bestimmt, welche die Schmerzrolle erfüllen? Diese Klasse bzw. die entsprechende funktionale Eigenschaft existiert aber für Kim offenbar nicht!
3. Was ist das Haben oder Ergreifen und Anwenden eines Begriffs? Nach David ergibt sich bei Kim ein Dilemma.

(a) Ist das Haben eines Begriffs analog zu einem uneingeschränkten Begriff und deshalb kein echter mentaler Zustand, sondern selbst nur ein Begriff, der in verschiedenen physischen Zuständen erster Ordnung realisiert wird?

Es drängt sich zudem ein unendlicher Regress auf. Das „Haben des Begriffs B* = ein bestimmter Begriff B". Das „Haben des Begriffs B = ein neuer Begriff C"'. „C = der Begriff des Habens des Begriffs des Habens des Begriffs A usw.". Das von David nicht bemerkte Problem ist, dass der Regress als unbedenklich einzustufen ist, da z.B. von D an alle weiteren Begriffe ohne Bedeutung sind.

(b) Das Haben des Begriffs A ist kein Begriff, sondern ein echter „mentaler Zustand = echter funktionaler Zustand". Durch welches Argument X ist das begründet? Warum ist das Argument X nicht ebenso auf uneingeschränkten Schmerz anzuwenden? Wenn aber uneingeschränkter Schmerz ein echter Zustand ist, so wäre Kims Funktionalismus in Frage gestellt. Insofern kommt Kim nicht umhin, „(a)" anzuerkennen. Stellen wir uns dem unendlichen Regress, so sind einige Begriffe nicht i.S. von Kims funktionalistischen Physikalismus zu interpretieren. Sie sind „dualistische Überbleibsel" (dualistic leftovers).

Nach Kim (1996) liegt keine Konkurrenz zwischen:

1. bestimmt den nicht eingeschränkten Begriff „Schmerz" und
2. bestimmt den nicht eingeschränkten volkspsychologischen Begriff „Schmerz"

vor. David (1996: 140) akzeptiert, dass der volkspsychologische Begriff „Schmerz" mit dem funktionalen volkspsychologischen Begriff „Schmerz" identisch ist. Es liegt aber aus ihrer Sicht keine Synonymität beider Begriffe vor. Es stellt sich dann die Frage „Was ist dann die „concept equivalence?". Gegen die Identitätsannahme ist bei David der Identitätsbegriff nicht geklärt. Bezieht sich Identität auf dieselben Klassen oder Eigenschaften? Die zweite Frage ist aber dann nicht zu beantworten, wenn es i.S. Kims keine nicht eingeschränkten Klassen und entsprechende funktionalen Eigenschaften gibt.

3. Homogenität der Strukturen. Kommen wir auf den Problembezug von Kims Funktionalismus zurück. Die kausalen Kräfte des Mentalen sind bestimmt durch die Strukturen von Organismen, die diese mentalen Zustände haben. Diese Strukturen sind die Ursachen dafür, dass die physikalischen Realisierer von mentalen Zuständen (P_1, P_2, ...P_n) physikalische Ereignisse verursachen. Diese Strukturen sind nicht und dürfen nicht heterogen sein. Sie haben die gemeinsame Eigenschaft, dass sie für jeden Organismus, der zu einer dieser

Strukturen gehört (ST_1, ST_2 … ST_n), festlegen, dieselben kausalen Rollen zu spielen. Diese Eigenschaften werden durch entsprechende physikalische Zustände realisiert. Diese Strukturen vereinigen die funktionalen Rollen, die sie bestimmen. Das vereinigt die kausalen Kräfte von mentalen Zuständen.

Wenn wir davon ausgehen, dass die Strukturen (ST_1, ST_2 …) nicht heterogen sind, dann sind auch vermutlich die physischen Eigenschaften (P_1, P_2 …), welche die durch die Strukturen bestimmten einheitlichen funktionalen Rollen realisieren, nicht heterogen. Die homogenen disjunktiven Eigenschaften bzw. Strukturen sind aber auch nach Kim echte Eigenschaften bzw. Strukturen ($M \leftrightarrow P_1, P_2 \ldots \vee P_n$) (M = mentaler Zustand). Das läuft letztlich auf Kims lokale Reduktion hinaus, während die meisten Funktionalisten darauf bestehen, dass physikalisch heterogene Eigenschaften in völlig verschiedenen natürlichen Arten dieselben funktonalen Zustände bzw. die sie bestimmenden funktionalen Rollen realisieren können. Das leitet zu den Einwänden von Marras über.

2. Rettung des Physikalismus

Inhalt: *(a) Status der Brückengesetze, 1. Irreduzibilität des Bewusstseins, 2. Erklärung ohne Brückengesetze, 3. Lösungsvorschlag, (b) Einwand gegen Chalmers und Jackson, 1. Erklärungslücke, 2. Marras' Kritik, 3. Intrinsische mentale Eigenschaften*

(a) Status der Brückengesetze

1. Irreduzibilität des Bewusstseins. Nehmen wir den Problembezug des nicht-reduktiven phänomenalen Bewusstseins in den Blick. Die Autoren, wie z. B. Levine, Jackson, Chalmers und Kim, haben den Anspruch, zu begründen, dass mentale Eigenschaften nicht a priori durch physische Eigenschaften zu erklären sind. Es gibt eine wesentliche Differenz zwischen „Wasser = H_2O“ und den psycho-physischen Identifikationen von Eigenschaften, da die Brückengesetze (E. Nagel) zwischen beiden Bereichen nicht ableitbar sind. Kims funktionales Reduktionsmodell (lokale Reduktion) ist repräsentativ für die Argumente der Irreduzibilität des Bewusstseins. Seine Kritik an Nagels Brückengesetz der Reduktion besagt, dass Brückengesetze selbst nicht zu erklären sind. Wenn M und P intrinsische Qualitäten sind und die verbindenden Brückengesetze kontingent sind, dann ist die Identität der mentalen mit den physischen Eigenschaften nicht möglich. Wenn M und P nur ihnen eigene Qualitäten haben und die verbindenden Brückengesetze kontingent sind, dann ist die Identität der Eigenschaften nicht möglich. Marras (2005) gehört zu den Autoren, die beanspruchen, den Physikalismus ohne eine Einschränkung zu retten.

Das Argument der Multirealisierung, die als Haupthindernis für die Eigenschaftsreduktion angesehen wird (Kim: lokale Reduktion), soll ausgeräumt werden. Marras argumentiert gegen Kims lokale Reduktion mit beschränkten Brückengesetzen der Form „S → (M ↔ P)“ (S = Strukturtyp eines Organismus, M = mentales, P = physisches (neuologisches) Prädikat) im Unterschied zu Nagels unbeschränkten bikonditionalen Brückengesetzen „und dem Argument, dass wissenschaftstheoretisch Nagel die Brückengesetze selbst nicht erklärt“ (Marras 2005: 339-342, 2000: 159-452). Er weist Kims Anspruch zurück, dass sein theoretisches funktionales Model der Reduktion einen Ansatz der physischen Realisierung von mentalen Eigenschaften bereitstellt, die auf ihrer Identifikation mit physischen Basiseigenschaften beruhen. Marras interpretiert Kim dahingehend, dass er den Funktionalismus in der Konsequenz zugunsten eines Physikalismus aufgibt.

Marras stimmt z. B. mit Chalmers, Jackson, Kim, Levine und Loar darin überein, dass der Begriff des Bewusstseins kein funktionaler Begriff ist. Das unterscheidet diese Ansätze von D. Lewis. Seine Strategie ist die Einstufung des phänomenalen Bewusstseins als ein begriffliches Bewusstsein. Phänomenale Begriffe sind als phänomenale Begriffe „demonstrative“ und „recognitial“ Begriffe. Sie bezeichnen die inneren subjektiven Zustände in starrer Weise. Sofern Begriffe nicht mit Eigenschaften vermengt werden, ist dies konsistent mit der Annahme, dass die starr bezeichneten Zustände als funktionale Zustände einzustufen sind. Insofern ist aus Marras’ und der von anderen Autoren bevorzugten Sicht die erklärende Lücke (Levine) in Wirklichkeit eine begriffliche Lücke. (Marras 2005: 347-348) So wird von vielen Physikalisten verfahren, um die phänomenalen Zustände zu entzaubern. Das ist dadurch begründet, dass kein Physikalist seine Ontologie durch merkwürdige Entitäten zu erweitern bereit ist. Das ist aus seiner Sicht durchaus folgerichtig.

2. Erklärung ohne Brückengesetze. Die Erklärung ohne Brückengesetze ist eine Strategie der Rettung des Physikalismus. Der Problembezug von Marras ist es, dass die Unmöglichkeit, psychische Wahrheiten direkt, somit ohne Brückengesetze, aus physischen Wahrheiten abzuleiten, seines Erachtens in vergleichbarer Weise für alle Reduktionen besteht. Was spricht aber anstatt einer Parallelität für die Identität von mentalen und physischen Zuständen? Marras’ Argument besagt, dass ein breites Spektrum von Gesetzen der zu reduzierenden Theorie isomorph zu den Gesetzen der zu reduzierenden Basistheorie sind. Dabei ist zu berücksichtigen, dass die Identitäten von Mentalem und Physischem nicht als endgültig einzustufen sind, sondern sie können immer aus empirischen Gründen aufgegeben werden. (Marras 2005: Fn 24) Wie ist aber der Problembezug zu bearbeiten, dass die begriffliche Lücke bei der Reduktion von Wasser auf H_2O genauso wenig geschlossen werden kann wie bei der Reduktion von psychischen Eigenschaften auf die Aktivitäten von Pyramidenzellen? (Marras 2005: 350) Zwischen beidem besteht kein Unterschied. Der Einwand der dagegen erhoben wird, lautet, dass Identitäten zwischen Entitäten verschiedener Stufen a priori und lediglich faktisch nicht zu erkennen sind. Sie sind es aber vom grundsätzlichen her gesehen, sofern wir alle physischen Fakten kennen. Das ist eine A-priori-Deduktion der höherstufigen Fakten. Ein Laplace Dämon, der alle physischen Fakten kennt, kann deshalb deduzieren, welche physische „role fillers" zu jeder funktionalen Eigenschaft bestehen.

3. Lösungsvorschlag. Marras gibt diesbezüglich zu bedenken, wenn wir von der Annahme ausgehen, dass wir für jede funktionale Eigenschaft M_i alle funktionalen Gesetze kennen, in denen auf sie Bezug genommen wird. Sie haben die Form „G_k (M_1 … M_2 …Mn)" (G = Gesetz, k = konstant) und die Form aller physischer Gesetze von der Form „G_k* (P_1 … P_2 … P_n)". Jedes L_k-Gesetz hat ein entsprechendes L_k*-Gesetz als ein isomorphes Bild. Diese Entsprechungen sind nach Marras als Fakten einzustufen. In diesem Fall könnten wir ohne Brückengesetze L_k-Gesetze nicht von den L_k*-Gesetzen a priori ableiten, und auch die Brückengesetze sind nicht von den L_k-Gesetzen zu folgern. Sie sind Hypothesen und als solche empirisch unterbestimmt und deshalb nicht völlig sicher (Marras 2005, 251). Es wird bei dieser Systematisierung davon ausgegangen, dass die induktive Bestätigung wächst, wenn zunehmend L_k-Gesetze und L_k*-Gesetze übereinstimmen, in denen auf M_i und P_i Bezug genommen wird. Es besteht aber dennoch eine Nichtreduzierbarkeit der Brückengesetze der physikalischen Gesetze, solange die M- und die P-Terme zu begrifflich seperaten Bereichen gehören. Somit besteht eine begriffliche Lücke, aber keine Erklärungslücke. Marras folgert daraus, dass, sobald wir die theoretischen Identitäten induktiv abgeleitet haben, es es kein Geheimnis mehr ist, dass C-Faser-Feuern die Schmerzerlebnisse sind. Auch nach Papineau (1993) erfordern Identitäten keine Erklärung, aber nach Marras erfordern sie eine Rechtfertigung durch pragmatische Argumente. Diese Beseitigung der erklärenden Lücke durch induktiv gerechtfertigte Identitäten wird auch von Block und Stalnaker (1999) vertreten.

(b) Einwand gegen Chalmers und Jackson

1. Erklärungslücke. Nach Chalmers und Jackson (2001) ist dagegen die erklärende Lücke nicht durch A-posteriori-Identitäten zu schließen. Physiophysische Identitäten spielen deshalb die Rolle so wie psycho-physische Gesetze. Sie sind erschlossen von faktischen Regularitäten zwischen Gehirnprozessen und Bewusstsein und haben den Zweck der Systematisierung dieser Regularitäten. Diese Identitäten sind nicht erklärt, sondern epistemisch grundlegend (primitive), d.h. nicht abzuleiten. Deshalb misslingt die reduktive Erklärung des Mentalen.

Nach Marras ist der Ansatz von Chalmers und Jackson unhaltbar. Die psycho-physischen Identitäten sind nicht unerklärbar, sondern sowie Brückengesetze und theoretische Entitäten werden sie gestützt und erklärt durch die erfolgreichen Reduktionen (Marras 2005: 351-352) bzw. durch die ersten Schritte in der *Nagel*-Reduktion im Hinblick auf mentale Zustände, z.B. ein prätheoretische Begriff, z.B. Schmerzerlebnisse, ist durch eine Referenz fixierende Beschreibung zu fixieren, der zweite Schritt weist aus, dass dasjenige, dass die Rolle dieses Begriffs erfüllt, der Referent des Begriffs ist (Levine). Das ist durch den analytischen Funktionalismus von Armstrong und D. Lewis motiviert.

Diese sind nicht durch Brückengesetze vermittelt. Diese populäre Sicht der *Nagel*-Reduktion wird von Marras abgelehnt. Das Umgekehrte ist der Fall, die Reduktionen stützen die Brückengesetze. Die Reduktionen hängen somit nicht von vorgängigen und unerklärbaren Brückengesetzen ab. Das soll aus der Sicht von Marras allgemein für Brückengesetze und theoretisch Identitäten gelten.

Dagegen wenden Chalmers und Jackson ein, dass die theoretischen Identifikationen, z.B. Annahmen von psycho-physischen Identitäten wie „Wasser = H_2O“, aus mikophysikalischen Fakten zu deduzieren sind, so wie sie vollständig bekannt sind, z.B. „DNA → Identität: Gene = DNA“. Die Brückengesetze sind apriori aus der Basistheorie abgeleitet (Chalmers 1996). Die Ausnahme sind psycho-physische Brückengesetze, da sie epistemisch grundlegend (primitive) sind. Nach Chalmers (1956) sind zwar die intentionalen Begriffe (propositionale Einstellungen) einer Funktionalisierung zugänglich, aber nicht das phänomenale Bewusstsein.

2. Marras' Kritik. Marras (2005, 352) wendet dagegen ein, dass die Probleme der Reduktion des Bewusstseins (Qualia) im Wesentlichen dieselben sind, so wie bei den intentionalen Zuständen. Er führt zwei Gründe an:

1. Im Unterschied zu vielen Philosophen ist nach Marras der Begriff der Überzeugung kein funktionaler Begriff, obwohl Überzeugungen in kausalen Beziehungen mit anderen Zuständen stehen. Für Überzeugungen ist aber ihr intentionaler Gehalt wesentlich. Der Begriff des intentionalen Gehalts ist kein funktionaler Begriff. Die Reduktion des Bewusstseins (Qualia) ist nicht problematischer als die Reduktion von intentionalen Zuständen.
2. Marras geht davon aus, dass die Eigenschaftsreduktion über der Theoriereduktion kontingent ist. Die Bereiche der Psychologie lassen sich deshalb nicht in voneinander unabhängige Bereiche separieren. Es gibt Verallgemeinerungen und Prinzipien, die für alle diese Bereiche gelten. Sie verbinden intentionale Zustände und Qualia zu Emotionen. Dieser Punkt ist aber für das Folgende nicht weiter relevant.

Die Multirealisierung wird oft als Haupthindernis für die Eigenschaftsreduktion angesehen (Kim: lokale Reduktion). Diese ist eine Typen-Identität. Nach Marras werden die lokale Reduktion der Allgemeinheit von Prinzipien und Theorien auf der funktionalen Ebene nicht gerecht. Die Multirealisierung von mentalen Zuständen auch innerhalb von Strukturtypen, sogar desselben Individuums zu verschieden Zeiten, sind Ad-hoc-Konstruktionen, die theoretisch nicht interessant sind. Deshalb ist Multirealisierung in der Psychologie eine Option, und zwar auch für die intentionalen und phänomenalen Typen. Die phänomenalen Zustände, z.B. Schmerz, können introspektiv als Referenzobjekt fixiert werden (Loar, Lycan) Diese perspektivische Referenzfixierung schließt aber nicht aus, dass auf dieselbe Eigenschaft von einem objektiven Standpunkt aus als funktionale (Rollen-)Eigenschaft Bezug genommen wird, die verschiedene Realisierungen hat. Das wird auch von Lycan hervorgehoben. Die Multirealisierung ist nur eine Viel-eins-Abbildung (homomorphe Abbildung). Dafür sind keine bikonditionalen Brückengesetze erforderlich.

3. Intrinsische mentale Eigenschaften. Marras fragt „Ist es bei der Multirealisierung mysteriös, dass sich C-Faser feuern so wie Schmerz anfühlt? Seine Antwort lautet „Nein“. Die Anforderung für diese Aussage ist nur eine Token-Identität von C-Fasern feuern und Schmerz. Ob die Psychologie nur in dieser schwachen Form auf Physiologie reduzierbar ist oder in einer stärkeren Form durch die Identifikation durch bikonditionale Gesetze ist eine empirische Frage und nicht a priori zu entscheiden, wie es z.B. Levine annimmt.

Ist damit der Physikalismus gerettet? Die Antwort darauf ist „Nein“. Wir können Marras entgegenkommen und psycho-physische Gesetze akzeptieren. Das begründet aber noch nicht den Physikalismus und verträgt sich auch mit einer dualistischen Position in der Philosophie des Mentalen. Ein anderer Punkt ist der Problembezug der Referenzfixierung der phänomenalen Zustände von einem objektiven Standpunkt aus als funktionale Rollen mentaler Zustände mit einer unterschiedlichen Festlegung. Diesbezüglich irrt sich Marras, da er die subjektbezogen Zuschreibung von Zuständen nicht von der objektbezogenen Zuschreibung dieser Zustände unterscheidet. „Ich habe Schmerzen" hat einen anderen erkenntnistheoretischen Status als „ich befinde mich x Km vom Mond entfernt (Shoemaker, Frank; die Unterscheidung geht auf Wittgenstein zurück). Die erste Zuschreibung ist (weitgehend) immun gegenüber einem Irrtum, die zweite Zuschreibung ist irrtumsanfällig. Marras reinterpretiert Kim als einen Physikalisten. Das ist nicht falsch. Man sollte aber sagen „einen Möchtegern-Physikalisten", da sich nach Kim das phänomenale Bewusstsein nicht physikalisieren lässt.

Der Problembezug ist, ob es intrinsische mentale Eigenschaften des Erlebens gibt, die keine Intentionalität haben. Block vertritt z.B. einen quasi-funktionalistischen Qualia-Realismus. Der intentionale Gehalt eines Erlebnisses ist funktional zu charakterisieruen. Ein Erlebnis hat den intentionalen Gehalt „Rot", d.h. es spielt die richtige funktionale Rolle und ist unter richtigen (normalen) Bedingungen durch rote Objekte hervorgerufen. Die funktionale Rolle ist in diesem Fall die weite Rolle. Die Inputs und Outputs betreffen reale Dinge in der der Welt. Die enge Rolle endet schon unter der Haut. Der qualitative Gehalt eines Erlebnisses ist aber nicht funktional zu charakterisieren. Deshalb spricht Block von quasi-funktional. Es ist aus dieser Sicht zu berücksichtigen, dass zwei funktional verschiedene Erlebnisse denselben qualitativen Gehalt haben können oder sie können auch funktional identisch sein, d.h. ihnen kann derselbe intentionale Gehalt bei ihm zukommenden verschiedenen qualitativen Gehalten zukommen. (Block 2006: 370-371)

3. Rettung der supervenienten Kausalität

Inhalt: *(a) Supervenienz und Mentale Kausalität, 1. Superveniente Kausalität, 2. Stärke der Supervenienz, (b) Multipler Typen-Physikalismus, 1. Physikalische Realisierung, 2. Folgerung für die mentale Kausalität*

(a) Supervenienz und Mentale Kausalität

1. Superveniente Kausalität. Kim (1993) findet immer noch, dass die superveniente Kausalität eine durchaus attraktive Position der Erklärung von mentaler Kausalität ist. Er geht davon aus, dass die Kritiker der supervenienten Kausalität den Ansatz nicht völlig widerlegen. Die angenommenen und identifizierten Kausalrelationen zwischen Makroereignissen sind durch die Kausalrelationen zwischen Mikroereignissen zu erklären. Das ist ein Spezialfall der allgemeinen Annahme, dass alle Fakten in der Welt über die entsprechenden Mikrofakten supervenieren.

Superveniente Kausalität (Kim 1996: 358)

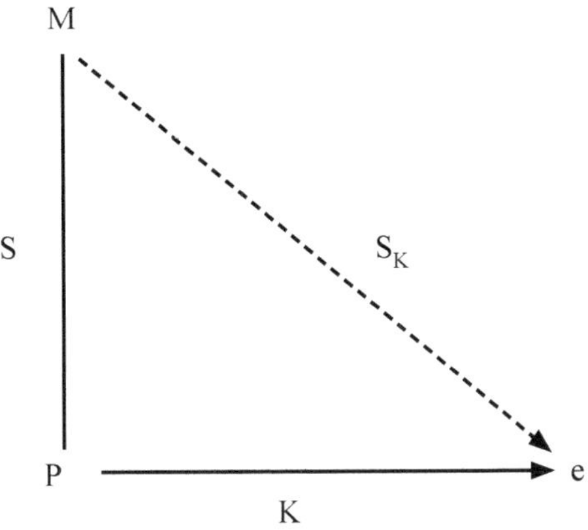

S = Supervenienz
S_K = superveniente Kausalität
K = physische Kausalität
c = physisches Ereignis
Ähnlich verhält es sich bei M_1 S_K M_2.

Der Epiphänomenalist akzeptiert die Supervenienz von *M* über *P* und „*P* K → *e*" in der Darstellung der supervenienten Kausalität (Kim 1993: 359). Die epiphänomenale Relation zwischen M und P ist aber streng genommen keine Supervenienzrelation. Bei „*S*(*M*, *P*)"" sind *M* und *P*, d.h. die Instanzen gleichzeitig. „ep (*M*, *P*) ist eine Kausalbeziehung, und deshalb ist *P* etwas früher als *M*. Dieser Unterschied ist aber nach Kim unerheblich (1993: Kap. 6). Mittlerweile ist er nicht mehr so sicher, ob es ein bloß technischer Unterschied ist. Seine Überlegung geht dahin, dass der Epiphänomenalist es vorzieht, anstelle des Begriff der Supervenienz den Begriff der Kausalität zu verwenden, sofern ihm der Begriff der Supervenienz zur Verfügung stehen würde. Für den Epiphänomenalisten mag der Unterschied unerheblich sein (Kim 1993: 360). Es könnte sein, dass der Epiphänomenalist in Wahrheit nur zeigt, dass mentale Kausalität eine superveniente Kausalität ist. In Kim (1993: Kap. 6) heißt es aber, dass die mentale Kausalität ebenso „robust" und respektabel sei, wie jede andere Art von Kausalität. Es gibt jedenfalls nur einen geringen Unterschied zwischen dem Epiphänomenalismus und der supervenienten Kausalität. Die Kritiker, z.B. C. Macdoneld und G. Macdonald (1986) sind dagegen der Auffassung, dass, wenn der Epiphänomenalismus mit der Annahme einer supervenienten Kausalität leben kann, dann ist das nur eine Kausalität dem Namen nach.

2. Stärke der Supervenienz. Ist die superveniente Kausalität aber robust genug, um die kausale Wirklichkeit des Mentalen zu gewährleisten? (Kim 1993: 359). Es ist offensichtlich, dass jeder Physikalist die Abhängikeit der mentalen von der physikalischen Kausalität zu behaupten hat. Das Problem der kausalen Exklusion entsteht aus der Annahme der kausalen Geschlossenheit der physischen Weilt. Es ist deshalb nicht einzusehen, wie mentale Eigenschaften irgendeine Rolle bei der Verursachung physischer Ereignisse spielen können, sofern sie nicht reduktiv mit physischen Eigenschaften identifiziert werden. Diese Reduktion wird aber mittlerweile nur von sehr wenigen Philosophen akzeptiert. Es gilt jedenfalls, dass, wenn *A* eine hinreichende Ursache von *B* ist, dann kann *C* (gleichzeitig mit *A*) nicht *B* verursachen. Das gilt abgesehen von einer kausalen Überdetermination.

Die superveniente Kausalität in Kim (1993: Kapt. 6) ist noch keine befriedigende Lösung des Problems der mentalen Kausalität.

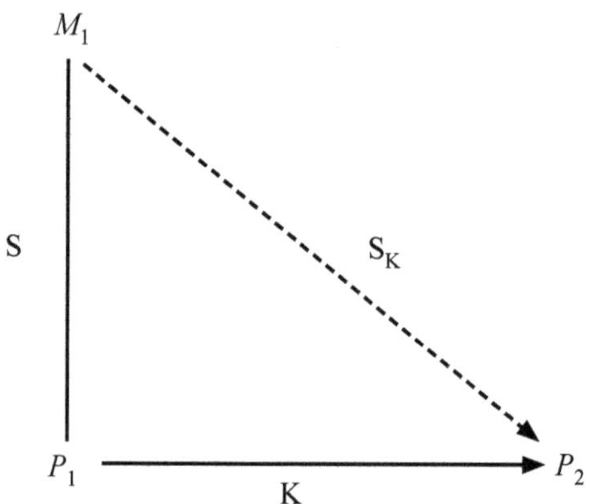

(Kim 1993: 361)

Wenn P_1 eine hinreichende Ursache von P_2 ist, welche kausale Arbeit bleibt für *M*? Solange M_1 eine von P_1 verschiedene Eigenschaft ist, haben wir zwei Ursachen von P_2. Die kausale Rolle von M_1 ist aber mysteriös, da die superveniente Kausalität eng mit dem Epiphänomenalismus verwandt zu sein scheint. Wenn „$M_1 = P$", so wäre das Exklusionsproblem gelöst, da M_1 als ein „kausaler Konkurrent" zu P_1 entfällt.

Der Problembezug ist, ob es etwas zwischen der Supervenienz des Mentalen über dem Physischen und der Identität von beidem gibt? Segal und Sober (1991) argumentieren dahingehend, dass Supervenienz zu schwach ist, um die kausale Wirksamkeit von *M* zu erklären. Es ist eine mereologische Supervenienz erforderlich, d.h., die Eigenschaften eines Ganzen supervenieren über Eigenschaften und Relationen seiner Teile (dazu: Kim 1993:113-117, 123-128). Kim geht zwar nicht darauf ein, es ist aber zu erwähnen, dass es ein Rätsel geblieben ist, welcher Teil das Ganze repräsentiert bzw. zu repräsentieren berechtigt ist.

(b) Multipler Typen-Physikalismus

1. Physikalische Realisierung. Aus Kims Sicht ist die physikalische Realisierung von mentalen Eigenschaften ein mehr versprechender Ansatz. Er besagt, dass, wenn eine M-Instanz durch eine P-Instanz realisiert ist, dann konkurrieren beide nicht in ihrer kausalen Rolle. Die Multirealisation mentaler Eigenschaften besagt, dass die verschiedenen physischen Realisierer verschiedene mentale Kräfte haben. Die jeweiligen kausalen Kräfte von „*M* = die kausalen Kräfte des jeweiligen Realisierer" gelten natürlich auch für die kausalen Kräfte der Instanziierung von *M*. Eine Instanziierung von M besagt dann, dass „*M* = eine Instaniierung einer bestimmten realisierenden physischen Eigenschaft P_i" (1993: 363, 364). Wenn wir davon ausgehen, dann gibt es keinen Rest „jenseits der Realisierer von P_i". Das ist der Unterschied zwischen der physischen Realisierung und der physischen Korrelation, die auch Dualisten akzeptieren können. Es ist auch nicht ausgeschlossen, dass Dualisten eine Dependenz autonomer mentaler Eigenschaften von physischen Eigenschaften akzeptieren können. Die mentalen Eigenschaften sind aber für den Dualismus als Eigenschaften erster Stufe einzustufen. Sofern diese Eigenschaften realisiert werden, so sind sie extrinsisch und relational, d.h. es sind Eigenschaften zweiter Stufe.

Daraus ergibt sich aus Kims Sicht eine einfache Lösung des Exklusionsproblems. Es ist nicht eine Identifikation von *M* mit P_1 … P_2 … vorzunehmen, sondern M ist disjunktiv zu identifizieren mit P_1, P_2 … Eine *M*-Instanz ist identisch mit einer Pi-Instanz und deshalb *ein* Ereignis, und es sind keine zwei Ereignisse. Das nennt Kim den multiplen Typen-Physikalismus. Das erfordert aber eine Revision der Definition von Ereignissen nach dem „Standard Property Exemplification Account (Kim-Ereignisse; 1993: 5, Fn.). Das würden Emergentisten nicht akzeptieren, da für sie mentale Eigenschaften keine Realisierung einer niederstufigen Eigenschaft ist, wie es die Funktionalisten annehmen. Zu erwähnen ist auch das Absent-Qualia-Argument gegen den Funktionalismus.

2. Folgerung für die mentale Kausalität. Insgesamt ist Kim zuzustimmen, dass wir nur vor der Wahl stehen,

1. entweder wir akzeptieren die Realisierungsdoktrin und damit die Rettung der mentalen Kausalität, oder
2. wir bestehen auf dem autonomen Status des Mentalen, vor allem der Qualia, und geben die kausale Kraft des Mentalen auf.

Das könnte sich aber als eine Scheinalternative herausstellen. Was nützt uns die Rettung der mentalen Kausalität „1.", wenn dabei die Mentalität verloren geht? Was nützt die Rettung der Eigenständigkeit des Mentalen „2.", wenn dabei ihre Kausalität verloren geht? (Kim 1993: 367) Insofern besteht im Rückblick Kims (2005, 174) die Folgerung:

> Are mental properties physically reducible? Yes and no: intentional/cognitive properties are reducible, but qualitative properties of consciousness, or "qualia," are not. In saying the causal efficacy of the former, we are saving cognition and agency. Moreover, we are not losing sensory experiences altogether: qualia similarities and differences can be saved. What we cannot save are their intrinsic qualities—the fact that yellow looks like this, that ammonia smells like that, and so on. But I say, this isn't losing much, and when we think about it, we should have expected it along.
>
> The position is. As we might say, a slightly defective physicalism—physicalism manqué but not by much. I believe that this is as much physicalism as we can have, and that there is no credible alternative to physicalism as a general world view. Physicalism is not the whole truth, but it is the truth near enough, and near enough should be good enough.

Es fällt nicht allzu schwer, Terry Horgan zuzustimmen, der Kims „near enough" anlässlich einer Konferenz an der Kopernikus Universität, Torun (Polen) 2017 so kommentierte, indem er fragte „Ist „near enough" wirklich enough?". Seine Antwort war darauf „nein", da er Kims vollständige Disjunktion zwischen kognitivem und phänomenalem Bewusstsein (Block) nicht zustimmt und das Forschungsprogramm einer phänomenalen Intentionalität verfolgt. Das teilt er mit Kriegel. Dem ist hinzuzufügen, ob der Ausweis des Residuums des phänomenalen Bewusstseins genug ist, um das Mentale in seiner Umwelt zu platzieren, oder sind die Grenzen zwischen Innen und Außen, Bewusstsein und Umwelt anders zu ziehen?

Teil III
On David Lewis' Philosophy of Mind
Erwin Rogler

Introduction
Outlining the Reduction of Mind

Contents: *1. Eliminativist tendencies, 2. The psycho-physical problem, 3. Self-consciousness*

1. Eliminativist tendencies. Let us ask the question: Are there eliminativist tendencies in Lewis's theory of mind? Prima facie one would like to give a negative answer to this question. Lewis (1994) conceives his theory as "Reduction of Mind". Certainly, both reduction and elimination of mental states are regarded as materialist, yet nevertheless as competitive strategies. Relying on folk psychology (FP), as Lewis does, is objected to by eliminativists who denounce FP mainly because they think it is a theory that is essentially wrong. Yet, Lewis sees the importance of FP residing only in its causal schemes that explain behavior and not in its role of specifying internal states by specific mental properties. Should therefore the reduction of mental states not be considered as eliminativist in a certain sense? There is an ambiguity in these concepts that forbids an immediate answer. The problem will be elaborated in section II and III with regard to intentional and qualitative mental states. As a preliminary to that it is discussed in section I central aspects and problems of Lewis' theory of mind. (On Lewis: Preyer and Siebelt 2000b, on his philosophy in general: Preyer and Siebelt 2000c, 2000).

2. The psycho-physical problem. Many philosophers split the psycho-physical problem into three issues: The problem of intentionality, the problem of qualia, and the problem of selfhood or self-consciousness (Feigl 1967: 152). Within Lewis' earlier work (Lewis 1966, 1972) such a subdivision is not eminent. There he speaks only generally of "experiences" or "mental states". The reason for this can be located in his functional definitions of mental terms in which distinct types of mental states are merely characterized by their specific causal roles.

Not until in his later and recent work does Lewis address questions pertaining to the three subproblems in several places. His theory thereby becomes more concrete and gains more plausibility. Such analyses might be placed within his overall theory below the functional level. That is, they might be conceived as philosophical hypotheses which will, as far as possible, be replaced by neuronal or perhaps microphysical models in the future. In Lewis' analyses of intentionality and of qualia there remain difficulties concerning their integration within strict materialism. At least they suggest a more liberal version of materialism. Since, for example, materialists often rely on "experience" as if indicating some sort of truism – and if this in fact includes qualitative components – they will then have to justify their use of such a concept. Additionally, Lewis' materialism has a strong metaphysic flavor. On the one hand he postulates a physicalist reductionism which on the other appears to be limited de facto. It contains important exceptions, for example, those exceptions that stem from his view of elite classes and their relevance for reference fixing. It is inconceivable how a physicalist reduction of these concepts might be possible.

3. Self-consciousness. Important considerations regarding the problem of self-consciousness can be found in Lewis (1979). The central thought: self-knowledge is not propositional knowledge (de se constraint), rather it consists in a self-ascription of properties. This analysis is based on his modal realist views and not on that version of contingent materialism he endorses for the actual world. In the latter sense interpretations of the indexical "I" within statements of self-reassurances or statements regarding the self-ascription of properties would have to be limited to the range of physically accessible phenomena. To what extent this desideratum can be fulfilled is an open question. (on the *de se* constraint: Frank (2012) with reference to Anscombe, Castañeda, Chisholm, and Lewis).

1. Ramsification, Reduction, Multirealization

Contents: *(a) Some Fundamentals of Lewis' Theory of Mind, 1. Semantic functional analysis of mental concepts and psycho-physical identification, 2. Causal roles, (b) Some questionable objections, 1. Critiques of Lewis, 2. Reduction of mind, 3. Disjunctive laws, 4. Disjunctive laws and MB*

(a) Some Fundamentals of Lewis' Theory of Mind

1. Semantic functional analysis of mental concepts and psycho-physical identification. Lewis' theory is made of two theoretical steps: a semantic-functionalist analysis of mental concepts as the first step and (faithful prospects for) psycho-physical identifications as the second (Lewis 1966, 1970, 1972,

1980). The point of departure of his theory is FP. Its "platitudes" concern mainly causal relations among mental states, mental processes or events as well as sensory stimuli (inputs) and behavior (outputs). In the sense of Sellars' myth of our Rylean ancestors, FP is conceived as a term-introducing theory for mental concepts. Differences between these concepts can be neglected here. Mental concepts are taken to be theoretical (*T*-) terms which FP implicitly defines. Input and output vocabulary, as well as the notion of causality, make up the already understood and unproblematic O-terms. FP sentences containing mental terms $M_1, \ldots, M_n$ – or perhaps, disjunctions of those sentences for neutralizing false sentences – are conjoined via logical conjunction into one single sentence:

* $T(M)$. Replacing all *M*-predicates $M_1,\ldots,M_n$ uniformly by variables $m_1, \ldots, m_n$ and existential quantification (with respect to all those variables) leads to the Ramsey sentence "$\exists m T(m)$" and the modified Ramsey sentence "$\exists! m T(m)$ of $T(M)$ (abbr.: $RT(M)$, $R!T(M)$)".

The Ramsey sentence says that there is at least one, the modified Ramsey sentence there is exactly one, model of $T(M)$.

By means of $R!T(M)$ Lewis construes explicit functional definitions of the *M*-terms:

(1) $M_1 =_{\text{def}} \iota k_1 \exists k_2 \ldots k_n \forall m_1 \ldots m_n [T(m_1 \ldots m_n) \leftrightarrow k_1 = m_1 \wedge \ldots \wedge k_n = m_n]$
and accordingly for $M_2, M_3, \ldots, M_n$.

At the heart of Lewis' analysis lies a "functional specification view" (Block 1980a:179ff). According to this view functional state types are to be identified with physical, especially neuronal state types. This is step 2 in Lewis' theory. If one concedes the possibility of physical multirealization (MR), then *M*-concepts defined in the style of (1) cannot, due to the transitivity of identity, be rigid designators. Block (ib.) on the other hand defines mental concepts according to a "functional state identity view":

(2) $M_1{}^* =_{\text{def}} \gamma y \exists m_1 \ldots m \wedge [T(m_1 \ldots m_n) \wedge y \text{ has } m_1]$
and accordingly for $M_2{}^*,\ldots,M_n{}^*$.

Here, in contrast to scheme (1) a mental term "$M_i{}^*$" denotes a class of objects (actual and possible objects) which occupy a specific causal role. As far as I can see, Lewis (1970: 87, 1994: 420) expresses functional concepts according to the schemes (1) and (2) by means of the predicates "*M*" and "being in *M*" for "*M**"; the latter are interpreted as rigid designators. Therefore, if one allows the possibility of MR, the classes denoted by them cannot be identical with single nonfunctional state types. Definitions according to scheme (2) should be distinguished from another type of functional definitition:

(2') $M_1{}^{**} =_{\text{def}} \gamma k\, \exists m_1 \ldots m_n\, [T(m_1 \ldots m_n) \wedge k = m_1]$
and accordingly for $M_2{}^{**},\ldots,M_n{}^{**}$
The M^*-terms in scheme (2) are of order two and of level one, whereas the M^{**}-terms in scheme (2') are of order two and of level two as well.

The first step in Lewis' theory is often dubbed "a priori" or "analytical" functionalism (Block 1978: 271-273). But this can be understood in two ways. In one sense Lewis' introduction of mental terms via functional definitions is taken in contrast to mere functional characterizations of psychological states. These then are conceived as empirical hypotheses, whereby psychological states are already determined by means of other entities, for example their phenomenological properties. Understood that way, Lewis' analyses clearly belong to analytical functionalism. But this dubbing is also chosen to indicate that the underlying psychological theory is taken to be analytical in contrast to psycho-functionalism, a proposal which directly starts from scientific psychology as an empirical theory. If Lewis were an analytical functionalist in this second sense as well, he would have to interpret FP as a set of analytical truths. In (Lewis 1972: 213) he writes:

> There is a strong odor of analyticity about the platitudes of commonsense psychology." But presumably this means that the platitudes of FP should on the whole be taken as largely secure factual truths, and not as truths without factual content. Briefly stated not the FP-sentences themselves are considered to be analytic but "that either pain etc. do not exist or most of our platitudes about them are true. (Lewis 1972: 213).

To express this a little more generally, the analytical component of FP ($T(M)$) is what is usually called its Carnap sentence "($RT(M) \rightarrow T(M)$)". The factual content of $T(M)$ on the other hand is given by $RT(M)$. $T(M)$ then is L-equivalent with the conjunction of both "$RT(M)$ and $RT(M) \rightarrow T(M)$". Therefore it seems to be clear that Lewis is not an analytical functionalist in the second sense.

2. Causal roles. Functional definitions of mental state types by means of their causal roles are considered to be ontologically neutral, i.e., they tell nothing about the non-functional properties of their tokens. It's a contingent fact, whether, and if yes, what sort of entities take in certain causal roles. But if it turns out that, for example, the pain role is occupied by states of a certain type, for example, *C*-fibre firing, then by way of its functional definition this type must be identical with the functional type of pain. Briefly put: the realization of functional state types is by logical reasons identification. (Lewis 1972: 211/12). Another proposal looks for merely methodological identifications, for instance, if mental terms are not interpreted functionally, as for example in H. Feigl's view. From both premises,

1. theoretical terms $M_1, \ldots, M_n$ of $T(M)$ are interpreted according to contingent materialism, see, "1.", and
2. exactly one n-tupel of non-functional state types $(P_1, \ldots, P_n)$ uniquely satisfies $T(M)$, the contingent statements of identity "$P_1 = M_1, \ldots, P_n = M_n$" can be deduced. These theoretical identifications are specified by Lewis in several ways:

1. Motivated by the development of latter day physics Lewis endorses the metaphysical hypothesis of contingent materialism for the actual world. That means "roughly speaking (...) that physics – something not too different from present-day physics, though presumably somewhat improved – is a comprehensive theory of the world, complete as well as correct. The world is as physics says it is, and there's no more to say." (Lewis 1983a: 361). Functional types therefore can only be realized by physical types in our world. Exchanging in $T(M)$ P-terms for the M-terms yields a theory stated solely in physical terms: $T(P)$. Conceptual reduction of that sort does not automatically answer the further question, whether $T(P)$ can additionally be reduced completely to physical laws. However, Lewis' materialist hypothesis postulates that, in taking physics as the universal science, at least in principle also a reduction of laws is envisaged.
2. The theoretical terms of a theory T only denote entities which will satisfy T uniquely, whereby approximate satisfaction will be sufficient. They don't denote in cases where there is no model of T nor do they denote in cases where there is more than one model.
3. The unique realization of $T(M)$ should be understood relative to certain classes of structures; therefore MR is not precluded. Lewis considers several candidates for such structures, among which only empirical investigations might decide: possible worlds, populations within a world, especially species, sometimes even particular individuals (and some counterparts thereof in possible worlds) (Lewis 1969: 25, 1974: 120, 1994: 420). It is always *restricted type-type* identities that matter for Lewis. Even if psycho-physical identities are restricted to individuals the issue is not merely to identify singu-

lar state tokens, but to see within an individual, respectively a time segment of an individual, whether neuronal states of a specific type occupy specific causal roles.

4. As a consequence of both steps in Lewis' theory there are two different ways of describing mental phenomena: descriptions in functional and descriptions in physical terms. Assuming type-type identities to be restricted to species, for example, humans, then functional pain for humans (M_i) will be realized by a specific neuronal state type (P_n). Lewis (1980) considers special cases. One deals with the possibility of humans who are in state P_n but not in state *Mi* (mad pain). The other deals with the possibility of creatures having a hydraulic mind which differ biologically but not functionally from humans. For such a being, therefore, the causal role by which M_i is defined is not realized by P_n but instead is realized by a different state type P_h, for example by "the inflation of certain cavities in the feet" (Martian pain). Since in both cases pain could be felt, a theory of mind should give both their place. In these cases it is advisable however not to take literally terms like "Feeling of pain", otherwise a third aspect of pain would come into play, complicating the entire approach. In Lewis' proposal – which is exclusively designed for functional and physical pain – such an aspect of pain is not adequately accounted for (I will come back to this problem in section III). "Feeling of pain" should rather be seen here as a facon de parler which indicates a conceptual problem: the ascription of pain only by means of functional and physical data in accordance with liberal criteria. These may not lead to unique results in all imaginable cases.

The principal idea is to think of type-type identities like "$M_i = P_n$" as restricted to species, holding only for typical or paradigm cases. Strange cases like mad pain can't be excluded a priori because of Lewis' regularity view of laws of nature. Nevertheless one would first try to explain them in accordance with natural laws established so far, that is by searching for inhibitory factors which are not present in typical or paradigm cases. For Lewis, pain may even be ascribed to a Martian who is in the physical state P_h but quite untypically not in the functional state M_i (mad Martian pain). Such a claim is implausible for Owens (1986: 171), for this state is in no way similar to human pain, neither functionally nor physically. From a "chauvinistic" human point of view this seems to be a sound objection. From a more neutral perspective, however, mad pain and mad Martian pain can be considered as functional anomalies, moreover, as functional anomalies in different species. Both cases are then equally eligible candidates for the term "pain"; accordingly Martian pain would not appear to be such a strange case. Due to symmetry reasons it therefore seems appropriate to leave room not only for functional but even for physical anomalies. For humans this would be a case where Mi is not realized by the neuronal state P_n and also not by the hydraulic state P_h – this is the difference to the case of Martain pain – but rather by a different neuronal state P^*_n.

(b) Some questionable objections

1. Critiques of Lewis. Several critiques of Lewis' theory of mind point to an incompatibility of having psycho-physical type-type identities conjoined with reductionism on the one side with allowing the possibility of MR on the other. But their arguments often rely on premises Lewis is not willing to accept. Owens' (1986) objections are based on Kripkean views: that natural kind terms, especially natural kind terms of neurophysiology, are rigid designators and on Kripke's general objections against contingent identity statements. According to such views it is by discovering the physical structure of pain states that one acquires knowledge of their "intrinsical nature"; therefore functional properties of these states are seen to be merely accidental properties. For Owens this clearly shows that "pain" should be taken as a rigid designator. Consequently, the necessity of identity statements like "Pain=*C*-fibre firing" would be established, and a "radical physicalism" would have to be accepted, a position which definitely excludes the possibility of MR. Actually, Owens doesn't accept the position of "radical physicalism", a view hardly anyone adheres to. Instead, he takes sides with objections to identity theories brought up by Kripke, for whom the intrinsical character of pain can't be revealed by neurophysical research but instead by immediate experiences of pain. This line of critique parallels Kripke's well known argument for the necessity of identity statements with natural kind terms like in "*N*(heat=molecular movement)". But assertions concerning the rigidity or non-rigidity of designators can only be justified by appeal to intuitions, for example, intuitions regarding the use of natural language etc. Unanimous agreement can't be guaranteed and is de facto not always achieved.

Lewis (1983a: 369) considers heat to be simply the entity "which occupies the heat role". In the actual world this role is occupied contingently by molecular movement, in other possible worlds this role could perhaps be occupied by caloric fluid. Lewis' position seems to be by no means less plausible than Kripke's. Even Kripke allows a certain amount of contingency in the heat example by mentioning the fact that we often refer rigidly to an entity via its contingent effects (here: feelings of heat). The following consideration is brought up by Lewis (1994: 419) in favor of treating "pain" as a non-rigid designator: Suppose someone, at different times, is in the functional state of pain. Then in both cases pain is attributed to this person. But the pain role is realized by two different brain states. If "pain" would refer rigidly, only one of the two states is referred to and this state should then easily be distinguished from the other. But actually this is not the case. Only intricate experimental research can reveal a difference between both cases. This argument tacitly assumes as a premise the possibility of MR within species (cf. the last paragraph) and it is designed for functional pain. A qualia freak would not be persuaded by it. Yet even he is not forced to take side with Kripke's views. For suppose, contra Kripke *and* Lewis, "pain" is taken to be a rigid *O*-designator referring to felt pain and "*C*-fibre firing" to be a non-rigid T-term of a neurophysiological theory. Then, if certain empirical conditions are met, it seems entirely possible to interpret "pain = *C*-fibre firing" as a contingent statement of identity.

Kernohan (1990) has other objections to MR in Lewis' theory. According to Kernohan the possibility of MR can only be granted when ignoring the fact that the term "behavior" is ambiguous. On the one hand patterns of behavior, except for instinctive reactions, can be described as actions. This mode of description allows behavior terms to be applicable to a wide range of phenomena that is not restricted to certain species. Behavior of pain could thus be equally attributed to humans, apes, and even Martians etc. A necessary condition for allowing MR would be fulfilled. But action terms are intentional and because they appear as *O*-terms in functional definitions, those definitions seem to be circular to the extent that the same intentional content which should be eliminated by new functional specification of the definiendum still makes up part of the definiens. If however common sense intentional terms are banned from neurophysiology, then reduction of intentional psychology to neurophysiology seems to be impossible.

On the other hand this difficulty would not arise if one opts for descriptions of behavior as fine grained physical occurrences. But such a view clearly excludes MR and thereby leads to "chauvinism". Martian pain can't be accounted for on such a proposal and in general the folk psychological approach has to be given up. It is for similar reasons that Lewis (1994: 417) rejects views like this. As a third way out Kernohan considers, like Lewis (1994), the possibility of abstract physical descriptions of behavior, a view, which he does not characterize more. Such descriptions would not be chauvinistic and they could be used within psychology instead of intentional descriptions of actions, but presumably not within physical theories. Yet, equality of input and output descriptions is a necessary condition for psycho-physical identifications and for the reduction of psychological theories.

It is to point to another possible approach which might be able to avoid the mentioned incompatibilities. In the language of neurophysical theory *T*(*P*), *L*, just like in every language of empirical theories, observation data and experimental data must be describable. Even if Lewis doesn't speak of the *O*-terms as "observation terms", they in fact – Kernohan (1990: 240) also stresses this point – fulfill this role. Observed patterns of behavior clearly belong to the range of experiences which can confirm or falsify *T*(*P*). Assuming all intentional elements to be eliminated from the *O*-terms, it seems to be plausible to interpret them as making up partially the observation vocabulary of *L*. MR (at least to a certain extent) and psycho-physical identifications would be reconcilable then. (To take that route is not free of difficulties of its own. There are problems which arise for such a functionalist-materialist approach if it is assumed that these observation terms refer to secondary qualities. I will come back to this problem in section III.)

It is precisely because the possibility of MR is taken seriously that Kernohan argues against the prospect of a reduction of psychology. Like other authors (Fodor 1974, Owens 1989, Seager 1991, Kim 1992 in contrast to his earlier work Kim 1984a) Kernohan is not willing to accept "disjunctive laws". As a condition for the reduction of laws of one theory to the laws of another correspondence rules are required. These must be, if one opts for ontological reductions, of biconditional form. Yet if MR is allowed, then such biconditionals according to scheme (2) will contain disjunctive components with heterogenous predicates $M_i^* : (P_1 \text{ w } P_2 \text{ w} \ldots \text{ w } P_n)$. Conditionals of this form can't be accepted as laws, according to Kernohan.

2. Reduction of Mind. Within a treatment of mental terms as non-rigid designators according to scheme (1) "disjunctive laws" can be avoided. The problem of reduction can then be addressed by answering two questions:

1. Is MR and its consequence, multiple reduction of terms, possible with respect to the laws of nature? Lewis (1994: 419) assumes this in certain cases.
2. Is a reduction of laws of psychology (or perhaps of a modified psychology) possible (or partially possible)?

In the end both questions can only be answered empirically. Yet, many functionalists prefer instead a psychology in which *M**-predicates are to be treated according to the scheme (2). Lewis therefore says (1994: 421) that he doesn't know whether he is a functionalist or not. If one also requires uniqueness of realization in relevant structures $(A_1,\ldots,A_n)$ one could use conditionalized biconditionals as correspondence rules:

(3) $A_1 \rightarrow (M_i^* \leftrightarrow \mathrm{P}_1), \ldots, A_n \rightarrow (M_i^* \rightarrow P_n)$

On such a proposal local reductions of theories, for example, of human psychology, may be possible (Kim 1989: 273-275). Restricting the P's to the corresponding A's ($P_1 \rightarrow A_1$, ... $P_n \rightarrow A_n$) from (3) one can derive

(4) $(A_1 \vee \ldots \vee A_n) \rightarrow (M_i^* \leftrightarrow P_1 \text{ w} \ldots P_n)$

So by replacing M*-terms with physical terms within a functional theory one will again arrive at "disjunctive laws".

3. Disjunctive laws. What objections could be brought up against "disjunctive laws"? At present there is no generally accepted definition of the concept "law of nature". What is usually done is to state more or less uncontroversial conditions which laws of nature have to fulfill. A fundamental objection against "disjunctive laws" says that they cannot satisfy confirmation and projection conditions (in the sense of Goodman). I will focus on a simple example discussed by Kim (1992: 319-320), but I use somewhat different predicates: the mental predicate "M_i*", physical predicates "P_k" and "P_l", and the behavior predicate "O_j". Then we have

(5) $\forall x\, (M_i^* \rightarrow O_j x)$ psychological law x
(6) $\forall x\, (Mi^*x \leftrightarrow (P_k x \vee P_l x))$ correspondence rule

From (5) and (6) we have

(7) $\forall x\, (P_k x \rightarrow O_j x)$ physical laws
(8) $\forall x\, (P_l x \rightarrow O_j x)$

A necessary condition that quantified conditionals of the form "$\forall x\, (Fx \rightarrow Gx)$" have to fulfill – in order to qualify as lawlike – is for Kim the principle: "observation of positive instances, Fs that are *G*s, can strengthen our credence in the next *F*'s being *G*." (Kim 1992: 319-320). This is a reinterpretation of Hempels special consequence condition: "If an observation report confirms the hypothesis *H* then it confirms every consequence of *H*." (Hempel 1965: 31) as a "hallmark of lawlikeness" (Kim 1992). If it turns out after discovering P_k and P_l that all empirical evidence in favor of (5) has the form "$P_k x \wedge O_j x$", then for (5) to fulfil Kim's condition it is required that this evidence should also confirm (8) allowing projection into unconfirmed instances of the form "$P_l x \wedge O_j x$". Yet this appears to be highly implausible and for that reason we cannot consider (5) to be a law.

Kim, as well as the above mentioned authors, does not generally deny the possibility of "disjunctive laws", only if they contain heterogenous disjunctions, that is if the disjunctions are not natural kind terms. What we are looking for here is an independent criterion for natural kinds which itself does not rely on the concept of natural law, but neither Kim nor Fodor (1974) are able to present such a criterion. Kim sees considerations like these to support the conclusion that it is highly questionable to allow MR and still be faithful in the functionalists' prospect for an universal psychology. The alternative would be that one would have to accept a multitude of local psychologies each reducible to physics respectively biology.

A functionalist could reply that Kim focuses too narrowly on physical or biological similarities. P-predicates in disjunctions like (6) may indeed refer to physical or biological properties that are quite different. Nevertheless, prior experiences could support the assumption that those occupy identical causal roles, even if direct confirming instances for (8) have not yet occurred. It is functional similarities then, so to speak, that can take on the task of natural kinds. If these considerations are correct, the force of Kim's objections are not that strong. Arguing thus presupposes the functional aspect to be of such an importance as to allowing a special type of abstract laws to be justified.

4. Disjunctive laws and MR. The thesis that in formulations of natural laws only natural kind terms should appear seems to be heavily restrictive. Armstrong (1983: 147-55), for example, denies disjunctive universals, but does not generally refuse to speak of "disjunctive laws". He sees them as „oaken laws", holding only if special conditions do not obtain. He interprets, for example, putative disjunctive laws having the form "$F \rightarrow (G \vee H)$", if properties G and H turn out to be mutually exclusive, as a conjunction of two oaken laws:

$F \rightarrow G$, if H is absent
$F \rightarrow H$, if G is absent

There is no principal objection to such a construal of "disjunctive laws" if MR is allowed. Lewis (1983a: 368) requires of the most fundamental laws of nature that their formulations should only contain terms for perfect natural kinds. Derived laws may contain less natural perhaps even gerrymandered terms. On the other hand even he excludes disjunctive events with heterogenous components (Lewis 1986: 266-269). This is in accordance with his view that mental terms of FP are to be treated as non-rigid designators. Its rationale appears to be the same in both cases. Rigid functional terms cannot, due to MR, refer to causally effective properties. Behavior of pain in humans is caused by neuronal processes not by "being in pain", otherwise one would have to face overdetermination. This makes the physicalist-reductionist component of Lewis' theory overt which with MR tends to a plurality of locally reducible psychologies and without MR to "radical physicalism". Besides that there is the functionalist component in his folk-psychological approach by which he tries to hold on to the project of a universal psychology. His critics want to lay open the incompatibility of both components, whereas Lewis, in interpreting mental terms as non-rigid designators, aims for a balance in both, so that, at least formally, "disjunctive laws" can be avoided. (Quite recently Lewis (1994: 417) has accepted MR even within worlds, species, etc. Mental terms can then no longer be defined in the style of (1); definitions in the style of (2) seem to be required. Yet even if one interprets M^*-terms as being non-rigid, one needs correspondence rules with finite disjunctive predicates for local reductions. So far as they refer to physical properties which are sufficiently similar correspondence rules might not be affected by the critique of "disjunctive laws"). In any case, further liberalizing MR should not trivialize the possibilities of realization in making functional theories satisfiable by arbitrary states. Certain restrictions are unavoidable. At least if the structures in local realizations are specified to a high degree functional state types should again not be identified with disjunctions of heterogeneous physical state types. Presumably such possibilities are excluded by laws of nature.

2. Intentionality

Contents: *1. Folkspychology, 2. Radical interpretation, 3. Intentional states, mental representation, 4. Narrow content, 5. White content*

1. Folk psychology. Ramsification of FP can be seen as an improvement of an older idea of Smart that mental terms should be conceived to be ontologically neutral (Smart 1971: 349-342). Accordingly, reconcilability with materialism is guaranteed and physicalist reductions seem to be at least conceptually possible. Moreover Smart (1972: 217) believes "the hard core of common-sense mentalistic idioms" to be "topic neutral". He favors an eliminative strategy for all residual elements which are not reconcilable with materialism, especially such items as religious beliefs and sediments of spiritualistic metaphysics (immaterial soul etc.) are treated that way. Yet, will then not be *much more* eliminated by such a proposal? In the first place one may point to the fact that by treating mental terms as being topic neutral Smart (1959: 59-63, 1961) tries to give an answer to objections brought up by Black and Stevenson. Both argue that Smart's identity theory is only able to remove the psycho-physical dualism of processes but not of properties. As to the removal of property dualism the ramsifying approach can be seen as a way because one is now in a position to abstract from all mental properties and relations. This also concerns intentional states. By replacing terms for propositional attitudes, for example, terms for specific beliefs and desires, with predicate variables, the relation to content seems to be eliminated. Loar (1981: 50, 62) therefore speaks of functionalist theories of that sort as "black box theories".

Combing through the literature since the 1980s years, one is confronted with a multitude of meanings attached to the term "folk psychology". According to the view of many philosophers (Churchland 1981: 70; Fodor 1987: ch.1, 2; Johnsen 1994: 22-26; Lyons 1991: 91, Stich 1996: ch. 1, 3) conscious states, intentional ones as well as qualitative ones, belong to its essential elements. The former are primarily individuated by their contents. According to this view ramsifying FP will therefore, in contrast to Smart, eliminate exactly its hard core.

FP, when already ramsified, then can no longer be the object of a critique by Stich (1978) who questions the relevance of propositional attitudes for causal explanations. Putnam's twin earth examples and similar thought experiments were designed to show that physical and functional duplicates can have beliefs with different truth conditions. These views are not only in conflict with the supervenience of the mental on the physical (if the physical bases are restricted to states and processes within organisms), but clearly with every materialist theory of mind. Stich therefore, and for other reasons, postulates a non-intentional science of cognition.

Yet by bracketing its intentional dimension not all objections against FP lose their force.9 Its causal structure after Ramsification remains largely intact and this is the focus of other eliminative arguments. According to P. Churchland (1981: 82)

> the eliminative materialist is not committed to the idea that the correct account of cognition *must* be a naturalistic account. (...) What he does hold is that the correct account of cognition, whether functionalist or naturalistic, will bear about as much resemblance to FP as modern chemistry bears to four-spirit alchemy.

For Stich (1996: ch. 2) the causal architecture of FP differs radically from certain connectionistic networks. If these represent the most advanced branches in psychology, then FP cannot any longer be taken as reducible to a basal science; instead it must be given up. For Stich these new developments in psychology indicate a revolutionary change in paradigms.

One must therefore carefully *distinguish* between bracketing the intentionality of FP as a result of its Ramsification and those strong eliminative conclusions drawn from its alledged overall falsity by which the fictional and nonreferential character of its main concepts might be established (even if they are defined functionally). Because on those views even the Ramsey sentence of FP, *RT*(*M*), has to be questioned and interpreted as false. Lewis' reductionism is primarily ontological and therefore in the explained sense eliminative. It differs on the one hand from Churchlands nonreductive eliminativism and on the other from a pure nomological reductionism which permits to derive the laws of the theory to be reduced from a basic theory together with lawful correspondence rules. This type of reductionism doesn't imply an ontological reduction, even if the correspondence rules are biconditionals. It can only motivate ontological reduction by methodological considerations, for example, the principle of parsimony, if certain conditions are fulfilled.

A further point in this context might be emphazised. Unlike the intentional (and intensional) irreferentialism of Quine (1960: 218-221, 226-229) and others, Lewis' approach in which the realm of intentionality is, due to the Ramsification of FP, only bracketed, leaves it open whether propositional attitudes should be definitively abandoned; it comprises the first step of Lewis' theory of mind. It is only when, in a second step that no other realizations than physical realizations are allowed that the Brentano-intentionality will be definitively eliminated. Yet even then some materialist variants thereof might still be possible.

2. Radical interpretation. Functionalistically conceived Ramsification of FP with its neutral concepts has not only an eliminative function according to Lewis. Quite the contrary, with its help propositional attitudes and meanings should be ascribed. This is the theoretical problem of *radical interpretation* which Lewis (1974) in response to Davidson's "Radical Interpretation" (1973) introduces in the following way:

* one is invited to imagine a mighty knower who has perfect knowledge of a person (Karl) as a physical and functional system. But he has no knowledge concerning Karl's beliefs and desires and of the meanings of his assertions. These – and this seems roughly to be the task – should be determined given the physical and functional facts about Karl. For materialists all this should appear to be strongly irritating because as far as they are concerned the mighty knower already knows everything about Karl. From a strict materialist viewpoint there seems to be nothing left to be determined.

An ascription of propositional attitudes can therefore only be motivated pragmatically. For general purposes the usual intentional action explanations seem to be all that is required. Neuronal explanations, on the other hand, tend often to be too complicated, yet this fact should not play an argumentative role for the mighty knower. Therefore, Lewis cannot ground his arguments alone on those pragmatical facts. Presumably Lewis tentatively opts for a moderate dualistic view in these considerations which must be in accordance with the supervenience of the mental on the physical. What we are looking for is a scheme of interpretation for Karl "specifying the attitudes and meanings as a function of the momentary total physical state", so Lewis (1993: 119). This means that a new dimension of personality would be revealed from a dualistic viewpoint, but if the process of interpretation again leads to the identification of intentional and neuronal state types at the finish line, one will have come full circle. In what follows his last quote Lewis speaks of interpretations "by identifying certain attitudes with certain (partial) physical states". Are these, because of their characterization as being "partial", states that have physical as well as mental intentional components? Every concession to a dualist position here would not only be in conflict with Lewis' materialism but would also lead to other problems within his theory. For example, the principle of explanatory adequacy of physics (Lewis 1966: 105) he endorses allows only three ontological options for nonphysical entities:

(a) they are in no way related to the physical world;
(b) they are epiphenomena;
(c) they are overdetermining causes.

However, on every option propositional attitudes cannot take over those causal roles FP ascribes to them.

3. Intentional states, mental representation. Ascriptions of intentional states and meanings have to fulfill according to Lewis (1974: 112-114, 1983a: 374-277) additional constraints so that the possibility of having different interpretations can be limited. For example, they have to comply to the basic principles of decision theory encapsulated within FP and to other norms of rationality. What Lewis wants to achieve in the end is uniqueness, but he seems to be satisfied, when reference fixing is at stake, with some moderate indeterminacy (Lewis 1984: 223). Interpreting a person in accordance with these constraints presumes that they determine the intentional activity of a person to a considerable degree. From a materialist viewpoint such determination can only be understood as determination by way of disposition's realizers, that is, due to causally effective structures inside the organism. As a result won't this strategy lead to an unlimited subjectivism, to quite similar difficulties as in psychologism? It is pointed only to one aspect of this question, which is eminent in Lewis' theory: the role of natural properties. Perfect natural properties or elite classes are to be discovered by physics.

They impose order on the objects by revealing objective similarities and differences among them thereby limiting the range of possible interpretations of theories. Common sense terms may also refer to natural properties, only to less perfect ones, but they limit the range of possible interpretations of persons in similar ways. It is by relying on his account of natural properties as the main determinants for concept formation, especially in physics, that Lewis wants to set himself apart from subjectivist and relativist positions. Such considerations don't belong to physics, neither in its present nor in its future state, but to a realist metaphysics and epistemology. One can see in these speculations a materialist version of the old prestabilized harmony between thought and being. (How do logical principles fit into those speculations? If one conceives them in analogy to natural properties and their status in Lewis' theory, then something not too different from Loar's thesis (Loar 1981: ch.4) will follow. Roughly stated, this is the thesis that logical relations between propositions are mirrored by causal relations between functional or physical states.)

According to Lewis (1983a: 373) as a starting point for radical interpretation only knowledge of the functional states of the person can be assumed. Then ascriptions of attitudes can be understood as (preliminary) characterizations of realizing brain states, under the assumption that these refer to contents. This is one of the main theses in Lewis (1994: 421):

> A mind is an organ of REPRESENTATION". "Mind" should be understood here as "physically reduced mind",

which is eminent already in the title of that paper. He does not give a more detailed specification, be it in terms of a language of thought or in terms of nonlinguistic connectionist networks. Lewis again relies on FP which in that respect he conceives to be agnostic in contrast to its linguistic interpretation by Sellars, Stich and other authors. But then the explanatory force of FP is not that strong. Merely global states of a system will be accounted for, not the fine grained structure in its hierarchical levels of sub-capacities in which information is computed. With the restitution of intentional realism in the second step the aforementioned objections by Stich (1978) will again be relevant. Lewis tries to counter them, like other philosophers, by distinguishing between *wide* and *narrow* content. Wide contents are external entities, sometimes thought to be limited to extensions (Fodor 1994: 7). Narrow contents on the other hand are "in the head". Only these are considered to be important for psychological explanations and in agreement with the supervenience condition. But "Narrow content" is not a sharply defined concept.

4. Narrow content. Lewis' theory "narrow content" has several meaning components, at least the following ones:
1. Narrow content is understood holistically. Required then is a more detailed specification in order to counter objections (cf. Rey 1997: 240), and in particular to counter Fodor's critique (Fodor 1987: 56) that a radical holistic complex of contents will undergo change in all of its elements, due to a modification at one place, especially due to new experiences. As a result there can be no repetitions, hardly any cases of similar beliefs in different persons and as a result application of laws and intentional explanations would be impossible.
2. Putnam's twin earth cases support the assumption that the narrow content of common sense beliefs includes an indeterminate component which can be more finely specified as not identical in different contexts by expert knowledge. If one understands the common sense term "water" in every day knowledge to be a cluster concept like Lewis does, then Oscar's belief and the belief of his physical duplicate on twin earth that water falls from the clouds would have same narrow content. Only after the scientific discovery that earthly water is H_2O and that twin-earthly water is a different substance *XYZ*, different truth conditions, i.e., different wide contents would be revealed and as a result thereof we would have it that "water" as part of the belief contents of non-experts refers non rigidly. These considerations support the view that narrow content should be conceived then as a function from contexts and sentences or predicates etc. of the lingua mentis to truth conditions or properties etc., for example, H_2O (*XYZ*) falls from the clouds. (Fodor 1987: 47-50). Understood thus, truth values cannot be assigned to narrow contents, simply because a function contains free variables. Therefore Lewis rejects such a proposal; narrow content should have a semantic interpretation.
3. Lewis often considers narrow content to be knowledge *de se*, or to be interpretable that way, as in the example above:

> Oscar self-ascribes having heard, under the name of "water", of a liquid that falls from clouds. (Lewis 1994: 426)

Now the wide content should be derivable from narrow de se ascriptions and those facts, the person is acquainted with. This means that a function is assumed that takes narrow de se contents and contexts of acquaintance as arguments and gives wide contents (propositions, properties and objects) as its corresponding values. According to Lewis a proposition is taken to be a set of possible worlds, that is, a set which comprises exactly those worlds as elements in which the proposition holds true; and a property is taken to be a set of possibilia having as its elements all instances in our world and also all its instances in other worlds.

If Lewis considers narrow contents to be neither syntactical expressions of a lingua mentis nor to be functions or phenomenal data and if they can be judged to be true or false (1994: 425) then it seems to be reasonable to think of them as sort of propositions or holistical complexes of propositions; not as classes of possible worlds but as entities which have the logical structure of sentences. But what does it mean then to say that they are in the head? A materialist should interpret this phrase literally, that is, he should aim at identifying narrow contents with neuronal states. To speak of their causal role would not be problematic for him. But is it reasonable to assume that propositions (or functions if narrow content is understood in the line of Fodor's view) are brain states? Maybe a neurologist in the distant future will be able to tell what happens in my brain, when I think "Water falls from the clouds". Yet this would be something rather different from the narrow content of my belief that water falls from the clouds. Out of mere curiosity one could make the assumption that in such a belief a certain brain state represents itself in an unclear and confused way. But nothing could be gained by that. One would have a brain state and its confused representation. The problem of their materialist identification would remain unsolved. It then seems to be unavoidable to make concessions to a dualist position. The internal character of narrow content is most likely to be interpreted as being caused by brain processes. Close to the materialist view is its interpretation as epiphenomenon, so that its causal role must be occupied by a corresponding brain process.

There is widespread agreement that every acceptable concept of narrow content should fulfill at least two conditions: Narrow contents should supervene on physical states and wide contents should supervene relative to contexts on narrow contents. It would be best to have 1-1-correlations (relative to contexts), because individuation of beliefs by wide content would then correspond to psychological individuation by causal powers. Several authors have expressed doubts concerning the satisfaction of both conditions, for example, Manfredi 1993. Be this as it may the concept of narrow content is also problematic in materialist theories of mind. It is noteworthy that naturalist orientated philosophers, for example, Fodor 1994, Egan 1995, have recently tried to dispense with the concept of narrow content.

5. Wide content. From a materialist point of view Lewis' conception of wide content appears to be equally problematic. Wide contents, as far as propositions and properties are concerned, requires Lewis to refer to possible worlds. Yet many materialists try to do without propositions of every sort and express general doubts concerning modal realism. Loar (1981: 144-147) as an example, only accepts propositions provisionally. Further on in his investigations the role of propositions is taken over by sentences which fulfill certain conditions of adequacy. Lewis sees causal theories of reference to be justified in a certain sense, but first of all reference to wide contents, especially concerning theoretical terms, is dealt with in terms of the description theory of reference (Lewis 1983a: 371; 1984: 222-225). It seems to be that reference fixing is for Lewis the semantical relation of satisfaction based on interpretations relative to contexts of acquaintance, or an analogical relation when beliefs are the focus instead of sentences. "Belief" can be understood in two ways here, as a neuronal state of a person or as the narrow content of that state. In the latter sense the relation of reference fixing considered as relative to contexts of acquaintance is identical with the afore mentioned function from narrow into wide contents. Even if one takes a neuronal state of a person as a relatum here, instead of narrow content, referring to wide contents in terms of the description theory of reference, is then not a physical but a *metaphysical* relation.

3. Qualia and Materialism

Contents: *1. Phenomenal component, 2. Supervenience, 3. New qualitative experience, 4. Epiphenomenalism, 5. Knowledge argument, 6. Phenomenal knowledge, 7. Dilemma of materialism*

1. Phenomenal component. By neutralizing mental terms, not only intentional characteristics, but also the qualitative contents of mental states are bracketed. Their elimination will be legitimized if one holds on to Smart's materialist metaphysics, because there is no place in it for qualia of whatever possible sort, for example, phenomenal colors. (Smart 1963: ch. 4; Smart 1989: ch. 5). Lewis' semantical rules for ascriptions of pain are confined in similar ways to a functionalist-materialist framework. Yet in Lewis (1980: 130) he seems to point out unmistakenly that the phenomenal character of certain states belongs to them essentially. „Pain is a feeling. Surely that is uncontroversial. To have pain and to feel pain are one and the same." However, if one concedes their qualitative characteristics as a *third component* of pain, then functional states of pain can be realized in two different ways, physically and phenomenally. Several questions will then arise. Same points to some difficulties are to mention.

Taking again typical human pain as the prime example, there are more irregular cases than would be possible if we had only two components of states to be accounted for. Now the relation between the phenomenal component of pain and its functional and physical components has to be taken into consideration. Accordingly, a more complex reformulation of the rules for ascribing pain appears to be required, and to do so a solution to the absent qualia problem must first be given. Can cases in which the pain role is physically realized, but not by felt pain, to be treated as a possibility, in the sense of being in accordance with the actual laws, or in some stronger sense of possibility? Lewis doesn't answer these eminent questions, because generally in materialist metaphysics these questions either make no real sense or they have to be first entirely transformed to do so. It is therefore advisable not to take his apparent confession regarding the phenomenal characteristics of mental states seriously. They simply don't fit into materialism.

Or does he merely speak in the "tendentious jargon" in the last quote, he attributes in his postscript to Lewis (1980) to the friend of qualia? Yet, there he opts for a clear materialist position in defending his approach against the knowledge argument developed by Jackson and T. Nagel. Its upshot is that there is a specific type of knowledge to be gained: phenomenal knowledge concerning qualia. Such "knowing what it's like" (Nagel) is supposed to be neither physical nor functional information. Not to be achieved through lessons, it can only be acquired by means of qualitative experiences. "(...) if you taste Vegemite, *then* you will know what it is like." (Lewis 1980: p. 131). Contrary to those authors Lewis insists that "(...) phenomenal information and its special subject matter do not exist" (ib.). In his treatment of the qualia problem two points are the main focus. First, as far as possible, a convincing rejection of the knowledge argument should be spelled out. Second, Lewis must explain the erroneous, but nevertheless altogether persistent, belief in qualia and phenomenal consciousness.

2. Supervenience. Lewis understands information primarily as elimination of possibilities. One argument against phenomenal information takes the following supervenience thesis as a premise: "no difference without physical difference. That is: any two possibilities that are just alike physically are just alike *simpliciter*" (Lewis 1990: 507). Because, as he sees it, materialism is a contingent truth, the supervenience thesis is confined to the sphere of materialist worlds, containing the actual world and all worlds around it "that have nothing wholly alien to this world" (Lewis 1990: 508). The supervenience thesis is furthermore drastically limited in yet another way. The needed result can only be arrived at by assuming that from physical statements true in those worlds together with suitable definitions resp. meaning postulates of the phenomenal terms all true phenomenal statements holding in them can be logically inferred. Frequently the supervenience relation is defined for a pair of classes of properties, for instance the pair which contains the class of physical and the class of mental properties. Yet by making the above assumption phenomenal and physical properties turn out to be identical in the domain of materialist worlds. Supervenience of the former on the latter class of properties then comes down to supervenience of the class of physical properties on itself. Only in this special case will possibilities which do not differ physically then really be "just alike simpliciter". Moreover, if a supervienience relation holds between classes of properties this fact alone does in no way exclude property dualism and therefore does not exclude genuine phenomenal information. Suppose *a* and *b* are physical duplicates. If we have n simple phenomenal properties then there are 2n logical possibilities which by phenomenal information can be reduced down to one. In this case the supervenience thesis then allows only to infer from the phenomenal properties of *a* those of *b* and vice versa. The notion of "strong supervenience" for two families of properties *A* and *B* can be defined as follows:

> *A strongly supervenes* on *B* just in case, necessarily, for each *x* and each property *F* in *A*, if *x* has *F*, then there is a property *G* in *B* such that *x* has *G*, and *necessarily* if any y has *G*, it has *F*. (Kim 1984a: 65)

Lewis' supervenience thesis is in the above context as a version of strong supervenience, so that the second necessity operator is interpreted as analytical and the first as physicalist necessity (concerning the essential features of all materialistic worlds).There is then a remarkable difference between identifications of phenomenal and physical properties which are necessary analytically and contingent identity sentences containing functional-mental and physical predicates. The latter identifications reflect the ontological neutrality of functional theories and therefore allow functional psychologies to be true not only in materialistic but also in some nonmaterialistic worlds.

3. New qualitative experiences. According to a second argument new qualitative experiences will not produce phenomenal knowledge because they can't limit the range of conceivable possibilities.

> I cannot present to myself in thought a range of alternative possibilities about what it might be like to taste Vegemite. (Lewis 1990: 512)

One could object to this line of reasoning that for possibilities to be limited it is not necessarily required that they must in all cases be conceivable. This of course is heavily dependent on how the notion of knowledge is characterized beforehand. If one has a conception of "knowledge" like the one Schlick (1925: 18-20) once proposed, according to which knowledge can be characterized as recognition, then at least a second experience of the taste of Vegemite conjoined with a memory of the first experience of its taste is necessary to produce real knowledge of both. Even on such a conception of knowledge there seems to be no reason to deny the phenomenal character of its subject matter, because without actually having experienced the specific taste of Vegemite it would not have been acquired. One might concede to Lewis that this taste could be caused by something else, for example by the study of "lessons" concerning the physical composition of Vegemite or "lessons" concerning those neuronal processes which actually take place, when one tastes it. Yet that information would clearly be entirely different from having phenomenal knowledge concerning the taste of Vegemite.

Both arguments therefore are not conclusive. The first one assumes a quite limited conception of the supervenience relation and for that reason it is question begging. The second one is not convincing. Even Lewis seems to acknowledge that the first argument can only establish the hypothesis of phenomenal knowledge to be irreconcilable with materialism. "Therefore I deny the Hypothesis. I cannot refute it outright" (Lewis 1990: 509). Indeed, arguing from materialist premises leads to a startlingly simple refutation of phenomenal knowledge: because qualia do not exist, there can be no phenomenal knowledge about them. In the end this appears to be the decisive point for Lewis. On the other hand Lewis wants to understand materialism not as a dogmatic declaration of faith but as a contingent hypothesis. Then at least plausibility arguments must be given and that is what he tries to do with the above anti-qualia arguments, but this requires for them to be conceptually independent from materialist premises. Primarily for Lewis it is the success of physics which justifies materialism. Its connection to the qualia problem then comes with the principle of the causal closure of the physical world. In Lewis' view the qualia freak is confronted with the following problem:

> To believe in the phenomenal aspect of the world, but to deny that it is epiphenomenal, is to bet against the truth of physics. (1990: 513)

Another argument for the epiphenomenal character of qualia doesn't take the causal closure principle as a premise (ib.). Its discussion here, however, would take up too much space. I refer to its thorough investigation by Robinson (1993).

4. Epiphenomenalism. Lewis does not want to establish the truth of epiphenomenalism about qualia with these arguments. What he argues for is this: if qualia are taken as real, then they can only be epiphenomena. On the other hand, because qualia are then in fact useless for the prediction and explanation of behavior, granting them the status of being real seems to be suspect. A qualia friend could reply to this line of argument by saying that the principle of the causal closure of the physical world is not as unproblematic as it seems, because within certain interpretations of the measuring process in quantum mechanics the observer is no longer included in the domain of the theory. Above all, he could make a substantial philosophical objection. Lewis takes it as established that qualia do not belong in the physical world. Assuming thus is congruent with classical forms of materialism and many dualistic theories. Yet there are other ontological conceptions which do not ban qualia from the physical world, for example, philosophers sometimes called the "neutral monists" (Russell, Schlick, Feigl, Maxwell, Lockwood). The common core of their theories is a monistic ontology that takes qualia to be internal components of events, only to a small extent capable of human experience. The world of qualitative events is taken for them to be the same as the domain of physical theories, but from their point of view physical theories can only comprehend structural aspects of the world, in particular its causal structure.

Generally neutral monists opt for a "nonmaterialist physicalism" (Maxwell 1978: 365). Their proposals are also not without internal difficulties, but such a position is nevertheless interesting because neutral monism seems to avoid those chronical problems interaction theories and materialism have with qualia, for example the problem of the so called "explanatory gap" (Levine 1983). Besides causal connections between themselves, qualia as elementary components of reality can't be further explained. Although somewhat neglected in current discussions, neutral monism is an attractive option here for qualia freaks. (A short overview on the main theses of neutral monism can be found in Stubenberg (1996).)

5. Knowledge argument. Lewis' (1980: 131) principal objection to the knowledge argument relies on the ability hypothesis that acquiring and having "phenomenal information" really consists in acquiring and having certain abilities of conceiving, remembering and recognizing. Nagel's "knowing what it's like to be" is not a "knowing that" but a "knowing how" and since both often appear to be entangled, the illusion of phenomenal information can be explained. That illusion stems from mixing up "knowing how" and "knowing that". Although transforming phenomenal information into dispositions does not justify a nonexistence claim concerning qualia, nevertheless they will – if their existence is still assumed – turn out to be entirely inconceivable, mystical entities completely useless for common sense and scientific concerns. One could think of the ability hypothesis as an argument in favor of materialism, yet when allowing a minimum of Cartesian intuitions it might rather be taken as a violent behaviorist reinterpretation of "knowing what it's like", with the addition that dispositional bases are to be understood as causally effective structures within organisms.

Without doubt, the pure experience of raw feels cannot be taken as knowledge. Primarily it is a philosophical abstraction perhaps to be had only in very special situations, like in the moment of awakening or when confronted with entirely new experiences. In general though, it is not pure qualitative contents that are experienced, one usually also knows what one has experienced. Having a qualitative experience at least in common cases is a synthesis of pure phenomenal and propositional consciousness produced by activating dispositions, typically those dispositions to conceive, remember and to recognize to which Lewis refers. These must be seen as conditions for gaining phenomenal information. The ability hypothesis therefore does not respond to a confusion. Quite the contrary, it confuses conditions for *gaining* qualitative experiences with that which will typically be gained in case of their fulfillment. Accepting phenomenal knowledge does not by itself exclude the possibility of reducing a psychology with phenomenalistic terms to a physical science, if raw feels are not to be eliminated.

6. Phenomenal knowledge. The subject matter of phenomenal knowledge comprises all entities that have qualitative components. Such knowledge is therefore not limited to merely subjective states (I now have pain, I now experience red) but it also contains perceptual knowledge which objectifies qualities – especially phenomenal colors – as properties of objects (At place *g* there is at time *t* a red rose). Therefore phenomenal knowledge can even be expressed by sentences of a reistic observation language. In section I, it is pointed out that folk psychological descriptions of inputs and outputs could be conceived in the same way as observation sentences.

Lewis also stresses the point that stimuli often have secondary qualities and by bringing them into functional systems qualitative descriptions have to be replaced by functional descriptions.

> But the relevant feature of the stimulus will often be some secondary quality – for instance, a colour. We cannot replace the secondary quality with a specification of the stimulus in purely physical terms, on pain of going beyond what is known to folk psychology. But if we analyze the secondary quality in terms of distinctive mental states its presence its apt to invoke, we close a definitional circle. So we should take inter-definition further. Let folk psychology include folk psychophysics. (Lewis 1994: 416)

In that way enlarged functional systems again stand in relations to their surroundings. Therefore the problem of input and output description arises anew. Empirical examinations of functional FP resp. functional folk psycho-physics, like results of empirical research generally, can't be articulated without referring to qualitative components of facts. Of course this also is true for empirical tests of physical input and output descriptions.

As a corollary to the ability hypothesis we have the ontological elimination of "the phenomenal aspect of the world" (Lewis 1990: 512). Such an elimination is reconcilable with reductive color realism, which some materialists accept. Its upshot then is not phenomenal colors but specification and localization of physical colors, for instance as disjunctive properties of those microstructures colored surfaces show (Armstrong, Smart), or as properties of neuronal states (Hardin). In contrast to such views "the full-scale-error-theory" (Campbell 1993: 267) claims that colors simply don't exist. Yet all these competing strategies and controversies are entirely inner-materialist. The elimination of qualia and of phenomenal knowledge manifests a rationalistic-aprioristic strand in materialism. Although materialists point to the success of physics, their ontology and epistemology can't conform with its status as an empirical science. Additionally the elimination of qualia conflicts with our intuitions so strongly that even Armstrong (1987: 12) expresses his doubts:

> Many philosophers are not fully satisfied with the physicalist reduction. By offering a more differentiated view of the matter Lewis (1995) tries to weaken his critique of realism about qualia, but without changing the main lines of his position. Therefore he can't accept the "identification thesis" which assumes that we can identify qualia by way of immediate experience. What remains unchanged for Lewis is that the intrinsic nature of pain is a physical state, not a feeling. Only in a less strict sense of "knowing what" is Lewis willing to concede knowledge of qualia.
>
> (…) I don't know the essences of the various qualia of my experiences, I do know what relations of acquaintance I bear to these qualia. (Armstrong 1987: 143/44)

A short look at the grain problem (Armstrong 1987: 142) will show, how to understand this "phenomenal consciousness". If qualia are experienced as simple, as lacking internal structure (as entities without "grain"), then they are *in fact* simple according to the identification thesis. In this sense Feigl (1967: 90) understands qualia to be "realities-in-themselves", that is, in his words: "It is no good to claim that the phenomenal experience has a hidden (latent) structure, and that it is hence "illusory" " (Feigl 1975: 33). Feigl clearly sees that there might be an objection to his non- materialist identity theory. In Meehl (1966: 167/8) this objection is stated with the help of the following example: assume that we are experiencing at a finite space location ΔR a red patch and that we cannot, despite all our concentration, detect any change in one of its properties during a finite time interval Δt. Yet, according to our neurophysiological knowledge no corresponding unchanging brain state exists and by Leibniz' principle therefore an identification is precluded.

The grain objection seems prima facie not to affect Lewis' materialist identity theory, because on his view it is physical science alone which can uncover, as their intrinsic nature, the hidden structure of qualia. However, in common experiences they often appear to be simple and relatively constant phenomena. Those then are – unlike scientific ones – inadequate modes of representation. They are intentional entities so to speak. Several problems emerge with that proposal. One could rightfully ask which physical states and processes will be experienced as undifferentiated qualia. Only certain brain structures, or structures in the external world or both? Assuming that there are plausible reasons in favor of one or the other option, even then the problem of the ontological status of the representing qualia remains unanswered.

7. Dilemma of materialism. The answers discussed so far show that the grain problem indicates a dilemma for materialism too. One could, like Rey (1997: 305-307) does, treat qualia, because they are "merely" intentional entities, as fictions like the winged horse or like Mickey Mouse. That is indeed in good materialist spirit: reality should only be attributed to those aspects of our world physical theories, besides their observation sentences, might also willing to refer to, but this appears to be completely counterintuitive. If on the other hand qualia are instead understood to be real, clearly an alien dualistic element will have found its way into materialism, an element which should rather be eliminated beforehand due to the ontologically neutral interpretation of mental terms. In Rey's proposal, qualia, although unreal, should have resp. fulfill all those properties and functions which are usually ascribed to them as real entities.

> Intentionally characterized states could (…) enter into all manner of lawful relations with external stimuli. Psychophysical laws (…) could be taken to relate not real to mysterious phenomenal properties, but simply *real* to mentally *represented* amplitudes, indeed, amplitudes as they are represented in the output of sensory modules. (…) *intentionally characterized sensory states lacking real qualia*

> *may be every bit as intense, awful, or wonderful as any such states possessing them!* (ib.)

For short: qualia yes, but without paying the ontological price of new entities in our universe of discourse. Unfortunately it remains totally unclear, how to understand his statement concerning the specific irreality of qualia. There seems to be no detectable connection with their ascribed representational function, whether adequate or not. Nobody, for example, takes a trail of an animal, whether clear or faint, as merely fictive. What does it mean then to say of qualia that they behave as if they were real? Certainly not that they differ from their real counterparts only in lacking the property of existence (or in possessing a lesser greatness of being). It is also misleading to draw parallels to common fictions. Whether there really are winged horses can be decided by certain criteria. Yet, according to those criteria, sensible qualities are alike in being part of the empirical world. To postulate their irreality is therefore a *pure metaphysical* thesis. On such a view the empirical confirmation basis for physics fades away and appears to be merely an ontological illusion, whereas it is this science which is taken to give us the paradigm for reliable knowledge about reality.

Liste der Symbole

Junktorenlogik

ε ist Element von. ε verbindet Objektausdrücke und Eigenschaftsausdrücke, Klassenausdrücke zu einem Satz.
∧ und
∨ oder im einschließenden Sinn (lat. „vel").
~ nicht
→ materiales Konditional. „$p \rightarrow q$" heißt „entweder nicht-p, oder q".
↔ materiale Äquivalenz. „$p \leftrightarrow q$": *p dann und nur dann*, wenn q. Zwei Sätze sind material äquivalent, wenn sie entweder beide wahr oder falsch sind. Das gilt unabhängig davon, ob sie einen identischen oder einen verschiedenen Inhalt haben.

Quantorenlogik

∃ Existenzquantor. "(∃*x*) (.. *x* ..)": Es gibt Werte von „x", welche die eingeklammerten Bedingungen erfüllen.
∀, „(∀*x*) (.. *x* ..)" Allquantor. Jedes *x* erfüllt die Bedingung, welche durch den eingeklammerten Ausdruck bezeichnet ist.

Kennzeichnungsoperator
ι Iota- (Kennzeichnungs-)Operator (Einzigkeitsbedingung), „dasjenige das" („das"): „(ι *x*") (.. *x* ..)", „das einzige *x* so dass .. x ..). Der Iota-Operator als eine bedingte Definition kann als Ausdruck in der engeren Quantorenlogik und als Satz in der erweiterten Quantorenlogik eingeführt werden (Carnap 1975: 3, Essler 1987: 26-29)

Abstraktionsregel für die erweiterte Quantorenlogik
γ Lampta-Operator für abstrakte Ausdrücke. „ (γx (.. x ..)": Die Eigenschaft oder die Klasse von x, deren Werte „.. x .." erfüllt. Wenn in dem Satz einem Abstraktionsausdruck eine individale Konstante folgt, dann ist damit gesagt, das Individuum hat die entsprechende Eigenschaft, d. h.: „(γx (.. x ..) a" meint dasselbe wie „ (.. a ..)". Der umgeformte Satz „ (.. x ..)" ersetzt „x " durch „a". Das wird Konversion genannt. (Carnap 1975: 3, Essler 1987: 10-14, zu den unterschiedlichen Schreibweisen des Lampta-Operators: 11, Fn. 20)

Literatur

Ainslie, D. C. (2012). „Review: G. Strawson (2011). The Evident Connection: Hume on Personal Identity, Oxford GB". *Notre Dame Philosophical Reviews* 02.43.

Amoretti, M. C. and G. Preyer, Eds. (2013). Triangulation From an Epistemological Point of View. Berlin.

Anscombe, G. E. M. (1975). „Causality and Determination". *Causation and Conditionals*. Edited by E. Sosa. Oxford.

Armstrong, D. M. (1978). *Nominalism and Realism*. Cambridge.

– (1983). *What is a Law of Nature?* Cambridge.

– (1987), „Smart and the Secondary Qualities". *Metaphysics and Morality. Essays in Honor of J. J. C. Smart*. Edited by P. Pettit et alii. Oxford.

– (1997). *A World of States of Affairs*. Cambridge.

– (2001). „Going through the Open Door Again: Counterfactual versus Singularist Theories of Causation". *Reality and Supervenience*. Essays on the Philosophy of David Lewis. Edited by G. Preyer and F. Siebelt. Laham USA.

– (2004). Was ist ein Naturgesetz? (1983). Berlin.

Avenarius, R. (1981). *Der menschliche Weltbegriff*. Leipzig.

Averill, E., and B. F. Keating (1981). „Does Interactionism Violete a Law of Classical Physics?". *Mind* 90.

Ayer, A. J. (1973, 1976). *Die Hauptfragen der Philosophie*. München.

Bennett, J. (1982). *Sprachverhalten* (1976), Frankfurt a. M./Berlin.

Bilgrami, A. (1992). *Belief and Meaning. The Unity and Locality of Mental Content*. Oxford.

Block, N. et alii eds. (1978, 1980). „Troubles with Functionalism". Block.

– ed. (1980). *Readings in the Philosophy of Psychology* Vol.1. Cambridge, Mass.

– (1980a). „What is Functionalism?". Block.

– (2006). „Invertierte Erde". In: H.-D. Heckmann, S. Walter (Hrsg.), *Qualia. Ausgewählte Beiträge* (2001), München 2006 (überarbeitet).

Bork, E. (2012). *Pursuing Meaning*. Oxford.

Borst, C. V., ed. (1970). *The Mind/Brain Identity Theory*. London.

Broacks, J. (1993). „Did Hume hold Regularity Theory of Causation. Review: G. Strawson (1989). The Secret Connection: Causation, Realism and David Hume, Oxford GB". *British Journal for the History of Philosophy* I.

Chalmers, D. (1996). The Conscious Mind. Oxford.

Campbell, K. (1993). „David Armstrong and Realism about Colour". In: J. Bacon et alii *Ontology Causality and Mind, Essays in Honor of D. M. Armstrong*. Cambridge.

Carnap, R. (1947, 1975 siebte Auflage). Meaning and Necessity. A Study in Semantics and Modal Logic. Chicago.

Carnap, R. (1950, 1972). „Empirismus, Semantik und Ontologie". *Bedeutung und Notwendigkeit* (1947). Wien.

– (1963). „Herbert Feigl on Physicalism". In: P. A. Schilpp ed. *The Philosophy of Rudolf Carnap*. La Salle.

Castañeda, H.-N. (1982). *Sprache und Erfahrung. Texte zu einer neuen Ontologie*. Eingeleitet und übersetzt von Helmut Pape. Frankfurt a. M./Berlin.

– (1999). „‚He': A Study on the Logic of Self-consciousnessin" (1966). In: ders., *The Phenomeno-Logic of the 'I'. Essays on Self-Consciousnss,* Bloomington.

Churchland, P. (1981). „Eliminative Materialism and the Propositional Attitudes". *The Journal of Philosophy* 78.

David, M. (1997). Kim's Functionalism, in: Philosophical Perspectives, 11, Mind, Causation and Word.

Davidson, D. (1965, 1984). „Bedeutungstheorien und lernbare Sprachen". Davidson.

– (1967, 1984). „Wahrheit und Bedeutung". Davidson.

– (1967a, 1985). „Kausale Beziehungen". Davidson.

– (1969, 1985). „Zur Individuation von Ereignissen". Davidson.

– (1969a, 1985). „Getreu den Tatsachen". Davidson.

– (1970, 1985). „Geistige Ereignisse". Davidson.

– (1973, 1985). „Der materielle Geist". Davidson.

– (1973a, 1985). „Zur Verteidigung von Konvention W". Davidson.

– (1973b, 1985). „Handlungsfreiheit". Davidson.

– (1973c, 1984). „Radikale Interpretation". Davidson.

– (1974, 1985). „Psychologie als Philosophie". Davidson.

– (1974a, 1985). „Was ist eigentlich ein Begriffsschema". Davidson.

– (1974b). „Paradoxes of Irrationality". In: R. Wollheim, J. Hopkins eds. *Freud: a Collection of Critical Essays*. New York.

– (1974c), 1986. „Der Begriff des Glaubens und die Grundlage der Bedeutung". Davidson.

– (1975, 1985). „Denken und Reden". Davidson.

– (1976, 1985). „Hempels Auffassung der Erklärung von Handlungen". Davidson.

– (1978, 1985). „Beabsichtigen". Davidson.

– (1979, 1986). „Die Unerforschbarkeit der Referenz". Davidson.

– (1983). „A Coherence Theory of Truth and Knowledge". In: D. Henrich ed. *Kant oder* Hegel? Hegel-Kongress. Stuttgart.

– (1983). „A Coherence Theory of Truth and Knowledge". Ders., *Subjective, Intersubjective, Objective*. Oxford.

– (1985). *Handlung und Ereignis* (1980). Frankfurt a. M./Berlin.

– (1985a). „Incoherence and Irrationality". *Dialectica* Vol. 39, No. 4.

– (1986). *Wahrheit und Interpretation* (1984). Frankfurt a. M./Berlin.
– (1986a). „Knowing one's own Mind". *Proceeding of the American Philosophical Association* 80.
– (1987). „Problems in the Explanation of Action". *Metaphysics and Morality. Essays in Honor of J. J. C. Smart*. Edited by P. Pettit. Oxford.
– (1988, 1993a). „Der Mythos des Subjektiven". Davidson.
– (1989, 1993a). „Was ist dem Bewußtsein gegenwärtig". Davidson.
.– (1990a). „The Structure and Content of Truth". *The Journal of Philosophy* Vol. LXXXVII, No. 6.
– (1991). „Three Varieties of Knowledge". A. J. Ayer Memorial Essays. Edited by A. P. Griffiths. Cambridge.
– (1991a). „Subjektiv, Intersubjektiv, Objektiv". *Werner Heisenberg Vorlesung der Carl Friedrich von Siemens Stiftung München. Merkur*, Heft 11, Nov
– (1992, 1996). „The Folly of Trying to define Truth". Berkeley, Manuskript, erschienen *Journal of Philosophy* 93.
– (1993). „Thinking Causes". Heil and Mele.
– (1993a). „Reply to Richard Schantz". Stoecker.
– (1993b). „Der Mythos des Subjektiven". *Philosophische Essays*. Stuttgart.
– (1993c). „Reply to Jerry Fodor and Ernest Lepore". Stoecker.
– (1995) „Law and Cause". *Dialectica* 49.
– (1997). „Unbestimmtheit und Antirealismus". *Davidsons Philosophie des Mentalen*. Hrsg. von W. Köhler, Paderborn.
– (1999). „Reply to Stephen Neale". Zeglen.
– (1999a). „The Emergence of Thought". *Erkenntnis* Vol. 51, No. 1, Animal Mind, A. Stephan, H. Hendrichs, and F. Dreckmann (Guest Editors).
– (1999). „Is Truth a Goal of Inquiry? Discussion with Rorty". Zeglen ed.
– (1963, 1985). „Handlungen, Gründe und Ursachen". Davidson.
– (1980, 2004). „A Unified Theory of Thought, Meaning, and Action". Ders., *Problems of Rationality*, Oxford.
– (1984, 2004). „Expressing Evaluation". Davidson.
– (1995a, 2004). „The Objectivity of Value". Davidson.
– (1995b, 2004). „The Problem of Objectivity". Davidson.
– (1986, 2004). „The Interpersonal Comparison of Values". Davidson.
Dummett, M. (1988). *Ursprünge der analytischen Philosophie*. Frankfurt a. M./ Berlin.

Earman, J., and J. Robert (1999). „Ceteris Paribus. There is no Problem of Provios". *Synthesis* Vol. 118.
Egan, F. (1995). „Computation and Content". *The Philosophical Review* 104.
Esfeld, M. (2019). *Wissenschaft und Freiheit Das naturwissenschaftliche Weltbild und der Status von Personen*, Berlin.
Essler, W. K. und R. F. Martinez Cruzado (1983 dritte, neu bearb. Auflage). Grundzüge der Logik I. Das logische Schließen, Frankfurt a. M.

Essler, W. K., Brendel, Martinez Cruzado (1987 dritte neu bearb. Auflage). Grundzüge der Logik II. Klassen, Relationen, Zahlen, Frankfurt a. M.

Essler, W. K., J. Labude und S. Ucsany (2000). *Theorie und* Erfahrung. Eine Einführung in die Wissenschaftstheorie, Freiburg i. Br.

Essler, W. K. (2001). *Unser die Welt. Sprachphilosophische Grundlegungen der Erkenntnistheorie. Ausgewählte Artikel.* Hrsg. von G. Preyer. Frankfurt a. M.

Falkas, K. (2008): The Subject's Point of View, Oxford UK.

Feigl, H. (1975). „Russell and Schlick". *Erkenntnis* 9.

– (1967). *The „Mental" and the „Physical" – Essay and a Postscript.* Minneapolis.

Fichte, Johann, Gottlieb (1971): „Versuch einer neuen Darstellung der Wissenschaftslehre (1797)". In: *Fichtes Werke*. Hrsg. Immanuel Hermann Fichte I. Zur theoretischen Philosophie I, Berlin.

Fine, K. (1973). „Review of D. Lewis: Counterfctuals". Mind 84.

Fodor, J. (1974). „Making Mind Matter More". *Philosophical Topics* 17.

(1987). *Psychosemantics*. Cambridge Mass.

– (1989). „Special Sciences". *Synthese* 28.

– and E. Lepore (1993). „Is Radical Interpretation possible". In: R. Stoeker ed. *Reflecting Davidson.* Donald Davidson Responding to an International Forum of Philosophers. Berlin.

– (1994). *The Elm and the Expert*. Cambridge, Mass.

– E. Lepore (2002). *The Compositionality Papers*. Oxford.

Frank, M. Hrsg. (1994). *Analytische Theorien des Selbstbewusstseins*. Frankfurt a. M./Berlin.

– (2002). „Sartres Vortrag Conscience de soi et connaissance de soi. Eine Argumentationsskizze". In: H. Linneweber-Lamerskitten, G. Mohr Hrsg., *Interpretation und Argument, Gerhard Seel zum 60. Geburtstag*, Würzburg.

– (2012). *Ansichten der Subjektivität*. Berlin.

– (2012). „2. Wovon ist Selbstbewusstsein ein Bewusstsein"? In: ders., Ansichten der Subjektivität, Berlin.

– (2015). *Präreflexives Selbstbewusstsein.* Vier Vorlesungen. Stuttgart.

– (2016). „Why should we think that Self-consciousness is non-reflective?". In: Miguens, Preyer, and Bravo Morando Eds., Pre-Reflective Consciousness. Sartre and Contemporary Philosophy of Mind, London, New York.

– and G. Preyer (2020). „Pre-reflectivity and Contemporary Philosophy of Consciousness". In: M. Eshelman, C. Mui and C. Perrin eds. Routledge Philosophy of Mind: Sartre., *Routledge Philosophy Minds: Sartre*, London, New York,

Glymour, C. (1999). „A Mind is a Terrible Thing to Waste – Critical Notice: Jaegwon Kim, Mind in a Physical World". *Philosophy of Science* 66.

Goodman, N. (1975). *Tatsache, Fiktion, Voraussage* (1955). Frankfurt a. M./ Berlin.

Guttenplan, S., ed. (1994). *A Companion to the Philosophy of Mind*. Oxford.

Heil, J., and A. Mele, eds. (1993): *Mental Causation*. Oxford.
– (1994): „Conceptual Schemes after Davidson". Preyer (1994).
– (1998). „Supervenience Deconstructed". *European Journal in Philosophy* 6.
– (2000). „The Propositional Attitudes". Preyer and Peter (2000).
Henderson, D. K. (2000). „Epistemic Rationality, Epistemic Motivation, and Interpretative Charity". Preyer and Peter).
Henrich, D. (1967). *Fichtes ursprüngliche Einsicht*, Frankfurt a. M.
– „Selbstsein und Bewusstsein" (1971), mit einer neuen Einführung: E-Journal Philosophie der Psychologie.
– (1982). *Selbstverhältnisse*. Stuttgart.
– (1986). „Selbstbewusstsein – ein Problemfeld mit offenen Grenzen". In: *Ludwig-Maximillians-Universität München, Berichte aus der Forschung* 68.
– (2004). *Grundlegung aus dem Ich. Untersuchungen zur Vorgeschichte des Idealismus, Tübingen – Jena 1789–1795* (2 Bd.), Frankfurt a. M./Berlin.
– (2002). *Dies Ich, das viel besagt. Fichtes Einsicht nachdenken*, Frankfurt a. M.
Hintikka, M. B. und J. Hintikka (1996). *Untersuchungen zu Wittgenstein* (1986). Frankfurt a. M./Berlin.
Honderich, T. (1982). „The Argument for Anomalous Monism". *Analysis* 42.
Horgan, T. (1989). „Mental Quausation". *Philosophical Perspectives* 3.
Hornsby, J. (1993). „Agency and Causal Explanation". Heil and Mele.
Horwich, P. (1999). „Davidson on Defaltionism". Zeglen.
Hume, D. (2014). *Philosophical Essays Concerning Human Understanding (1748). London.*

Johnsen, B. C. (1994). „Mental States as Mental" *Philosophia-Philosophical Quarterly of Israel* 23.

Kernohan, A. (1990). „Lewis' Functionalism and Reductive Materialism". *Philosophical Psychology* 3.
Kim, J. (1984,). „Epiphenomenal and Supervenient Causation". Kim (1993).
– (1984a, 1993). „Concepts of Supervenience". Kim.
– (1984, 1993). „Epiphenomenal and Supervenient Causation". Kim.
– (1984a, 1993). „Concepts of Supervenience". Kim.
– (1985, 1993). „Psychophysical Laws". Kim.
– (1987, 1993). „‚Strong' and ‚Global' Supervenience Revisited". Kim.
– (1989a, 1993). „The Myth of Nonreductive Materialism". Kim.
– (1989, 1993). „Supervenience as a Philosophical Concept". Kim.
– (1992, 1993). „Multiple Realization and the Metaphysics of Reduction". Kim.
– (1992a). „Downward Causation in Emergentismus and Nonreductive Physicalism". In: A. Beckermann et alii eds. *Emergence or Reduction – Essays on the Prospect of Nonreductive Physicalism*. Dortrecht.

– (1997). „The Mind-Body Problem: Taking Stock After Forty Years“. *Philosophical Perspectives* 11.
– (1998). *Mind in the Physical World.* Cambridge, Mass.
– (1998a). *Philosophie des Geistes* (1996). Wien.
– (1998b). „Postscript on Mental Causation“. Kim (1993).
– (2005). *Physikalism, or something near enough.* Princeton.
Kriegel, U. (2011). *The Sources of Intentionality*, Oxford.
Kripke, S. (1972). *Naming and Necessity*. Cambridge, Mass.
Kutschera, F. von (1992). „Supervenience and Reduction“. *Erkenntnis* 36.
– (1993). *Die falsche Objektivität*. Berlin.
– (2003). *Jenseits des Materialismus*. Paderborn.
– (2009). *Philosophie des Geistes*. Paderborn.

Lanz, P. (1987). *Menschliches Handeln zwischen Kausalität und Rationalität.* Frankfurt a. M.
Lepore, E., and B. Loewer (1987). „Mind Matters“. *The Journal of Philosophy*.
– (1989). „More on Making Mind Matters“. *Philosophical Topics* Vol. XVIII.
Lepore, E., and K. Ludwig (2005). *Donald Davidson Meaning, Truth, Language, and Reality*. Oxford UK.
Lepore, E., and K. Ludwig (2007), *Donald Davidson's Truth-Theoretic Semantics*. Oxford UK.
Lewis, D. (1969). „Art, Mind and Religion“. *The Journal of Philosophy* 66.
– (1970, 1983). „How to Define Theoretical Terms“. Lewis.
– (1972, 1980). „Psychophysical and Theoretical Identifications“. Block.
– (1974, 1983). „Radical Interpretations + Postscripts“. Lewis.
– (1979, 1983). „Attitudes De Dicto and De Se + Postscript“. Lewis.
– (1983). *Philosophical Papers* Vol. I. New York.
– (1983a). „New Work for a Theory of Universals“. *Australasian Journal of Philosophy* 61.
– (1984). „Putnam's Paradox“. *Australasian Journal of Philosophy* 62.
– (1986). *Philosophical Papers* Vol. II. New York.
– (1990). „What Experience Teaches“. *Mind and Cognition.* In: W. C. Lycan ed. Cambridge, Mass.
– (1990). „What Experience Teaches“. In: W. C. Lycan ed. *Mind and Cognition.* Cambridge, Mass.
– (1990). „What Experience Teaches“. In: W. C. Lycan ed. *Mind and Cognition.* Cambridge, Mass.
– (1993). „Causation“. *Philosophical Papers II*, New York.
– (1994). „David Lewis: Reduction of Mind“. In: S. Guttenplan ed. *A Companion to the Philosophy of Mind.* Oxford.
– (1995). „Should a Materialist belief in Qualia?“. *Australasian Journal of Philosophy* 73.
– (1966). „An Argument for the Identity Theory“. Lewis (1983).

Levine, J. (1983). „Materialism and Qualia: The Explanatory Gap“. *Pacific Philosophical Quarterly* 64.

Loar, B. (1981). *Mind and Meaning.* Cambridge.

Ludwig, K. (1999). „Theories of Meaning, Truth and Interpretation“. Zeglen (1999).

Lyons, W. (1990/91). „Intentionality and Modern Philosophical Psychology I, II“. *Philosophical Psychology* 3.

Macdonald, C., G. Macdonald (1986). „Mental Causes and Explanation of Action”. In: L. Stevenson, R. Squires, J. Haldame eds. *Mind, Causation, and Action.* Oxford.

Manfredi, P. A. (1993). „Two Routes to Narrow Content: Both Dead Ends“. *Philosophical Psychology* 6.

Manning, R. (1998). „All Facts Great and Small“. *Protosociology* Vol. 11: Cognitive Semantics II - Externalism in Debate.

Marras, A. (2000). „Critical Notice. Jaegwon Kim, Mind in a Physical World (1998)“. *Canadian Journal of Philosophy* 30.

– (2005). „Consciousness and Reduction“. *British Journal for the Philosophy of Science* 56, 2005.

Martin, R. M. (1978). *Events, Reference and logical Form.* Washington.

Maxwell, G. (1978). „Rigid Designators and Mind-Brain Identity“. *Minnesota Studies in the Philosophy of Science* IX.

McLaughlin, B. P. (1983). „Events Supervenience and Supervenient Causation“. *Spindel Conference, Southern Journal of Philosophy* 22.

– (1989). „Type Epiphenomenalism, Type Dualism, and the Causal Priority of the Physical“. *Philosophical Perspectives* 3.

– (1993). „On Davidson’s Response to the Charge of Epiphenomenalism“. Heil and Mele.

Meehl, P. A. (1966). „The Complete Autocereobroscopist: A Thought-Experiment on Professor Feigl’s Mind-Body Identity Thesis“. *Mind, Matter and Method.* Essays in Philosophy and Science in Honor of Herbert Feigl. Edited by P. K. Feyerabend, and G. Maxwell. Minneapolis.

Melchert, N. (1986). „What’s Wrong with Anomalous Monism“. *Journal of Philosophy.*

Michotte, A. (1946, 1963). *The Perception of Causality.* Translation I. R., and E. Miles. London.

Miguens, S. and G. Preyer Eds. (2013), Consciousness and Subjectivity. Berlin.

– , C. Bravo Morando, and G. Preyer eds. (2015). Pre-reflective Consciousness. Early Sartre and Contemporary Philosophy of Mind. London, New York.

Nagel, E. *The Structure of Science*, New York 1963.

Nagel, T. (1974, 1980). „What is it like to be a Bat“. *The Philosophical Review* 83. Rep. Block.

Neale, S. (1999). „From Semantics to Ontology, via Truth, Reference, and Quantification". Zeglen (1999).

Neale, S. (2001). *Facing Facts*. Oxford GB.

Owens, J. (1986). „The Failure of Lewis' Functionalism". *The Philosophical Quarterly* 36.

– (1989). „Disjunctive Laws?" *Analysis* 49.

Quine, W. v. O. (1969). „Epistemology Naturalized". In: Ontological Relativity. New York.

– (1981). „Dinge und ihr theoretischer Ort". *Theorien und Dinge* (1985). Stuttgart.

– 1990. *Pursuit of Truth*. Cambridge. Mass.

– (1980). *Wort und Gegenstand* (1960). Stuttgart.

Pap, A. (1955). *Analytische Erkenntnistheorie. Kritische Übersicht über die neueste Entwicklung in USA und England.* Wien

Papineau, D. (2003). „Theories of Consciousness". D. Smitth, A. Jokic eds., *Consciousness*. New Essays.

Pauen, M. (2000). „Painless Pain: Property Dualism and the Causal Role of Phenomenal Consciousness". *American Philosophical Quarterly* 37.

Pauli, C. R., and T. R. Sider (1992). „In: Defence of Global Supervenience". *Philosophy and Phenomenological Research* 52.

Popper, R. (1984). Objektive Erkenntnis. Ein evolutionärer Entwurf (1972). Hamburg.

Preti, C. (2011). zweite Auflage). „Belief and Desire under the Elms". *Protosociology* Vol. 14.

Preyer, G. et alii eds. (1994*). Language, Mind and Epistemology*. On Donald Davidson's Philosophy. Dordrecht.

– et alii (1994). „On Donald Davidson's Philosophy". Preyer (1994).

– et alii hrsg. (1997). *Intention, Bedeutung, Kommunikation. Kognitive und handlungstheoretische Grundlagen der Sprachtheorie*. Digitale Ausgabe 2001. Frankfurt a. M.

– and M. Roth (1998). „On Donald Davidson's Philosophy: An Outline", *Protosociology* Vol. 11: Externalism in Debate.

– (1998a). „Sprachbedeutung *ohne* Regelbefolgung". *Wittgensteins Spätphilosophie. Analysen und Probleme*. Hrsg. von U. Kellerwessel und T. Peuker. Würzburg.

– and G. Peter, eds. (2000). *The Contextualization of Rationality. Problems, Concepts and Theories of Rationality*. Edited by G. Preyer, and G. Peter. Paderborn.

– and F. Siebelt, eds. (2000b). *Reality and Supervenience*. Essays on the Philosophy of David Lewis. Laham USA.

– and F. Siebelt (2000c). „Reality and Humean Supervenience: Some Reflections on David Lewis' Philosophy". Preyer and Siebelt.
– and G. Peter, eds. (2001a). Logical Form and Language. Oxford.
– (2001b). „Zur Struktur von Erfahrung". Essler.
– (2011a). „Evaluative Attitudes". J. Malpas ed., *Dialogues with Davidson. Acting, Interpreting, Understanding*, Cambridge Mass.
Preyer, G. (2011b zweite Auflage). *Donald Davidson's Philosophy. From Radical Interpretation to Radical Contextualism.* Frankfurt a. M.
– (2012 zweite Auflage). *Interpretation, Sprache und das Soziale. Philosophische Aufsätze*. Frankfurt a. M.
– (2015). „On Contemporary Philosophy of Mind. From the 1950s to the Present". *Ruch Filoszoficzny Kwartalnik zalozony preez*, Vol. 71, No 4.
– (2016). „Selbstbewusstsein. Kritik am apriorischen Intersubjektivismus" https://www.academia.edu/31417062/Gerhard_Preyer_Selbstbewusstsein_Kritik_am_apriorischen_Intersubjektivismus
– (2016a). „Präreflexives Bewusstsein. Jean-Paul Sartres bleibende Einsicht" (Besprechung); https://www.academia.edu/10435162/Gerhard_Preyer_Subjektivit%C3%A4t_als_pr%C3%A4reflexives_Bewusstsein_Jean-Paul_Sartres_bleibende_Einsicht_._Zu_Manfred_Frank_Pr%C3%A4reflexives_Selbstbewusstsein._Vier_Vorlesungen_Stuttgart_Reclam_2015
– (2016b). „Soziologie ohne Menschen". Rechtstheorie 47.
– (2016c). „Von der Radikalen Übersetzung zur Radikalen Interpretation – Quine, Davidson und darüber hinaus". *Studia z Historii Filozii* 1 (7).
– (2018). *Soziologische Theorie der Gegenwartsgesellschaft (3 Bd.). Bd. 3: Mitgliedschaft und Evolution*, Wiesbaden 2018 (zweite Auflage).
– (2019). „IX. Zur gegenwärtigen Philosophie des Mentalen". In: W. Röd, W. K. Essler. Unter Mitarbeit von Christine Bratu, Gerhard Preyer und Julian Nida-Rümelin, *Die Philosophie der neusten Zeit. Hermeneutik, Frankfurter Schule, Strukturalismus, Analytische Philosophie*. München.
– (2019a). „Cartesian Intuition. A Cleaned Cartesanism". *Studia z Historia Filozofii*/ Studies in the History of Philosophy, Vol 10, No 3.
– (2019b). Defects of Speechact Theory. Beitrag zu Konferenz 20. September, Institut für Philosophie, Rutgers Universität, New Brunswick, Vereinigte Staaten von Amerika. https://www.academia.edu/41223598/Gerhard_Preyer_Defects_of_Speechact_Theory
– (2019b). „Concepts of Consciousness and Representation Merits and Critiques of Higher and Same Order Monitoring Accounts in the Theories of the Mental". Veröffentlichung in Vorbereitung.
– (2020). *Materialismus, phänomenales Bewusstsein und eigenpsychische Basis. William* G. *Lycans Theorie der mentalen Repräsentation und des phänomenalen Externalismus*, Manuskript.
– M. Frank (2020). „Sartre and Contemporary Philosopy of Consciousness." In: M. C. Eshleman and C. L. Mui eds., The Sartrean Mind, Abingdon GB.

ProtoSociology Vol. 34 (2017): The Private and the Public. Edited by Richard Manning.

ProtoSociology, Vol. 36 (2019): Senses of Self, Approaches to Pre-Reflective Self-Consciousness. Edited by Marc Borner, Manfred Frank, and Kenneth Williford,

Putnam, H. 1967. „Psychological Predicates." In: W. H. Capitan and D. D. Merrill eds., *Art, Mind, and Religion.* Pittsburgh.

– (1967/1975). „The Nature of Mental States". In: ders., *Mind, Language and Reality. Philosophical* Papers (2 Vols.) Vol. 2. Cambridge.

Rey, G. (1997). *Contemporary Philosophy of Mind.* Cambridge, Mass.

Robinson, D. (1993). „Epiphenomenalism, Laws & Properties". *Philosophical Studies* 69.

Root, M., J. Wallace (1982): „Meaning and Interpretation". *Notre Dame Journal of Symbolic Logic* Vol. 23. No. 2.

Rorty, R. (1981): *Spiegel der Natur* (1979). Frankfurt a. M./Berlin.

Schantz, R. (1993). „Davidson on Truth". Stoecker (1993).

– (1996). *Wahrheit, Referenz und Realismus. Eine Studie zur Sprachphilosophie und Metaphysik*, Berlin.

Schiffer, S. (1987). *Remnants of Meaning.* Cambridge, Mass.

Schlick, M. (1979). *Allgemeine Erkenntnislehre*. Frankfurt a. M./(Reprint of Berlin 1925).

Seager, W. (1991). „Disjunctive Laws and Supervenience". *Analysis* 51.

Searle, J. R. (1987), *Intentionalität. Eine Abhandlung zur Philosophie des Geistes* (1983), Frankfurt a. M./Berlin.

Searle, J. R. (2004). *Freiheit und Neurobiologie*, Frankfurt a. M./Berlin.

Seel, G. (1971). *Sartres Dialektik. Zur Methode und Begründung seiner Philosophie unter besonderer Berücksichtigung der Subjekt-, Zeit- und Werttheorie*. Bonn 1971.

Segal, G. und E. Sorber (1991). „The Causal Efficacy of Content". *Philosophical Studies 63*.

Siebelt, F. (1997). „Zweierlei Holismus". Preyer (1997).

Skillen, A. (1984). „Mind and Matter: A Problem that Refuses Dissolution". *Mind* 93.

Smart, J. J. C. (1959, 1970). „Sensations and Brain Processes". Borst.

– (1961, 1970). „Further Remarks on Sensations and Brain Processes". Borst.

Smart, J. J. C. (1963). *Philosophy and Scientific Realism*. London.

– (1971). „Reports of Immediate Experiences". *Synthese* 22.

– (1972). „Further Thoughts on the Identity Theory" (1987). *Essays Metaphysical and Moral Selected Philosophical Papers*. London.

– (1989). *Our Place in the Universe*. Oxford.

Sosa, E. (1984). „Mind-Body Interaction and Supervenience Causation". *Midwest Studies in Philosophy* 9.
– (1993). Davidson's thinking Causes. Heil and Mele.
Spinner, H. F. (1994). *Der ganze Rationalismus einer Welt von Gegensätzen: Fallstudien zur Doppelvernunft*. Frankfurt a. M./Berlin.
Stegmüller, W. (1960). „Das Problem der Kausalität". *Probleme der Wissenschaftstheorie*. Festschrift für Victor Kraft. Wien.
– (1969). *Probleme und Resultate der Wissenschaftstheorie und Analytischen Philosophie*, Bd. 1.: Wissenschaftliche Erklärung und Begründung. Studienausgabe, Teil 1: Das ABC der modernen Logik und Semantik, Der Begriff der Erklärung und eine Spielarten, Berlin 1969.
– (1973). *Probleme und Resultate der Wissenschaftstheorie und Analytischen Philosophie*, Bd. 2: Theorie und Erfahrung, Teil F: Neuer intuitiver Zugang zum strukturalistischen Theoriekonzept, Theorie-Elemente, Theoriennetze, Theorienevoulution, Berlin 1973.
– (1975). *Das Problem der Induktion: Humes Herausforderung und moderne Antworten – Der sogenannte Zirkel des Verstehens,* Darmstadt.
– (1980) *Neue Wege der Wissenschaftsphilosophie.*
Stich, S. P. (1978). „Autonomous Psychology and the Belief-Desire Thesis". *The Monist* 61.
– (1996). *Deconstructing the Mind*, New York.
Stoecker, R. (1992). *Was sind Ereignisse*. Berlin.
– ed. (1993). *Reflecting Davidson. Donald Davidson Responding to an International Forum of Philosophers*. Berlin.
Strawson, G. (1989). *The Secret Connection: Causation, Realism and David Hume*. Oxford University Press GB.
Strawson, G. (2011). *The Evident Connection: Hume on Personal Identity*. Oxford University Press UP.
– Stubenberg, L. (1996). „The Place of Qualia in the World of Science". In: S. T. Hameroff et alii. *Toward a Science of Conciousness, The First Tuscon Discussions and Debates*. Cambridge, Mass.
Suppes, P. (1970). *A Probabilistic Theory of Causation*. Amsterdam.

Tugendhat, E. (1976). *Vorlesungen zur Einführung in die sprachanalytische Philosophie.* Frankfurt a. M./Berlin.

Von Kutschera, F. (1982). *Grundfragen der Erkenntnistheorie*. Berlin.
– (2009). *Philosophie des Geistes*, Paderborn.

Wittgenstein, L. (1969). *Philosophische Untersuchungen.* Schriften 1. Frankfurt a. M./Berlin.
Woodward, J. (1986). „Are Singular Explanations Implicit Covering-Law Explanations". *Canadian Journal of Philosophy* 16.

Yalowitz, S. (1998). „Causation in the Argument for Anomalous Monism". *Canadian Journal of Philosophy* 28.

Zahavi, D. (2007). „The Heidelberg School and the Limits of Reflection". In: S. Heinamaa, V. Lähteenmäki, and P. Remes Eds. Consciousness: From Perception to Reflection in the History of Philosophy. Dordrecht.

Zeglen, U. M., ed. (1999). *Donald Davidson. Truth, Meaning and Knowledge*. London.

Personenverzeichnis

Sachverzeichnis

Veröffentlichungen der ProtoSociology (Journal und Projekt): Philosophie des Mentalen und Erkenntnistheorie, Sprachphilosophie und Handlungstheorie

Philosophie des Mentalen und Erkenntnistheorie

Amoretti, M. C., G. Preyer (2013). *Triangulation From an Epistemological Point of View*. Berlin.

Miguens, S. and G. Preyer Eds. (2013), Consciousness and Subjectivity. Berlin.

Preyer, G. (2015). „On Contemporary Philosophy of Mind. From the 1950s to the Present". *Ruch Filoszoficzny Kwartalnik zalozony preez*, Vol. 71, No 4.

Miguens, S., C. Bravo Morando, and G. Preyer eds. (2015). *Pre-reflective Consciousness. Early Sartre and Contemporary Philosophy of Mind*. London, New York.

Preyer, G. (2016). „Selbstbewusstsein. Kritik am apriorischen Intersubjektivismus" https://www.academia.edu/31417062/Gerhard_Preyer_Selbstbewusstsein_Kritik_am_apriorischen_Intersubjektivismus

– (2016). „Präreflexives Bewusstsein. Jean-Paul Sartres bleibende Einsicht" (Besprechung). https://www.academia.edu/10435162/Gerhard_Preyer_Subjektivit%C3%A4t_als_pr%C3%A4reflexives_Bewusstsein_Jean-Paul_Sartres_bleibende_Einsicht_._Zu_Manfred_Frank_Pr%C3%A4reflexives_Selbstbewusstsein._Vier_Vorlesungen_Stuttgart_Reclam_2015

– (2019). „IX. Zur gegenwärtigen Philosophie des Mentalen". In W. Röd, W. K. Essler. Unter Mitarbeit von Christine Bratu, Gerhard Preyer und Julian Nida-Rümelin, *Die Philosophie der neusten Zeit. Hermeneutik, Frankfurter Schule, Strukturalismus, Analytische Philosophie*. München.

– (2019). „Cartesian Intuition. A Cleaned Cartesanism". *Studia z Historia Filozofii*/ Studies in the History of Philosophy, Vol 10, No 3.

– (2019). „Self-Representationalism. Merits and Critiques". Veröffentlichung in Vorbereitung.

Frank, M. and G. Preyer (2020). „Pre-reflectivity and Contemporary Philosophy of Consciousness". *Routledge Philosophy Minds: Sartre*. Edited by Matthew Eshleman, Constance Mui and Christophe Perrin. London .

– (2020). *Materialismus, phänomenales Bewusstsein und eigenpsychische Basis. William G. Lycans Theorie der mentalen Repräsentation und des phänomenalen Externalismus*, Manuskript.

Sprachphilosophie

Preyer, G., F. Siebelt and A. Ulfig eds. (1994). Language, Mind and Epistemology. Dordrecht (Wien: Springer).

Preyer, G., M. Ulkan and A. Ulfig Hrsg. (1997). *Intention, Bedeutung, Kommunikation. Kognitive und handlungstheoretische Grundlagen der Sprachtheorie*. Wiesbaden.
Preyer, G. and G. Peter eds. (2002). Logical Form and Language. Oxford 2002.
Preyer, G., G. Peter and M. Ulkan eds. (2003). *Framing an Integrated Theory of Linguistic Behavior*. Dordrecht.
– (2005). *Contextualism in Philosophy Knowledge, Meaning, and Truth*. Oxford UK.
– (2007). *Context-Sensitivity and Semantic Minimalism New Essays on Semantics and Pragmatics*. Oxford.
Preyer, G. (2011 zweite Auflage). *Donald Davidson's Philosophy. From Radical Interpretation to Radical Contextualism. Frankfurt a. M.*
– ed. (2012). *Donald Davidson on Truth, Meaning, and the Mental*. Oxford GB.
– (2012 zweite Auflage). *Interpretation, Sprache und das Soziale Philosophische Artikel.* With a new Preface: Features of Contemporary Philosophy. Frankfurt a. M.
– (2015). „The Power of Insensitive Semantics". https://www.academia.edu/23173121/Gerhard_Preyer_The_power_of_insensitive_semantics_No_way_out_of_the_schism_2015_
– (2016). „Von der Radikalen Übersetzung zur Radikalen Interpretation – Quine, Davidson und darüber hinaus". *Studia z Historii Filozii* 1 (7).
– ed. (2018). *Beyond Semantics and Pragmatics*. Oxford GB.
– (2019). „Defects of Speech Act Theory". (Contribution to: Conference of the Department of Philosophy, Rudgers University, New Brunswick, September 20th 2019). https://www.academia.edu/41223598/Gerhard_Preyer_Defects_of_Speechact_Theory

Handlungstheorie

– (2011). *Intention and Practical Thought.* Frankfurt a. M.

ProtoSociology
Philosophie des Mentalen, Erkenntnistheorie, Sprachphilosophie, Semantik, Cognitive Science

ProtoSociology Vol. 10 (1997). *Cognitive Semantics I - Conceptions of Meaning.*
ProtoSociology Vol. 11 (1998). *Cognitive Semantics II - Externalism in Debate.*
ProtoSociology Vol. 14 (2000). *Folk Psychology, Mental Concepts and the Ascription of Attitudes: On Contemporary Philosophy of Mind.*
ProtoSociology Vol. 17 (2002). *Semantic Theory and Reported Speech.*
ProtoSociology Vol. 21 (2005). *Compositionality Concepts and Representations I New Problems in Cognitive Science*

ProtoSociology Vol. *22* (2006). *Compositionality, Concepts and Representations II: New Problems in Cognitive Science.*

ProtoSociology Vol. 23 (2006). *Facts, Slingshots and Anti-Representationalism On Stephen Neale's Facing Facts.*

ProtoSociology Vol. 31 (2014). *Language and Value.*

ProtoSociology Vol. 34 (2017). *The Private and the Public.* Edited by Richard Manning.

ProtoSociology Vol. 30 (2013). *Concepts – Contemporary and Historical Perspectives.*

ProtoSociology Vol. 36 (2019): *Senses of Self Approaches to Pre-Reflective Self-Consciousness.* Edited by Marc Borner, Manfred Frank, and Kenneth Willifor.

Weitere Publikationen von Gerhard Preyer in diesem Verlag

Open Access (https://humanities.verlags-shop.de/110-openaccess)

- Georg Peter, Alexander Ulfig (Hrsg.), Protosoziologie im Kontext. „Lebenswelt“ und „System“ in Philosophie und Soziologie. 2000.
- Wilhelm K. Essler, Unser die Welt. Sprachphilosophische Grundlegungen der Erkenntnistheorie. Ausgewählte Artikel, hg. von Gerhard Preyer, 2001.
- Maria Ulkan, Alexander Ulfig (Hrsg.), Intention – Bedeutung – Kommunikation. Kognitive und handlungstheoretische Grundlagen der Sprachtheorie, 2001
- Jakob Schissler, Gesellschaft im Umbruch I. Politische Soziologie im Zeitalter der Globalisierung, 2002.
- Gesellschaft im Umbruch II. Jenseits von National- und Wohlfahrtsstaat. 2009.

Print und E-Book (PDF) (https://humanities.verlags-shop.de/)

- Max Webers Religionssoziologie. Eine Neubewertung, 2010.
- Donald Davidson's Philosophy. From Radical Interpretation to Radical Contextualism. Second Edition 2011.
- Intention and Practical Thought. 2011.
- Interpretation, Sprache und das Soziale. Philosophische Aufsätze (Interpretation, Language and the Social. Philosophical Articles (zweite, überarbeitete und ergänzte Auflage 2012, second edition 2012).